中大哲学文库

异类中行

方以智的思想世界

张永义 著

创于1897 商务印书馆
The Commercial Press

图书在版编目（CIP）数据

异类中行：方以智的思想世界 / 张永义著. — 北京：商务印书馆，2022
　（中大哲学文库）
　ISBN 978-7-100-20269-5

Ⅰ.①异… Ⅱ.①张… Ⅲ.①方以智（1611—1671）—哲学思想－思想评论 Ⅳ.①B248.93

中国版本图书馆CIP数据核字（2021）第161027号

中大哲学文库

异类中行

方以智的思想世界

张永义　著

商　务　印　书　馆　出　版
（北京王府井大街36号　邮政编码 100710）
商　务　印　书　馆　发　行
三 河 市 尚 艺 印 装 有 限 公 司 印 刷
ISBN　978－7－100－20269－5

2022年1月第1版　　　开本 680×960　1/16
2022年1月第1次印刷　　印张 16

定价：88.00元

中大哲学文库编委会

总　序

中山大学哲学系创办于 1924 年，是中山大学创建之初最早培植的学系之一。1952 年全国高校院系调整撤销建制，1960 年复系，办学至今。先后由黄希声、冯友兰、杨荣国、刘嵘、李锦全、胡景钊、林铭钧、章海山、黎红雷、鞠实儿、张伟教授等担任系主任。

早期的中山大学哲学系名家云集，奠立了极为深厚的学术根基。其中，冯友兰先生的中国哲学研究、吴康先生的西方哲学研究、朱谦之先生的比较哲学研究、李达与何思敬先生的马克思主义哲学研究、陈荣捷先生的朱子学研究、马采先生的美学研究等，均在学界产生了重要影响，也奠定了中大哲学系在全国的领先地位。

复系五十多年来，中大哲学系同仁勠力同心，继往开来，各项事业蓬勃发展，取得了长足的进步。目前，我系是教育部确定的全国哲学研究与人才培养基地之一，具有一级学科博士学位授予权，拥有"国家重点学科" 2 个、"全国高校人文社会科学重点研究基地" 2 个。2002 年教育部实行学科评估以来，我系稳居全国高校前列。2017 年 9 月，中大哲学学科成功入选国家"双一流"建设名单，我系迎来了难得的发展良机。

近几年来，在中山大学努力建设世界一流大学的号召和指引下，中大哲学学科的人才队伍也不断壮大，而且越来越呈现出年轻化、国际化的特色。哲学系各位同仁研精覃思，深造自得，在各自的研究领域均取得了丰硕的成果，不少著述还产生了国际性的影响，中大哲学系已逐渐发展成为哲学研究的重镇。

"旧学商量加邃密，新知涵养转深沉。"为了向学界集中展示中大哲学学科的学术成果，我们正式推出这套中大哲学文库。中大哲学文库主要收录哲学系现任教师的代表性学术著作，亦适量收录本系退休前辈的学术论著，目的是为了更好地向学界请益，共同推进哲学研究走向深入。

承蒙百年名社商务印书馆的大力支持，中大哲学文库即将由商务印书馆陆续推出。"一元乍转，万汇初新"，我们愿秉承中山先生手订"博学、审问、慎思、明辨、笃行"的校训和哲学系"尊德问学"的系风，与商务印书馆联手打造一批学术精品，展现"中大气象"，并谨以此向 2020 年中大哲学系复办 60 周年献礼，向 2024 年中山大学百年校庆献礼！

中山大学哲学系

2018 年 1 月 6 日

目　录

附　录

异类中行

第一编

折中其间：方以智和他的家、师之学（代引言）

方以智（1611—1671）是明末清初杰出的学者和思想家。他早年的实证研究，以及在此基础上对"通几"和"质测"关系的说明，曾被看作是明清学术转型的象征。他的"五行尊火"论、"公因反因"说，则被定位为传统元气论和辩证思维发展的新阶段。他的后期代表作《药地炮庄》，烹炮三教，归本大易，更被晚清学者誉为解《庄》第一书[①]。把这些内容综合起来看，方以智的思想和学术所达到的高度，与顾（炎武）、黄（宗羲）、王（夫之）相比，殊无愧色。这大概也是论者乐于把他们并称为明末清初四大家的原因所在。[②]

不过，披读方氏著述，我们可以发现，上述数点其实都不是他个人的"孤明先发"。从其家学和师承中，我们可以找到大量的近似内容。

就实证研究而言，方氏喜深考，受塾师王宣的影响最大。王宣是一位易学家，擅长以象数言物理。方以智曾经这样回忆道："智十七八，即闻先生绪论。旷观千世，尝诗书歌咏间，引人闻道，深者

---

① 台湾广文书局影印《药地炮庄》扉页载王木斋题记："余二十一岁时，闻先师杨朴庵先生屡称无可大师《药地炮庄》为说《庄》第一书，即有心求之。"杨朴庵（1800—1863），道光十八年进士，晚清佛学大家杨文会之父。

② 庞朴：《东西均注释》，中华书局 2016 年版，第 3—4 页；刘君灿：《方以智》，台湾台大图书股份有限公司 1988 年版，第 20 页。

征之象数。其所杂著，多言物理。"① 他早年的作品《物理小识》，即是对老师工作（王宣著有《物理所》一书）的继承和模仿。

"通几"和"质测"的区别，见于方孔炤的《知言鉴》。此书虽然失传，但它的一段话却保存在《青原志略》中："诂家沾懘，诐遁簧鼓久矣。曰宰理、物理、至理，曰公性、独性、习性，曰质测，曰通几，姑离合而陈之，乃可决耳。"② 由这段话可以知道，"质测""通几"二词并非由方以智所创发，他的父亲早已使用过同样的术语。

"公因反因"说，也是方孔炤的发明。《药地炮庄》卷一载有方以智自述的话，就是明证："老父在鹿湖环中堂十年，《周易时论》凡三成矣。甲午之冬，寄示竹关。穷子展而读之，公因反因，真发千古所未发。"③ 方以智的第二个儿子方中通，则径称此说是他们方氏易学最重要的贡献："公因，一也。反因，二也。此方氏之易学，真破天荒。"④ 既是"方氏之易学"，那当然就不能看作方以智一人的功劳。

"五行尊火"论的来源稍稍复杂。方以智曾经提到，他的外祖父吴应宾说过"学薪不厌而心神之火传焉"的话，他的祖父方大镇同样讲过"满空皆火，物物之生机皆火也"。不过，他最后仍然承认父亲《周易时论》中的"五行尊火为宗说"，是对觉浪道盛禅师《五行尊火论》的"回互"和"发明"。⑤ 看起来，"五行尊火"论的发明权理当属于

---

① 方以智著，张永义校注：《浮山文集》，华夏出版社 2017 年版，第 353 页。

② 方以智编，张永义校注：《青原志略》，华夏出版社 2012 年版，第 86 页。

③ 方以智著，张永义、邢益海校点：《药地炮庄》（修订版），华夏出版社 2016 年版，第 147 页。

④ 方中通此语载于方以智《物理小识》卷五，文渊阁四库全书本。

⑤ 《天界觉浪盛禅师全录》卷十九"尊火为宗论"末后附方以智识语曰："五行，五气也，世见五材耳。无形之火，则遍周一切而无息者也。三一老人曰：'学薪不厌而心神之火传焉，事究竟固，神明原亘古今。'《野同录》曰：'满空皆火，物物生机皆火也。火能生物、化物、照物，而有焦焚之祸。钻燧发之，必赖灰斗养之，置灶与缸以用之。伦物协宏，即用藏藏，非灶缸耶？先中丞《易编》，约杖人此篇而回互发明之。此其贯宇宙之实际，毋惊其创也。漆园之薪尽火传，与苏门之用光得薪，贯之者谁？浮山学人弘智识于高座竹关。'"（《嘉兴藏》第 34 册，台湾新文丰出版公司 1987 年影印版，第 697 页）三一老人，即方以智外祖吴应宾。《野同录》，方以智祖父方大镇所著。"先中丞"，指方以智父亲方孔炤。《易编》，指《周易时论合编》。高座竹关，方以智闭关处。另：所引吴应宾、方大镇语，又见《药地炮庄》卷二（第 156 页）。

道盛禅师，方氏父子只不过是这种"破天荒"说法的热情支持者而已。

根据文献记载，方孔炤旅居南京时，正式结识觉浪道盛。[①] 多年之后，道盛扫塔浮山，他们有机会再次相逢。方孔炤的岳父吴应宾是晚明有名的居士，曾经得到过曹洞宗禅师博山无异的指点，后者恰恰也是觉浪道盛的老师之一。在明末清初那样一个灾难深重的时刻，觉浪道盛不仅以提倡儒佛会通而著称，他对故国的眷恋，他在狱中的淡定，都深受遗民群体的推崇。[②] 方以智后来投奔道盛，正式接受大法之戒，恐怕与这些因缘都有很大的关系。而道盛也成了给方以智中后期思想影响最大的那个人，"五行尊火"论只不过是这些影响中的一条而已。

作为方以智晚年心力的结晶，《药地炮庄》其实也是道盛禅师托付的结果。和两人皆属至交的陈丹衷这样写道："杖人癸巳又全标《庄子》，以付竹关。奄忽十年，无可大师乃成《炮庄》。"[③] "癸巳"（1653）正是方以智受戒之年，这说明一踏入师门，方以智就接到了"炮庄"任务，他为这项工作付出了十年的努力。史料记载，全书完成之后，方以智曾焚稿于道盛遗像之前。[④] 这样做的目的，恐怕就是要表达使命完成后的轻松之感。整部《炮庄》的宗旨，贯彻的正是道盛先前提出的"托孤说"。按照这种说法，庄子不仅不是老聃的嫡子，而且还是孔门之真孤。这种看似怪诞的说法，当然必须放在三教合一的大背景下来理解。不过，它对庄子的悲情定位，的确更能为当时的遗民士子们提供一种精神上的慰藉。

把方以智思想和学术中最重要的内容，都追溯到他的家学和师承，免不了会带来如下的疑问：一个缺乏独见的人，还有资格称为思想家或

①　觉浪道盛《龙山寄怀方仁植中丞》诗："长干笑晤风流在，过眼浮云几度奇。杖策龙山看变化，隐君不定此栖迟。"参见《天界觉浪道盛禅师全录》卷十八，《嘉兴藏》第 34 册，第 693 页。

②　参见谢明阳：《觉浪道盛〈庄子提正〉写作背景考辨》，《清华学报》（台湾）新 42 卷第 1 期。

③　道盛：《庄子提正》，《天界觉浪盛禅师全录》卷三十，《嘉兴藏》第 34 册，第 776 页。

④　方以智著，邢益海校注：《冬灰录》，华夏出版社 2014 年版，第 151 页。

大学者吗？有什么理由把他和顾、黄、王等大师级的人物相提并论？

在这个问题上，笔者的想法是：思想和学术史上的大家，从来都可分为两种类型。一种元气淋漓，自我作古，功在开新；一种切磋琢磨，精益求精，意在返本。中国思想史中，属于前者的有王弼、王阳明等人，而近于后者的则有朱熹和王夫之。两种类型实难进行高下评判，毕竟，所开之新终会变成旧学，而返本有时适足以成为开新的前提。

方以智的身上当然有许多开新的因素，他对传教士介绍的西学的热衷，他对光影变化、地圆说的探讨等皆为其例。但大体上，他的思想性格仍属于后一种类型。《通雅》卷首下面这段著名的话，就是最好的证明："生今之世，承诸圣之表章，经群英之辩难，我得以坐集千古之智，折中其间，岂不幸乎！"①

"坐集千古之智"并"折中其间"，不就是方以智念念不忘的"集大成"吗？从这个意义上说，方以智对家学和师说的推敲、阐释、论证，不仅不是什么袭取和重述，而且本来就属于"折中"之后的"集大成"。假若没有方以智在《通雅》《物理小识》《东西均》《易余》《药地炮庄》等书中的铺陈和论证，前述"质测通几""公因反因""五行尊火""托孤说"等议题恐怕就只能停留在他的家学和师说中，而无法成为思想史上的重要话题。

这大概就是方以智思想和学术的意义所在。

---

① 侯外庐主编：《方以智全书》第 1 册，上海古籍出版社 1988 年版，第 2 页。

觉浪道盛师徒对《庄子》的定位

明代中叶以后，注解《庄子》骤然成风，迎来了庄学史上继魏晋、两宋之后的又一个高峰。根据注解者自身的学术立场和解释策略，这一时期的庄学大体上可分为四种类型：一是以儒解《庄》，二是以佛解《庄》，三是以道解《庄》，四是以文解《庄》。前三者关注的是《庄子》的思想归属，最后一种着眼点则在《庄子》的文学价值。

本文所讨论的"庄易会通"论，属于"以儒解《庄》"的一个分支。按照这种解释路向，庄子虽然名义上继承的是老子的学说，但实质上却属于孔子和儒家的别传。因此，庄子的学说不仅不悖于孔门忠孝节义的教导，而且根本上传达的是儒家天人性命之学的精髓。

最早提出这种观点的是曹洞宗禅师觉浪道盛（1592—1659）[①]。道盛，字觉浪，号杖人，福建浦城人，嗣法于无明慧经、晦台元镜，乃晚明一代高僧。和其他出家人不同，道盛不但佛、儒并尊，而且积极介入世间之事。在明清易代的大变局中，他亲自阵前说法，鼓舞士气，救死扶伤，恪守民族气节，这给他带来了很多佛门之外的声誉和影响。道盛会通《庄》《易》的作品名《庄子提正》，该文第二节的小标题即叫作"正庄为尧孔真孤"，所以人们通常把他的说法概括为"托孤

---

① 道盛的生平，详参刘余谟：《传洞上正宗二十八世摄山栖霞觉浪大禅师塔铭》，载《天界觉浪盛禅师全录》卷十七，《嘉兴藏》第 34 册，第 685—686 页。

说"。"托孤说"在当时影响很大，最直接的信奉者是围绕在道盛身边的一批不愿臣服满人的明遗民。这些人把经过道盛解读后的《庄子》，看成了和《周易》性质一样的处"忧患"之书。

发挥道盛观点的著作很多①，但影响较大并完整保存下来的是方以智（1611—1671）的《药地炮庄》和钱澄之（1612—1693）的《庄子内七诂》。方以智是觉浪道盛的弟子，他从事"炮庄"的工作即是老师付嘱的结果。相对于《提正》来说，《药地炮庄》无论是篇幅还是内容都要庞大和复杂得多。另外，方以智出身于易学世家，自曾祖方学渐开始，四代皆有解《易》的作品，这为他疏通《庄》《易》关系提供了良好的条件。

钱澄之是方以智的同乡兼好友，其家传易学与方家有一定的师承关系。②更重要的是，钱澄之也是觉浪道盛的热情追随者，他毫无保留地接受了后者的"托孤说"。钱氏之所以在方以智之后重新注解《庄子》，很可能与他对《炮庄》禅学风格的不满有关。在他看来，《庄子》寓言十九、卮言曼衍的文风已经够难读了，《药地炮庄》再借用提唱敲打的禅学方式来解释，就越发让人不懂。③因为有此自觉，钱澄之的《庄子内七诂》语言平实，观点明确，决不故弄玄虚。在某些场合下，

---

① 道盛弟子大别在《炮庄发凡》中提到过其中的数种："杖人《庄子提正》，久布寓内。正以出世世法，代明错行，格外旁敲，妙叶中和，亦神楼引也。末法变症，药肆尤甚。借此冷灶，暗寄弥纶，岂如昧同体者笑芸田乎？烧不自欺之火，舍身剑刃，求伤尽偷心之人，时乘大集，纵衡三堕，天行无息，苦心大用，何必人知？在天界时，又取《庄子》全评之，以付竹关。公宫之托，厥在斯欤？薛更生、陈旻昭时集诸解，石溪约为《庄会》，兹乃广收古今而炮之。"（《药地炮庄》第11页）

② 澄之父亲钱镜水受业于方以智曾祖方学渐，而澄之的《田间易学》则是在父书基础上加工而成："吾家自融堂先生以来，家世学《易》。先君子究心五十余年，临没之年，乃有所得，口授意指，命不孝为之诠次，录诸简端。不孝亦间有己见，为先君子所首肯者，亦并载之，名曰《见易》。"（吴怀祺校点：《田间易学》，黄山书社1998年版，第3页）

③ 在《通雅序》中，钱澄之这样写道："今道人既出世矣，然犹不肯废书。独其所著书多禅语，而会通以《庄》《易》之旨，学者骤读之，多不可解。"（钱澄之撰，彭君华校点：《田间文集》，黄山书社1998年版，第228页）

它甚至还可以起到理解《炮庄》的一种辅助作用。

下面我们依次对三人的说法略作介绍和分析。

一、道盛：托孤说

觉浪道盛之前，以儒解《庄》已经有很长的历史。最早把《庄子》和儒家勾连起来的，是魏晋时期的玄学家们。当时，《庄子》和《周易》《老子》一道被并称为"三玄"，这三部书也成了名士们谈玄论道的话题和素材。由于《易传》一直被认为是孔子所作，所以庄子与圣人的思想异同、孔子与老子孰优孰劣就成了被反复讨论的话题。王弼以"体无"定孔老高下，郭象《庄子序》以同一理由区别庄子和圣人：圣人"寂然不动，不得已而后起"，而庄子"虽未体之，言则至矣"。①表面上，庄圣有别，但和那些好老庄而薄周孔的激进者相比，郭象的这种说法无疑已经拉近了庄子和孔子的距离。

至中唐时期，昌黎韩愈始提出，庄子源于孔门：

> 吾常以为孔子之道大而能博，门弟子不能徧观而尽识也，故学焉而皆得其性之所近；其后离散分处诸侯之国，又各以所能授弟子，原远而末益分。盖子夏之学，其后有田子方；子方之后，流而为庄周。故周之书，喜称子方之为人。②

韩愈此文之主旨，并非想替庄子"正名"，而是要说明，唯有孟子才能代表儒家之道统。当他接着说"故学者必慎其所道，道于杨墨老庄佛之学，而欲之圣人之道，犹航断港绝潢以望至于海也"时，源于子夏

---

① 郭庆藩撰，王孝鱼点校：《庄子集释》卷首，中华书局 1961 年版，第 3 页。

② 韩愈著，马其昶校注，马茂元整理：《韩昌黎文集校注》，上海古籍出版社 2014 年版，第292—293 页。

的庄周早已被他当作害道的异端了。

比较吊诡的是，韩愈的批评常被人忽略，庄子源于孔门的说法倒给人留下了很深的印象。苏轼作《庄子祠堂记》，批评司马迁《庄子传》只得庄之粗迹，未了庄之微意。他认为，庄子实际上是"助孔子者"，这叫"实予而文不予，阳挤而阴助之"①。东坡的根据在《天下》篇，诸子数家，孔子不与，正说明孔子地位之尊。另外，东坡也注意到《庄子》的文风，即所谓"正言无几"。其实，这两点也正是后来会通庄儒者最喜欢罗列的理由。

与东坡同时，王安石亦有《庄周》论两篇畅发此意：

> 昔先王之泽，至庄子之时竭矣，天下之俗，谲诈大作，质朴并散，虽世之学士大夫，未有知贵己贱物之道者也，于是弃绝乎礼义之绪，夺攘乎利害之际，趋利而不以为辱，殒身而不以为怨，渐渍陷溺，以至乎不可救已。庄子病之，思其说以矫天下之弊，而归之于正也。其心过虑，以为仁、义、礼、乐皆不足以正之，故同是非，齐彼我，一利害，则以足乎心为得，此其所以矫天下之弊者也。既以其说矫弊矣，又惧来世之遂实吾说而不见天地之纯、古人之大体也，于是又伤其心于卒篇以自解。故其篇曰："《诗》以道志，《书》以道事，《礼》以道行，《乐》以道和，《易》以道阴阳，《春秋》以道名分。"由此而观之，庄子岂不知圣人者哉？又曰："譬如耳目鼻口皆有所用，不能相通，犹百家众技皆有所长，时有所用。"用是以明圣人之道，其全在彼而不在此，而亦自列其书于宋钘、慎到、墨翟、老聃之徒，俱为不该不偏一曲之士，盖欲明吾之言有为而作，非大道之全云耳。然则庄子岂

---

①　苏轼撰，茅维编，孔凡礼点校：《苏轼文集》，中华书局 1986 年版，第 347 页。

非有意于天下之弊而存圣人之道乎？^①

与东坡相比，安石此论显得更为细致而有理据。其最大特点在"矫弊"说，这样，庄子书中那些批评的话语，就可以转换为针对时弊而不是孔子。王氏同样从《天下》篇体会到庄子的自谦，所不同的是，在安石眼中，庄子对儒家已不是"阴助"，而且"有意"地"存圣人之道"了。

苏、王的说法影响很大，后来的注《庄》者多不能忽视庄子和儒家的关系问题。在庄学史上，逐渐形成了一种"以儒解《庄》"的传统。如宋之林希逸，明之杨升庵、焦竑、沈一贯、朱得之等皆为其例。^②

在所有以儒解《庄》者中，觉浪道盛的"托孤说"表现得最为彻底。其言曰：

> 古人以死节易，立孤难。立孤者必先亡身避仇，使彼无隙以肆其害，则必转徙藏之深远莽渺，托其可倚之家，易其名，变其状，以扶植之成人，然后乃可复其宗，而昌大其后。予读《庄子》，乃深知为儒宗别传。夫既为儒宗矣，何又欲别传之乎？盖庄子有若深痛此内圣外王之道，至战国，儒者不知有尧孔之宗，惟名相功利是求，不至杀夺不餍。至于治方术者，窃仁义礼乐而杀夺，以丧乱其统宗，使尧舜危微精一、孔颜至诚天命之道，并归于杀夺。即有一二真儒，亦未深究性命之极，冥才识智虑、仁义

---

① 王安石撰，聂安福等整理：《临川先生文集》，复旦大学出版社 2017 年版，第 1231—1232 页。

② 以儒解《庄》，以明代中晚期为最盛。究其原因，或与阳明学之崛起、禅学之复兴有关。阳明学不拘守文字，重言外之意，有助于学者寻庄子之微言。禅学"呵佛骂祖"，正好为《庄子》书中那些嬉笑怒骂的文字开出一种新的解释思路。

礼乐，而复其初，遂使后世不复有穷神知化之事，而天下脊脊
不能安性命之情，则所学皆滞迹耳。而此嫡血之正脉孤而不存，
天下万世下有为内圣外王之道者，无所宗承，庄生于是有托孤之
惧矣。[①]

依照这种说法，庄子本属儒家之正宗，只是因为战国名相功利之学流
行，儒家真精神随时有丧失的危险，所以庄子才不得已改名换姓，托
于老聃门下，目的就是为了替孔门保留一点"嫡血正脉"。

从引文的前几句可以看出，道盛提出"托孤说"显受《史记·赵
世家》中赵氏孤儿故事的启发。承担立孤之责的庄子，正如忍辱负重
的程婴。《庄子》书中所表达的思想，则相当于赵家存活下来的唯一后
人赵武。由于"孤"是仅存之意，代表着正宗和嫡传，所以"托孤说"
就不仅关涉到庄子的归宗问题，而且还可以进一步推出如下的结论：
儒家之正脉仅保存在《庄子》书中。这样一来，两千多年的儒学史差
不多被道盛一语推倒。无论如何，这一点大概是王安石等人所无法接
受的。当然，这也是大多数"以儒释《庄》"者不可能走到的一步。道
盛的说法显然受到了佛教内部判教论的启示。

关于《庄》书中所保存的儒家真髓，道盛的说法是：

庄周战国之隐者，能以古今之大道自任。又不甘于流俗，悯
世道交丧之心，独切不可以自禁，乃敢大言而无惭。之人也，予
读其所著《南华》，实儒者之宗门，犹教外之别传也。盖其旨也，
妙于以神化而移人心之天也。神之于天，则自然矣。自然者，天
之别名，化之无迹者也。究之不外于慎独、致中和，而冥声臭。
是彼固能先任天真之自然，而同人物冥于自然之天真也。

---

① 道盛著：《庄子提正》，《天界觉浪盛禅师全录》卷三十，《嘉兴藏》第34册，第769页。

　　夫论大《易》之精微，天人之妙密，性命之中和，位育之自然，孰更有过于庄生者乎？予之表系不得不亟推之，正惧儒者之心印太孤也。①

　　这两段话中，第一段的"慎独""致中和""冥声臭"出自《中庸》，第二段则直接点出了"大《易》之精微"。比较难解的是"妙于以神化而移人心之天也"数句，道盛下面这段话可以看作是对它的进一步说明：

　　自开辟渐远，更有伏羲、神农、黄帝、尧、舜、禹、汤、文、武、周、孔、颜若而人，能知大道之原、天地之化，与能因人物之自然，而为民生日用制作法度，为道治之宗，使之各安身世性命者乎。夫如是设教立宗，而天下后世尚有不能知其所以，而愈效其迹，乃愈散其神，甚至有不可复以教宗救挽之者，其弊又安在哉？弊不生于简易，而生于支离；不生于无为，而生于生事；不生于无识，而生于多知，以至于世道交相丧也，盍亦迫其本而救之乎？乃不得已仍借羲、黄、尧、舜、孔、颜，与老聃、许由、壶、列、杨、墨、惠施诸子，互相立论而神化之。其中盖有主有宾，有权有实。至于纵横杀活，隐显正奇，放肆诡诞，嬉笑怒骂，有以直指其天真，有以曲示其密意，其为移出人心之天，而成其自然之性者，不可以常情臆见领略。而且有如聋如瞽者，是何足怪哉？内七篇抑扬错综，要不过正打傍敲，以阐发其神化自然之旨，而归应帝王于尧舜，归大宗师于孔颜也。自谓天下沉浊，不可与庄语，故为此无端崖之辞以移之，使天下疑怪以自得之，则庶几藉此明吾心中之所存，行吾心中之所主耳。世人不知，以为

---

① 道盛著：《庄子提正》，《天界觉浪盛禅师全录》卷三十，《嘉兴藏》第34册，第768、769页。

诋毁尧舜孔颜，又孰知称尧舜孔颜更有尚于庄生者乎？①

儒家"道统"说通常自周孔追溯到尧舜，道盛这里特从伏羲开始，显然是为了强调其作《易》的功劳。依道盛说，圣贤之"道治"建立在"大道之原、天地之化"的基础上，而所谓的"大道之原、天地之化"，指的其实就是《周易》所揭示的天地变化之道。《系辞传》曰："知变化之道者，其知神之所为乎"，"穷神知化，德之盛也"。因此，所谓"神化"，意指的正是天地万物的微妙变化。就此变化无心无迹而言，又可称作自然、无为。圣人们顺其变化，因其自然，制作法度，使百姓安身立命，这就叫"任天真之自然"。后世不知大道易简，偏偏妄生支离、多智生事，结果效迹而敝神，人心之天真自然随之丧失。庄子正是有忧于此，才通过纵横杀活的手段，努力把"人心之天"重新移出，并成就其自然之性，进而回复到与天合一的状态。

按照这种解释，庄子之核心思想可以浓缩为四个字，即"神化自然"。这四个字，既是大《易》之精微，也是《中庸》之要旨，庄子也因此顺理成章地成了孔门的嫡传。至于说《庄子》书中那些诋毁圣人的话，无非是正打傍敲、呵佛骂祖之伎俩罢了，读者必须体会其言外之意才行。

为了证成自己的说法，道盛在总提庄学之主旨后，又接着分疏了《庄子》内七篇。下面几段话，可以看作是他对该问题的进一步阐述：

> 庄子以人习于常所见闻而滞于名相功利，不见天地之神化出于自然，故拈鲲鹏之大而化者，移人之见闻以入于神，则逍遥乎与天游矣。②（《提〈逍遥游〉》）

---

① 道盛著：《庄子提正》，《天界觉浪盛禅师全录》卷三十，《嘉兴藏》第34册，第768页。
② 道盛著：《庄子提正》，《天界觉浪盛禅师全录》卷三十，《嘉兴藏》第34册，第770页。

养生以何为主？即"缘督以为经""率性之谓道"也。①（《提〈养生主〉》）

人知庄子以无为自然为宗，无用为用作主，不知彼独将极难为、极不然、极要用之事，与仲尼、颜回二师弟子，以苦心审行，周旋盘错，以曲尽其处人间世之妙。于斯始见无为而能无所不为，自然而能无自不然，无用而能无所不用，而不图创此一段议论也。②（《提〈人间世〉》）

庄生开手说天人，"知天之所为者，天而生也。知人之所为者，以其知之所知，以养其知之所不知，终天年而不中道夭者，是知之盛也。虽然有患，夫知有所待而后当，其所待者特未定也，庸讵知吾所谓天之非人乎？所谓人之非天乎？且有真人，然后有真知"，此不异"诚者天之道也，思诚者人之道也"。能知诚明不二者，此尽性之圣人，可为天人一贯之大宗师也。其曰"真人不逆寡，不雄成，不谟士，过而不悔，当而不自得也"，此非慎独、依乎中庸、遁世不见知而不悔者乎？"登高不栗，入水不濡，入火不热，是知能登假于道者也"，此非致中和，参天地，使阴阳不乖戾，以自达于道者乎？③（《提〈大宗师〉》）

在《庄子提正》的第二节《正庄为尧孔真孤》中，道盛曾谈到过此文的写作缘起：

时予倚仗灵山，偶与不二社诸子谈及庄生之秘，曹子请为快提以晓未悟，故提此托孤以正其别传。即有谓予借庄子自为托孤，

① 道盛著：《庄子提正》，《天界觉浪盛禅师全录》卷三十，《嘉兴藏》第 34 册，第 771 页。
② 道盛著：《庄子提正》，《天界觉浪盛禅师全录》卷三十，《嘉兴藏》第 34 册，第 772 页。
③ 道盛著：《庄子提正》，《天界觉浪盛禅师全录》卷三十，《嘉兴藏》第 34 册，第 774 页。

与自为正孤，谓非庄子之本旨，予又何辞！①

据台湾东华大学谢明阳教授考证，灵山指的是太平府当涂县无相寺，曹子指的是方以智妹夫曹台岳。②道盛住持无相寺的时间为顺治五年（1648），而这年冬天道盛因为文章中提到"明太祖"三字，被地方官送入大牢长达一年之久。由此可以确定，《提正》写作的时间就在顺治五年。另外值得提及的是，道盛解《易》的作品《易衍》即完成于牢狱之中，两文写作时间如此接近，至少可以说明此时的道盛正在思考和处理与《庄》《易》相关的问题。

至于"自为托孤"和"自为正孤"的意思，道盛的弟子大时凌世韶有一个附注可以参考：

师云："世界未有不坏，圣人未有不死。独此圣贤之经法，与佛祖之宗旨，固不可一日昧灭。"乃知吾师所谓正孤，非直以正庄生所托尧孔之孤，实吾师藉此以正自正之孤，用正天下万世佛祖圣贤之真孤也。下视庄者，以其怪不入尧孔之道，摈斥而拒绝之。高视庄者，以其奇足以入佛祖之宗，附会而滥入之。是二者皆亡羊也。孰能如吾师正其为尧孔真孤，以冥其上天之载，即谓如教外别传者，特以抑扬纵夺似之也？③

依大时之说，道盛之借《庄》托孤其实还有另外一层意思，即自正其接续佛祖、圣贤之真孤。作为僧人，接续佛祖自然责无旁贷，但要打破入世出世的界限，同时弘扬圣贤之道，那就不能不说道盛乃僧中之异数。刘余谟为道盛所作《塔铭》有云："窃观唐宋以来，举扬宗

---

① 道盛著：《庄子提正》，《天界觉浪盛禅师全录》卷三十，《嘉兴藏》第 34 册，第 769 页。
② 谢明阳：《觉浪道盛〈庄子提正〉写作背景考辨》，《清华学报》（台湾）新 42 卷第 1 期。
③ 道盛著：《庄子提正》，《天界觉浪盛禅师全录》卷三十，《嘉兴藏》第 34 册，第 776 页。

风，代不乏人。其间儒佛兼总者，惟明教嵩、觉范洪，然犹不无二歧。若师则易象诗书，乃至老庄诸子百家，并世谛文字，偶一拈提，言言妙谛。谟尝服膺'真儒必不辟佛，真佛必不非儒'二语，以为名言。然前此诸儒崖异，未免角立门庭。即宗主高自标诩，多轻外典。自姚江倡学以后，龙溪、海门诸公始不讳言佛。若以儒说谈宗，上下千年，独我师一人而已。盖东鲁、西竺两圣人，此心此理之同不容终秘者也。"① 竺庵大成为道盛所作的《行状》亦曰："师虽嗣法洞宗，五宗并举。主盟佛教，三教并弘。"② 两人同时提到道盛对待三教的开放态度，说明这一点对于理解道盛的思想来说至关重要。而"托孤说"即是这种开放态度的产物。

二、方以智：《易》风《庸》魂

方以智投奔道盛，始于顺治十年（1653）。上一年冬天，他刚刚跟随施闰章一道，从梧州北返。事情的经过是：明亡之后，方以智为了躲避阮大铖的迫害，逃到了由南明控制的岭南地区。他虽然长期隐居山中，不愿在永历朝廷做官，但后来还是为清兵所捕，无奈之下只好剃发为僧。出于对家乡的思念，他在出使两广的施闰章的帮助下，踏上了归途。但返乡后却又不断地受到地方官出仕的胁迫，于是方以智决定前往南京道盛处，正式接受具足戒，法号大智（弘智），成了一名真正的和尚。③

拜师之后，道盛交给方以智的第一件事便是注解《庄子》：

---

① 刘余谟：《传洞上正宗二十八世摄山栖霞觉浪大禅师塔铭》,《天界觉浪盛禅师全录》卷十七,《嘉兴藏》第 34 册, 第 686 页。以儒学谈宗, 参见《觉浪道盛的〈论语〉禅解》。

② 刘余谟《塔铭》引大成语, 见《嘉兴藏》第 34 册, 第 686 页。

③ 详参任道斌：《方以智年谱》, 安徽教育出版社 1983 年版。

陈大中曰:"杖人癸巳又全标《庄子》,以付竹关。奄忽十年,无可大师乃成《药地炮庄》。"①

大中即陈丹衷,觉浪道盛弟子,方以智法兄。此人曾参与过《药地炮庄》的工作,所以该书正文九卷皆题曰:"极丸学人弘智集,涉江子陈丹衷订。"癸巳即顺治十年(1653),方以智正式接受大法之戒的那一年。竹关乃方以智出家后闭关处。无可是方以智为僧后的别号。依陈丹衷的说法,方以智从事炮《庄》的工作实际上受命于觉浪道盛,他为此一共花了十年之久。

方以智的师友们对此事显然耳熟能详,下面几段话都是摘自《药地炮庄》的序言,它们无一例外地提到这对师徒的传承关系:

《炮庄》制药,列诸症变,使人参省而自适其当焉。梦笔、药地,立寓双冥,其寂感何如耶?②(何三省)

杖人评《庄》,正欲别路醒之。药地炮《庄》,合古今之评,以显杖人之正,妙在听天下人,各各平心,自吞吐之③。(弘庸)

浪杖人《灯热》一书,十方始知是火,师即传以为炮岐黄,不在父子间乎?④(文德翼)

自天界老人发托孤之论,药地又举而炮之,而庄生乃为尧舜周孔之嫡子矣。⑤(余飏)

杖人《庄子提正》,久布寓内……在天界时,又取《庄子》全评之,以付竹关。公官之托,厥在斯欤!⑥(大别)

---

① 道盛著:《庄子提正》,《天界觉浪盛禅师全录》卷三十,《嘉兴藏》第34册,第776页。
② 方以智著,张永义、邢益海校点:《药地炮庄》(修订版),第1页。
③ 方以智著,张永义、邢益海校点:《药地炮庄》(修订版),第3页。
④ 方以智著,张永义、邢益海校点:《药地炮庄》(修订版),第4页。
⑤ 方以智著,张永义、邢益海校点:《药地炮庄》(修订版),第5页。
⑥ 方以智著,张永义、邢益海校点:《药地炮庄》(修订版),第11页。

方以智自己在《炮庄小引》中也说：

> 子嵩开卷一尺便放，何乃暗醷三十年而复沾沾此耶？忽遇破蓝茎草，托孤竹关，杞包栎菌，一枝横出，嚗然放杖，烧其鼎而炮之。重翻《三一斋稿》，会通《易余》，其为药症也犁然矣。①

《三一斋稿》是方以智外祖吴应宾的遗作，《易余》是方以智自己解《易》之作。把这两本书作为对症之药，当然是为了强调外祖的"三教合一"说和自己家传易学对于"炮庄"的意义。但开头数句"忽遇破蓝茎草，托孤竹关"才更为关键，若不是道盛禅师的付嘱，也就绝不会有后来的《药地炮庄》。

事实上，在投奔道盛之前，方以智早已读过《庄子提正》，并对该文的观点推崇备至：

> 庄子叹世之溺于功利而疚心其始，又不可与庄语，为此无端崖之词，卮之、寓之，大小重之，无谓有谓，有谓无谓，使见之者疑愤不已，乃有旦暮遇之者。②
>
> 吾故曰《庄子》者，殆《易》之风而《中庸》之魂乎！③
>
> 寓宅而致心斋，无所逃于大戒，此庄子新发《系辞》斋戒之砌，以利用《春秋》之狱也。④
>
> 义精仁熟，而后可读《庄子》。蒸涫《六经》，而后可读《庄子》。则《庄子》庶几乎饱食后之茗莽耳。⑤

---

① 方以智著，张永义、邢益海点校：《药地炮庄》（修订版），第8页。
② 方以智著，张永义、邢益海校点：《药地炮庄》（修订版），第74页。
③ 方以智著，张永义、邢益海校点：《药地炮庄》（修订版），第76页。
④ 方以智著，张永义、邢益海校点：《药地炮庄》（修订版），第77页。
⑤ 方以智著，张永义、邢益海校点：《药地炮庄》（修订版），第81页。

这几句话分别引自方以智的《向子与郭子书》《惠子与庄子书》。据文末弟子传笑在壬辰孟秋所作的附注可知，此二书作于庐山的"五老峰头"①。壬辰年为顺治九年（1652），方以智返乡途中登临庐山并小住数月，此时的他自然还未拜道盛为师。但从二书的内容看，方以智几乎毫无保留地接受了《庄子提正》（1648）的观点。

觉浪道盛的《庄子提正》全文一共一万五千字，而《药地炮庄》洋洋洒洒三十余万言。二者篇幅差距如此之大，它们讨论问题的广度和引证材料的丰富性当然也就不可同日而语。就《药地炮庄》而言，有以下几点值得特别提及：

第一，该书正文和眉批中，收录了大量的觉浪道盛的文字。这些文字大多不见于《庄子提正》，所以很可能属于陈丹衷所说的"杖人全标《庄子》"的内容。如果把这些材料与《庄子提正》合在一起考虑，我们有理由相信，道盛"托孤说"的内涵将会获得更加准确的理解。

第二，除了道盛之外，《药地炮庄》还收集了方以智的亲人如外祖吴应宾、祖父方大镇、父亲方孔炤，朋友如张自烈、左锐，老师如王宣、白瑜、余飏，以及一大批师兄弟论《庄》的言论。这些人的著作要么残缺不全，要么彻底失传。因此从庄学史的角度看，即便是只言片语，对于了解那个时代的学术来讲，也都有着弥足珍贵的价值。

第三，书中还有不少地方利用隐晦的语言，表达遗民群体精神上的煎熬以及对于故国的怀念。最明显的例子是张自烈下面这段话：

> 桐自伯通公洎本庵、君静、潜夫三先生，世传正学。宓山蒙难，正志子身，绍衣如一日，可不谓艰且劬。较之本穴纪运，十空著经，抑又深隐矣。知不知，何损于宓山？余自信知宓山者，

---

① 方以智著，张永义、邢益海校点：《药地炮庄》（修订版），第85页。

卒亦未能尽知，以其寓而不有故也，尚无徒以《炮庄》测之哉！①

伯通公指的是方以智先祖方法，此人乃方孝孺门生，因不愿屈服于明成祖的淫威而沉江自尽。本庵指学渐，方以智曾祖。君静指方大镇，潜夫即方孔炤，宓山是方以智的别号。这段话开头几句是对方以智祖德的追述，但要害处却在"本穴纪运，十空著经"八字。据程敏政《宋遗民录》卷十三《郑所南小传》，南宋遗民郑思肖入元以后，不忘故国，曾扁其室曰"本穴世界"，以"本"字之"十"置下文，则大宋也。又著《大无工十空经》一卷，"空"字去"工"而加"十"，即宋字，寓为大宋经。张自烈借用这八个字来形容方以智，正是对后者民族气节的褒扬。

近似的例子还见于《逍遥游总炮》的眉批：

> 今日登黄龙背，饮南谷茶，诵《逍遥》一过。四围苍翠欲滴，白云西来，平浮竹槛，万峰在下，出没有无。忽忆张浊民拈郑亿翁句曰："天下皆秋雨，山中自夕阳。"②

"南谷"指的是建昌府南谷寺，康熙元年方以智曾任该寺的住持。面对良辰美景，吟诵《逍遥游》，看上去是多么的适意！但末尾的一句诗却早已把人拉回到现实之中：郑亿翁即郑思肖，他记载亡国之痛的《心史》可谓字字血泪。张浊民即张鹿征，崇祯时官锦衣卫千户。煤山变后，崇祯帝殡于西华门，百官无至者，唯有鹿征缞服哭临，守梓官不去。鹿征后入栖霞白云观为道士，改号浊民，终身素衣冠，自言先帝仇未报，服不可除。③方以智在从事"炮庄"工作时，不经意间想到的

---

① 方以智著，张永义、邢益海校点：《药地炮庄》（修订版），第2页。
② 方以智著，张永义、邢益海校点：《药地炮庄》（修订版），第88页。
③ 温睿临撰：《南疆逸史》卷四十一，清长恩阁抄本。

却是这样两位节义之士，难道不正是其心迹的真实独白吗？

最后，当然也是最重要的，《炮庄》对《庄》《易》关系进行了更加细致和全面的说明。下面几条是其中最有代表性的例子：

> 《内篇》凡七，而统于游。愚者曰：游即息也，息即无息也。太极游于六十四，乾游于六龙。《庄子》之"御六气"，正抄此耳。姑以表法言之，以一游六者也。《齐》《主》《世》如内三爻，《符》《宗》《应》如外三爻，各具三谛。《逍遥》如见群龙无首之用。六龙首尾，蟠于潜、亢，而见、飞于法界，惕、跃为几乎！六皆法界，则六皆蟠皆几也。姑以寓数约几言之，自两仪加倍至六层，为六十四，而举太极，则七也。乾坤用爻，亦七也。七者，一也，正表六爻设用而转为体，太极至体而转为用也。本无体用者，急口明之耳。曰"六月息"，曰"御六气"，岂无故乎？用九藏于用六也，参两之会也。再两之为三四之会。故举半则示六，而言七则示周。曾有会来复周行之故者耶？寓数约几，惟在奇偶方圆，即冒费隐。对待者，二也。绝待者，一也。可见不可见，待与无待，皆反对也，皆贯通也。一不可言，言则是二。一在二中，用二即一。南北也，鲲鹏也，有无也，犹之坎离也，体用也，生死也。善用贯有无，贯即冥矣。不堕不离，寓象寓数，绝非人力思虑之所及也，是谁信得及耶？善寓莫如《易》，而《庄》更寓言之以化执，至此更不可执。[1]

这段话出自《炮庄》卷一，是方以智对内篇的一个总评。整段话的大意是说，《庄子》内七篇从文字到排列顺序，都是对《周易》乾卦的刻意模仿。其中，《齐物论》对应于"潜龙勿用"之初九爻，《养生主》

---

[1]　方以智著，张永义、邢益海校点：《药地炮庄》（修订版），第100页。

对应于"见龙在田"之九二爻,《人间世》对应于"君子终日乾乾,夕惕若"之九三爻,这三篇合起来相当于《乾》卦内卦的三爻。《德充符》对应于"或跃在渊"之九四爻,《大宗师》对应于"飞龙在天"之九五爻,《应帝王》对应于"亢龙有悔"之上九爻,这三篇合起来相当于《乾》卦外卦的三爻。而《逍遥游》则对应于"见群龙无首"的用九。《乾》卦中的"用九"是多出来的一爻,它和其他六爻之间是一种互为体用的关系。扩大来看,"用九"的地位就像太极,其他六爻就像六十四卦。太极无体,即存在于六十四卦之中,双方是一种"一在二中,用二即一"的关系。具体到《庄子》内篇来说,也是如此。《逍遥游》即如"用九"和"太极",起着统领六篇的作用,文中提到的"六月息""御六气"都有暗示的意思。另外,《庄子》书的寓言故事虽属虚构,但遣词造句却非常讲究。譬如《逍遥游》中的"南冥"与"北冥",《应帝王》中的"南方之帝"与"北方之帝",都蕴含着对待之意,而鲲鹏表达的则是变化之机,这些和《周易》之坎离、体用、生死存在着对应关系。两者的区别只在于,《易》是用象数的形式揭示天地自然之道,《庄子》是用寓言的形式破除人们的偏执而已。

圣人作而万物睹,燥湿风云,统类自齐。谓以无我齐物乎?无物齐我乎?格物转物乎?皆物论也。因物知则,论伦历然。两行一参,无所逃于代明错行。谓以不齐齐之可乎?齐与不齐且置。何谓公因?独问天根,五官俱竭。丧贝跻陵,一日敦复。不关冬至,安有三时?道一物也,物一道也。以物观物,安有我于其间哉?圣人轮天地之成坏而弥之,缕天地之经络而纶之,万古如斯而不能言也,治教其桴鼓耳。不死而苏,能嗒然耶?通一不用而寓诸庸,环中四破,无不应矣。析《中庸》为两层而暗提之,举《春秋》之双名而显怀之,一二毕矣。必幡幡乎扫事掩法,离缘出世,为是层累而耸之天外乎?嗟夫终身由之而不知其故者,负

《中庸》之天载矣！汗下调补，不识变症，恣人犯忌，火驰焚和，更连累《中庸》之天载矣！故不妨别路飞跃，传周鼎衔指之巧也。①

这段话出自《齐物论总炮》，本意是要解释《齐物论》的主旨。但细按其中的文字，一大半都出于《周易》《中庸》和其他儒家经典。"圣人作而万物睹，燥湿风云"，源于《易·文言》："九五曰'飞龙在天，利见大人'，何谓也？子曰：'同声相应，同气相求。水流湿，火就燥，云从龙，风从虎，圣人作而万物睹。本乎天者亲上，本乎地者亲下，则各从其类也。'"。"因物知则"语出《诗·烝民》："天生烝民，有物有则。民之秉彝，好是懿德。""代明错行"出自《中庸》："仲尼祖述尧舜，宪章文武，上律天时，下袭水土。辟如天地之无不持载，无不覆帱。辟如四时之错行，如日月之代明。""天根"指的是《复》卦，"丧贝跻陵"出于《震》卦的六二爻："震来厉，亿丧贝，跻于九陵，勿逐，七日得。""敦复"见于《复》卦的六五爻："敦复，无悔。""圣人轮天地之成坏而弥之，缕天地之经络而纶之"指的是《系辞上》这句话："《易》与天地准，故能弥纶天地之道。""天载"则源于《中庸》："上天之载，无声无臭，至矣。"整段话的意思非常晦涩，但大体上是说，"齐物"必须建立在对天地万物之道的了解之上。否则，不管是以无我齐物，还是以无物齐我，都只是物论而已。圣人以物观物，已经把"代明错行"的天道表述在《周易》和《中庸》之中。庄子在《齐物论》中所说的"环中""寓庸""两行""一参"等，其实都是对《周易》《中庸》要旨的明示或暗提。因此，庄子决非蹈空之人，他只不过是通过"别路"曲传圣人之道而已。

---

① 方以智著，张永义、邢益海校点：《药地炮庄》（修订版），第88页。

天下之故，本自寂然。同患深机，明藏于神。莫淡漠于日中，莫扩垠于天下。圣人格物，而以物佑神；知至，而以知还物。经天下以中边四旋之《图》《书》，度天下以三达五达之道路，物物自旋自达，圣人何所事哉？无为垂拱之舜，即命官勤死之舜，要不出于深山决河之舜也。①

这段话引自《应帝王总炮》，是对庄子"无为而治"思想的解释。所谓"经天下以中边四旋之《图》《书》"，指的是象数易学中的《河图》和《洛书》。所谓"度天下以三达五达之道路"，指的是《中庸》所谓"仁智勇"三达德、"君臣父子夫妇昆弟朋友"五达道。方以智认为，圣人以河洛和道德经纪天下，依事物之本性相时而动，那么垂拱无为也好、命官勤死也好、深山决河也好，都属顺任自然之举，都可归为"无为而治"的范畴。依照这样的解释，《庄子》和《周易》《中庸》当然再一次成了同一精神指导下的产物。

此篇发明慎独中节之学，以一善刀而藏，消尽善恶名刑。邵子最赏提刀四顾，有旨哉！②

庄子虽称老子，而其学实不尽学老子。故此处特立一帽子自戴之。非芒昧也，何能滑疑？非滑疑也，何能稠适而上遂乎？万物毕罗，莫足以归，有捉败此老曼衍藏身处者否？③

这两段分别出自《养生主》和《天下》篇的注释。前一段是说，《养生主》"庖丁解牛"的寓言，是为了发明《中庸》的"慎独中节"之学。后一段是说，《天下》篇中分述老、庄，正说明庄子的思想并非全都来

---

① 方以智著，张永义、邢益海校点：《药地炮庄》（修订版），第98页。
② 方以智著，张永义、邢益海校点：《药地炮庄》（修订版），第149页。
③ 方以智著，张永义、邢益海校点：《药地炮庄》（修订版），第464页。

自于老子。这两点和道盛的说法如出一辙。

类似的例子还有很多，这里就不一一列举了。总的来说，《药地炮庄》用了大量的文字来沟通《庄子》和《周易》，因此要远较觉浪道盛的《庄子提正》为详细和具体。这一点显然给人留下了很深的印象。譬如，张自烈在序言中曾这样写道："寓言十九，综百家，贯六经，《周易》外传也。试合潜夫先生《时论》求之，道在是矣。"① 沈寿民也曾致信于方以智曰："再承贶《寂历图》及《炮庄》大刻，实变化《时论》而出之者。"② 钱澄之谈到《药地炮庄》也说："多禅语，而会通以《庄》《易》之旨。"③ 从这些评论可以断言，以《易》解《庄》正是该书的最大特点。

三、钱澄之：以《庄》继《易》

就会通《庄》《易》来说，钱澄之与道盛、方以智并无区别。他所不满于《药地炮庄》的，是该书的"以禅解《庄》"。钱氏曾告诉侂亭禅师说，"释自释，儒自儒"，与其把庄子称为"释家教外别传"，不如把他看成"儒家教外别传"，因为释氏是"出世法"，而庄子则有"用世之学"。④ 所以钱澄之可以接受道盛的"托孤说"，但并不同意后者的"三教合一"说。这大概也正是钱氏与道盛、方以智分享许多相同或相近的说法，但仍然自别于他们的原因所在。

钱澄之的生平，《清史稿·遗逸传》有简略的记载：

> 钱澄之，字饮光，原名秉镫，桐城人。少以名节自励……是

---

① 方以智著，张永义、邢益海校点：《药地炮庄》（修订版），第2页。
② 方以智著，张永义校注：《青原志略》，华夏出版社2012年版，第191页。
③ 钱澄之撰，彭君华校点：《田间文集》，黄山书社1998年版，第227页。
④ 钱澄之撰，彭君华校点：《与侂亭禅师论庄子书》，《田间文集》，第72页。

时复社、几社始兴，比郡中主坛坫者，宣城沈寿民、池阳吴应箕、桐城钱澄之及方以智。又与陈子龙、夏允彝辈联云龙社，以接武东林。澄之体貌伟然，好饮酒，纵谈经世之略，尝思冒危难立功名。阮大铖既柄用，刊章捕治党人，澄之先避吴中。妻方赴水死，事具《明史》。于是亡命走浙闽、入粤，崎岖险绝，犹数从锋镝间，支持名义不少屈。黄道周荐诸唐王，授吉安府推官，改延平府。桂王时擢礼部主事，特试授翰林庶吉士，兼诰敕撰文，指陈皆切时弊。忌者众，乃乞假间道归里，结庐先人墓旁，环庐皆田也，自号曰田间，著《田间诗学》《易学》。澄之尝问《易》道周，依京房、邵雍说，究极数学，后乃兼求义理。其治《诗》，遵用《小序》首句，于名物训诂、山川地理尤详。自谓著《易》《诗》成，思所以翼二经者而得庄周、屈原，乃复著《庄屈合诂》。盖澄之生值末季，离忧抑郁无所泄，一寓之于言，故以庄继《易》，以屈继《诗》也。

由此传，我们大体可以知道，澄之早年即有用世之志，积极参与党社活动。当清兵南下时，又奔走闽粤，从事抗清大业。及事不可为，乃返回乡里，隐居著述以终老。所需补充的是，钱氏发妻之死，并非由于党争，乃因清兵而亡，同时失去的还有一子一女。[①]他的返乡，也不是简单的"乞假间道归里"，而是与永历行朝失散后不得已的选择。一组六十四首的《行路难》细致地刻画了他返乡路上所经受的种种艰辛和凶险。[②]对钱澄之而言，满人所带来的，不仅是国仇，而且还有家恨，这当是他后来选择隐遁的最主要原因。

钱氏之著述，《田间易学》《田间诗学》皆收入四库[③]，《庄屈合

---

① 钱澄之撰，彭君华校点：《先妻方氏行略》，《田间文集》，第 564 页。
② 钱澄之撰，汤华泉校点：《藏山阁集》，黄山书社 2004 年版，第 326 页。
③ 张舜徽论及钱氏经学成就时说："尊信《小序》，汇纳古今，则又与朱鹤龄治《诗》之法，

诂》见于存目。《四库提要》对澄之的经学成就评价颇高，如称其易学："其说不废图书，而以邵子先天图及河洛二图皆因《易》而生，非《易》果因此而作，图中奇偶之数乃揲蓍之法，非画卦之本，持论最为平允。故卷首图像虽繁，而不涉支离附会之弊。"称其诗学："持论颇为精核，而于名物训诂、山川地理，言之尤详。"

对《庄屈合诂》，《提要》则有如下的评论：

> 屈原之赋，固足以继风雅之踪。至于以老庄解《易》，则晋人附会之失。澄之经学笃实，断不沿其谬种。盖澄之丁明末造，发愤著书，以《离骚》寓其幽忧，而以《庄子》寓其解脱，不欲明言，托于翼经焉耳。

《提要》此说，影响甚大，《清史稿》小传即据此立论。就意识到《庄屈合诂》乃有为之作，四库馆臣实已触及钱氏之微意。从极力表彰屈子之气节，到大谈庄周之至性[1]，钱氏自己立身处世的态度尽在不言之中。但是，如果把该书完全看成是借题发挥，那就未免过于捕风捉影。姑毋论以老庄解《易》是否纯属晋人之"附会"[2]，但从钱氏自己的言论看，他对借《庄子》发挥己见的做法也是颇有微词的：

（接上页）若合符契。从知废《序》言《诗》之习，与夫固守一家之弊，至清初已渐见廓清。钱、朱二家，桴鼓相应，皆于当时治经风气之转移，大有关系也。""澄之颇以经学自负。观其平生专力致精，足践所言。治经之功，似非顾氏所能逮。不知近人考论清初学术者，何以忽之？"（《清人文集别录》卷一，华中师范大学出版社 2004 年版，第 18 页）

[1]《庄屈合诂自序》云："是故天下非至性之人，不可以悟道。非见道之人，亦不可以死节也。"（钱澄之撰，殷呈祥校点：《庄屈合诂》，黄山书社 1998 年版，第 4 页）

[2] 钱氏并不反对以老庄解《易》，《田间易学》多处引用庄老言论解释易理，其说详下文。对王注孔疏，《田间易学·凡例》有云："王辅嗣《易》注、韩康伯《系辞》注、孔仲达正义，其学具有源流。虽以辅嗣扫去象数，涌乱经传，为诸儒所辟，然宋人亦因注疏相传，得以益明其理，而粹然一归于正，则亦未可尽废也。"（《田间易学》，第 1 页）

余少时好读《庄子》，见郭子玄注，苦不得其解。有示以林希逸《口义》者，览之略有端绪。友人曰："此训诂之学也，读《庄子》岂宜作如是解？"于是益求所谓能为《庄子》之解者而究心焉。而为二氏之学者，皆谈《庄子》。禅家以其得宗门之旨趣，道家指为有丹经之秘言，其说皆近似之，而吾不敢信也。则又有谓三圣人之学本同，其解《庄》也，取三家语句之相似者，影响印合，又不深畅其旨，但略一拈提，使人自悟，是不过借《庄子》发撼己见，以自成其一家之言，于《庄子》实未解也。[①]

钱氏读《庄》初由郭象、林希逸入，后在友人建议下，乃泛滥于二氏之《庄》解。他既已发现，不论是参以佛理、丹道，还是用三教相互印合，都未能真正了解《庄子》，那么他自己注《庄》，断不会循此旧途。换句话说，钱氏之注，实乃相信庄子之意真当作如是解，决不仅仅是"寓其解脱""托于翼经"而已。用钱氏自己的话来讲，这就叫"要是释《庄》，非自立说也"[②]。

钱氏之书取名为"诂"，也是基于同样考虑："吾之解《庄》者屡矣。晚年，少有所进，乃尽废前解，而为之诂。盖真见世之所谓能为《庄子》之解者皆妄耳，故宁为训诂也。"[③]

必须提及的是，钱氏对"训诂"并无好感。他曾明告好友方以智："吾人读书，观大义而已……至于器数之末，诂释之烦，点画之细，世自有审句博物之徒，子何以役志为？"[④]他批评"训诂之学"曰："若惟言之是尊，毋敢略出己见，疑者缺之，未详者置之，惟通其章句而

---

①　钱澄之撰，殷呈祥校点：《庄子内七诂自引》，《庄屈合诂》，第3页。

②　钱澄之撰，殷呈祥校点：《庄子内七诂自引》，《庄屈合诂》，第3页。

③　钱澄之撰，殷呈祥校点：《庄子内七诂自引》，《庄屈合诂》，第3页。

④　钱澄之撰，彭君华校点：《通雅序》，《田间文集》，第228页。

已，是训诂之学也，是以无我之弊流为训诂。"①在解《庄》时，钱氏仍然"宁为训诂"，只能说明他对流行的肆意攀缘之做法十分不满。

钱氏曾论及注书与著书的区别，最能代表他在这一问题上的立场：

> 甚矣！注书之难，难于著书也。著书者，欲自成一家言耳，其有言也己为政。注者，己无心而一以作者之心为心，其有言也役焉而已。故曰：著书者无人，注书者无我。然自孔子《系辞》以来，如郭象之注《庄》，王辅嗣之注《易》，旁通发挥，往往出于古人意言之外，亦何尝不用我也？曰：非我也，古人之意之所在也。书不尽言，言不尽意，以意逆志，是为得之。②

著书立言，标准在己，故心中可以无人。注书则不同，注者服务于所注之书，自己无心而以作者之心为心，是谓无我。但是，无我并不意味着固守章句而已，还必须追寻作者的言外之意。就此而论，孔子之《系辞》、王郭之注解皆可称为无我之作。

既不愿以己意进退古人，又不想落入虫鱼饾饤之途，只希望设身处地，以意逆志，由七篇之脉络，上探庄生立言宗旨及言外之微意，这大概就是钱氏注《庄》之初衷。

《庄屈合诂》成书于康熙二十四年（1685），作者时年74岁。其中《庄子内七诂》只注内七篇，首列郭象及各家注，次及自家之"诂"，分章悉依焦竑《庄子翼》。每篇末尾有"总诂"，概述全篇之大意。此书完成之后，钱氏曾多方活动，希望能够刊行。直到五年之后，才由徐乾学赞助，与《田间易学》《田间诗学》一同付梓。其间数年，钱氏与友朋通信，反复提到该书有"发前人所未发"之处：

---

① 钱澄之撰，彭君华校点：《重刻昌谷集注序》，《田间文集》，第229页。
② 钱澄之撰，彭君华校点：《重刻昌谷集注序》，《田间文集》，第229页。

弟不能闭户而能塞耳，于追呼啼号中，了得《庄屈合诂》一书，自谓能发前人所未发，因小儿久病，无人脱稿，末由寄览也，怅怅！（《与左霜鹤》）

《庄屈合诂》到家始能脱稿，颇觉发前人之所未发。（《与李屺瞻》）

今春了得《庄屈合诂》，此十数年盘纡胸中之物，幸已脱稿，颇觉发前人所未发。（《与某》）

弟于去冬穷愁之中，又了得《庄屈合诂》一书。此书属稿数年，今始卒业，自谓无复疑义。（《与徐方虎》）①

这些书信虽有推销之嫌②，但未尝没有个人的自负在内。钱氏自己并未说明创见何在，但综合全书（《庄子内七诂》）来看，其大要即在"《庄》本于《易》"一语：

自庄子以《诗》、《书》、《礼》、《乐》及《易》、《春秋》列为道术，后遂有"六经"之称。而其称《易》也，曰"易以道阴阳"，则一语已抉其奥矣。**吾观其书，其言内圣外王之道，则一本于《易》。夫《易》之道，惟其时而已。**庄子以自然为宗，而诋仁义，斥礼乐，訾毁先王之法者，此矫枉过正之言也。彼盖以遵其迹者，未能得其意；泥于古者，不能适于今。名为治之，适以乱之。**因其自然，惟变所适。而《易》之道在是矣。**③

---

① 钱澄之撰，汤华泉校点：《藏山阁集》，第455、456、457、468页。
② 典型的例子如前揭《与徐方虎》，钱氏续称："向蒙司农（徐乾学）许为流布，至今未见施行。然岂司农一人责耶？先生宜与诸知己为分任之。"并云："南来当事，各任一种，似亦非难。"
③ 钱澄之撰，殷呈祥校点：《庄屈合诂》，第3页。

　　钱氏认为，易道之核心在"时"，庄子"因其自然、惟变所适"的主张恰恰就是重"时"的表现，所以归根结底，庄子之学只不过是易理的进一步发挥而已。

　　钱氏出身易学世家，又曾问《易》于黄道周。其在易理方面的造诣，颇受时人的推崇。方以智编订父作《周易时论》，澄之与有功焉。① 觉浪道盛则把易学方面的质询转送澄之作答。② 钱氏六十岁时著成《田间易学》，以朱子《本义》为主，兼容义理和象数两方面。在这部书中，他对"易道惟时"曾有系统的发挥：

> 乾元统天，无终无始也。无始而万物资始，时至则然也。"大明终始"，明其终始皆时为之也。③
>
> 时至而事起，圣人因时以制器，宁有象一卦以成一器者乎？④
>
> 亢，岂惟伊尹之放桐，周公之负扆哉？孔子亦有时而亢，诛华士，却莱夷，堕三都，当其时，宁知有得丧存亡耶？盖责任不在己，当潜则潜；责任在己，当亢则亢，若当亢而思潜，将宋陈宜中之占城不返为高蹈乎？亢之时，一有知退、知丧、知亡之心，便失其正矣。⑤

---

① 《田间易学·凡例》云："时贤《易》论，有发前人所未发，而大指不谬于《本义》者，悉加采录……若《象正》，则吾师漳浦黄先生所手授也。《订诂》，则何玄子先生宦留都时，出以相示，面相质问者也。《时论》则吾乡方中丞白鹿公所著，而吾佐密之参订而成者也。故三书引据尤多。"（钱澄之撰，吴怀祺校点：《田间易学》，黄山书社 1998 年版，第 3 页）更详细的说明见《先公田间府君年谱》，《北京图书馆藏珍本年谱丛刊》第 71 册，北京图书馆出版社 1999 年版，第 62 页。

② 《先公田间府君年谱》载："己亥年，四十八岁。觉浪和尚自杭州回天界，此后凡有以《易》解问和尚者，皆令送府君看取，曰渠是作家。其著作喜府君为朗诵，自是晨夕往还。"（《北京图书馆藏珍本年谱丛刊》第 71 册，第 63 页）

③ 钱澄之撰，吴怀祺校点：《田间易学》，黄山书社 1998 年版，第 173 页。

④ 钱澄之撰，吴怀祺校点：《田间易学》，第 667 页。

⑤ 钱澄之撰，吴怀祺校点：《田间易学》，第 173 页。

"趋时"本为《易传》"爻位"说的一种，主要意思是，卦象之吉凶因所处时机而不同。[1] 钱氏则把它推广开来，说明一切事物皆因时而动。他甚至认为，易道无超出于"时"者："易之道尽于时。"[2] "时"如此重要，对人来说，知"时"便成为关键。当亢则亢，当潜则潜，否则极易失其正道。

"时"的基础在于"变"，没有"变"就无所谓"时"。所以，趋时必须明"变"。钱氏云：

> 惟变而后其道德和以顺，不变则反成乖戾也。惟变而义以理，不变则不能各得其宜也。穷理者，穷其变也。尽性者，尽其变也。至于命，则一任其自然，变而不知其所以变也[3]。

《易》者，变易之学。只有变易，才能实现道德和顺，万物各得其宜。因此，"穷理"也好，"尽性"也好，"以至于命"也好，说到底，不过是穷变、尽变并安于变而已。

"安于变"就叫作"因任自然""顺其自然"，而天地万物本来就是自然而然的：

> 乾本乎气之自然，故易。坤因乎乾之自然，故简。[4]

> 万物固已自然，圣人又何事焉？圣人犹为之领袖耳，虽有一切制作，不过顺其自然，于己未尝少动，于物未尝少扰。[5]

> 天下之理，非吾一人可以尽知尽能也。有不知而后无不知，

---

① 朱伯昆：《易学哲学史》上册，北京大学出版社 1986 年版，第 55 页。

② 钱澄之撰，殷呈祥校点：《庄屈合诂》，第 5 页。

③ 钱澄之撰，吴怀祺校点：《田间易学》，第 705 页。

④ 钱澄之撰，吴怀祺校点：《田间易学》，第 590 页。

⑤ 钱澄之撰，吴怀祺校点：《田间易学》，第 174 页。

有不能而后无不能。庄子曰："万物固已自然，圣人又何事焉。"因其自然，又宁有不知不能者哉？易简之得，亦得其自然而已。①

稍读这些语句即可发现，它们和前述觉浪道盛有关"神化自然"的论述有着惊人的相似。也正是因为如此，钱澄之和道盛一样，在《庄子》和易理之间发现了大量的相似性：

> 成即有毁，毁以为成；治极必乱，乱以开治。春夏之蕃孽，秋冬之凋落，相代实以相因。《易》"穷则变，变则通"、"通其变，使民不倦"，因之而已。②

这是解释《齐物论》"其分也，成也；其成也，毁也。凡物无成与毁，复通为一"的。庄子之大意在说明"道通为一"，钱氏则注意到其中含有变化的观念，故以易道的变通说释之。

> 大易有四象，分阴分阳，而阴中有阳焉，阳中有阴焉，是谓阴阳老少。禅家本之为四料简。庄子于是中见非，非中见是，亦此四法。③

《齐论物》主齐是非，故曰"彼亦一是非，此亦一是非"。钱氏却从中看出《周易》四象的影子。阴中有阳，阳中有阴，正如是中有非，非中有是，阴阳之互涵酷似是非之无端。

> 太极即在阴阳中，离阴阳无太极也。儵忽时相遇于浑沌之地，

---

① 钱澄之撰，吴怀祺校点：《田间易学》，第591页。
② 钱澄之撰，殷呈祥校点：《庄屈合诂》，第30页。
③ 钱澄之撰，殷呈祥校点：《庄屈合诂》，第28页。

舍儵忽无浑沌也。儵忽欲凿浑沌之窍，岂别有浑沌可凿乎？亦自凿耳[1]。

这是解释《应帝王》中"浑沌"寓言的。在庄书中，"浑沌"本代表着质朴和无为，钱氏依照易理，更进一层。浑沌如太极，儵忽如阴阳，浑沌就在儵忽之中，离开儵忽则无所谓浑沌，正如太极即在阴阳之中，离开阴阳则无所谓太极。

类似的例子还有很多。但最关键的，还要算关于"时"的讨论：

> 《易》之道尽于时，《庄》之学尽于游。时者入世之事也，游者出世之事也。惟能出世，斯能入世。即使入世，仍是出世……七篇以《逍遥游》始，以《应帝王》终。谓之"应"者，惟时至则然也。又曰："应而不藏"。此其所以为游，此其所以逍遥欤！[2]

"时"者时机，"游"者无待。知时机者，方能进退有度。无所待者，方能超越世间是非利害。以无待之心，应时而动，即为逍遥之游。

> 天地之道，尽于六气。六气之辨甚微，当其时则谓之正。乘正以御，犹《乾》之"时乘六龙以御天"也，无往而不顺，故游无穷而亦无待也。[3]

引入"时"后，代表至人精神境界的"乘天地之正，御六气之辨"，就和《乾》卦的"时乘六龙以御天"一样，乃是"应时而动"的别称。

---

① 钱澄之撰，殷呈祥校点：《庄屈合诂》，第 132 页。
② 钱澄之撰，殷呈祥校点：《庄屈合诂》，第 5 页。
③ 钱澄之撰，殷呈祥校点：《庄屈合诂》，第 10 页。

既有得于大宗师，则生可也，死可也，富可也，贫可也，匹夫可也，帝王可也，时至则起而应耳。庄子所谓"缘于不得已"也。其应帝王，亦不异其所以为匹夫者，内圣外王无二道也。[1]

"应时而动"，则一切皆自然而然、不得不然。时生即生，时死即死，时贫即安于贫，时富即安于富。该做匹夫时为匹夫，该当帝王时为帝王。如果生时求死，死时贪生，贫时羡富，富时爱贫，皆为不知时。钱氏特别指出，如果不知时，潜亢异用，那么不仅不足以知庄子，甚至还是"庄子之罪人"：

吾尝谓庄子深于《易》。《易》有潜有亢，惟其时也。当潜不宜有亢之事，犹当亢不宜存潜之心。而世以潜时明哲保身之道，用之于亢时，为全躯保妻子之计，皆庄子之罪人也。若庄子适当其潜者也，观其述仲尼、伯玉教臣子之至论，使为世用，吾知其必有致命、遂志之忠，为其于君亲义命之际所见极明耳。[2]

潜者隐遁，亢者用世。潜亢各有其时，该隐遁时即隐遁，该用世时即用世，是谓知时。具体到庄子来说，因为适当其潜，所以只好以藏为用。庄子并非不能用世，由《人间世》之致命遂志，可知庄子用世之道甚精，与儒家圣贤"致主泽民皆本之正心诚意之学，无以异也"[3]。相反，那些本当用世之时，却出于全躯保妻子之私心，而行明哲保身之道者，才是"庄子之罪人"。

不消说，当钱氏写下这段话时，心中定有无限的感慨。世道交丧、

---

① 钱澄之撰，殷呈祥校点：《庄屈合诂》，第 132 页。

② 钱澄之撰，殷呈祥校点：《庄屈合诂》，第 75 页。

③ 钱澄之撰，殷呈祥校点：《庄屈合诂》，第 74 页。

大厦已倾，不就是因为有太多本当有为时却选择了明哲保身之路的人吗？但是，回到注《庄》之主题，澄之此说却有替庄子辨"诬"的意思在。这一点其实也是他"《庄》本于《易》"说的内在要求。传统上，庄子多被看作不关心世事的高人隐士，要么放荡而不法[①]，要么腾世而独游[②]。但在钱氏看来，庄子并非不关心世事，亦非不想为世所用，而只是"生非其时，落得无所可用"[③]而已。《人间世》中社树所谓"余求无所可用久矣，几死，乃今得之，为余大用"，正是庄子一生学问的象征。因此，"无所可用"不仅不是逃避，而且还是庄子深于易道的表征。圣人不也有云"天下有道则见，无道则隐"（《论语·泰伯》）吗？所以，"当战国之时，既好放言，又思免祸，使人知其言有可用，而祸不免矣，故庄子以大言藏身者也"[④]。

同一个"无所可用"，从"避世"到"知时"，随着解释角度的转换，意义发生根本的改变。原来的那位喜欢"剿剥儒墨""叛圣人者也"[⑤]的庄周，一变而为"一旦而有臣子之事，其以义命自处也，审矣"[⑥]的至性之人。庄子与圣贤之学的距离亦因此而拉近：那些批评仁义礼乐的话，只不过是"矫枉过正之言"；相反，过去常被当作寓言对待的孔颜对话，却处处透显出庄子对圣人用世之道的赞赏：

> 正己之道，夫子语颜回心斋之义尽矣。[⑦]
>
> 颜回自博文约礼以来，无日不从事于仁义礼乐。而一旦尽忘

---

① 扬雄语，见王坦之《废庄论》，《晋书·王坦之传》。

② 夏侯湛《庄周赞》："迈迈庄周，腾世独游。遁时放言，齐物绝尤。垂钓一壑，取戒牺牛。望风寄心，托志清流。"（欧阳询撰，汪绍楹校：《艺文类聚》上，上海古籍出版社 1995 年版，第649 页）

③ 钱澄之撰，殷呈祥校点：《庄屈合诂》，第 18 页。

④ 钱澄之撰，殷呈祥校点：《庄屈合诂》，第 18 页。

⑤ 程子曰："庄子，叛圣人者也，而世之人皆以矫时之弊。矫时之弊，固若是乎？"（王孝鱼点校：《二程集》，中华书局 2004 年版，第 330 页）

⑥ 钱澄之撰，殷呈祥校点：《庄屈合诂》，第 4 页。

⑦ 钱澄之撰，殷呈祥校点：《庄屈合诂》，第 74 页。

之，以至于坐忘，"离形去智，同于大通"，人尽而天见，是殆"以其知之所知，养其知之所不知"者，圣人之徒也。[①]

　　仲尼之徒，首推颜子，故于篇中再举之，尊颜子所以尊仲尼也。[②]

　　这里，孔子既不是被讽刺和调侃的对象，也不是暂且引重之人，而成了庄子心目中的圣贤。"心斋""坐忘"这些庄书中的核心概念，在儒学的意义系统下，也都获得了新的解释。

　　不仅如此。庄子既无悖于圣人，庄学既一本于易道，那么儒家的其他文献如《中庸》，如《大学》，如《孟子》，全都可以拿来与庄书相发明：

　　《大学》云"毋自欺也"，此即随而师之之说也。[③]（注《齐物论》"夫随其成心而师之，谁独且无师乎？"）

　　庄子之"养生主"，即孟子之"顺受其正"，所谓"立命"者是也。[④]

　　"无假"者，《中庸》之所谓诚也。"命物之化"，即知天地之化育也。"守其宗"，即立天下之大本也。[⑤]（注《德充符》"审乎无假而不与物迁，命物之化而守其宗"）

　　圣人之治天下，未尝求之天下也，但治己而已。"致中和，天地位焉，万物育焉"，于礼乐刑政乎何有？"游心于谈，合气于漠，顺物自然而无容私"，即"致中和"之学也。[⑥]（注《应帝王》"汝

①　钱澄之撰，殷呈祥校点：《庄屈合诂》，第 120 页。
②　钱澄之撰，殷呈祥校点：《庄屈合诂》，第 121 页。
③　钱澄之撰，殷呈祥校点：《庄屈合诂》，第 27 页。
④　钱澄之撰，殷呈祥校点：《庄屈合诂》，第 51 页。
⑤　钱澄之撰，殷呈祥校点：《庄屈合诂》，第 80 页。
⑥　钱澄之撰，殷呈祥校点：《庄屈合诂》，第 126 页。

游心于淡，合气于漠，顺物自然而无容私焉，而天下治矣"）

"顺自然"变成了"致中和"，"守其宗"变成了"立大本"，"无假"即"存诚"，"养生"即"立命"，凡是庄子刻意强调的概念，在儒典中差不多都能找到相应的说法。

问题是，如果依照这样的思路来解释，那么庄子与儒家还有什么区别呢？钱氏不满前人以佛理、丹道解《庄》，他自己是否也堕入到另外一种肆意攀缘呢？《田间文集》中的一封信，《与俍亭禅师论〈庄子〉书》①，为我们透露了个中消息：

> 夫庄子言道德而訾仁义，毁礼乐，其言必称老子，庄子为老子嗣久矣。然其意中所尊服者，则惟一孔子。其言之涉于侮慢者，此诃佛骂祖之智也。尝以己说托为孔子而称之者，以为孔子必当有是说也。而又假托老子教孔子之说，以为孔老相见时，应作如是说也。一正一反，抑之扬之，以逼出孔子设教之所以然。若认作实语，便是痴人前说梦矣。②
>
> 孔子于子夏"礼后"一语而深赏之，特不欲尽言之耳。庄子之源流实子夏。子夏知其后而笃信谨守，不敢略其后焉，盖以非是后者无以治世也，此儒者之学也。庄子欲尽捐之，盖知当世之必不可以仁义礼乐治也。世不可治，而习其说者，徒以繁文长伪，而圣人之道不复见矣，固不如托诸老子，为天下无所可用之人，而徒存其大言，使万世而下庶几犹见圣人之道。杖人以为托孤于

---

① 俍亭净挺系曹洞宗禅师，著有《漆园指通》，并问序于钱氏。钱氏婉拒，因有此信。中云："师以庄子开宗门之先，应踞祖位，尊其书，为之拈提偈颂，等之宗门语录，弟未敢以为然。"（《田间文集》，第71页）

② 钱澄之撰，彭君华校点：《田间文集》，第71页。

老子，岂不然乎？①

依照此信，钱氏对以下两点深信不疑：一、庄子立言之宗旨，全是为了"圣人之道"。批评的话，属于呵佛骂祖；假托的话，也是为了逼出孔子言说背后的根据。那些形形色色的对话，纯属庄子有意的设计，均服务于同样的目的。甚至，庄子言必称老子，也是一种不得已的"狡计"：当后世儒学渐失其传的时候，在老子的传统中尚能保留一些圣人的真髓。二、庄子出于子夏一脉，本来就根源于儒家。子夏与夫子论诗，因绘事后素而悟"礼后"。但子夏之所以仍然固守礼教，是因为他相信，没有仁义礼乐，社会就不可能得到治理。此属于儒家之正途。庄子则知道，战国乱世，仁义礼乐之教不可能实现，夫子立言设教之本反而容易为繁文所遮蔽，倒不如托身于无用，更能保存圣人之学的真精神。

不过，钱氏并未把这两点看成是自己的"孤明先发"，信末尾那句"杖人以为托孤于老子，岂不然乎"的话，早已告诉我们，他对庄子的定位和方以智一样，其实都来自于觉浪道盛禅师。

四、小结

以上我们简单地介绍了道盛、方以智和钱澄之三人的《庄》《易》会通论。非常明显的是，三人虽有侧重点的不同，但都属一个共同的话语系统之下。此系统发端于觉浪道盛禅师，方以智和钱澄之则给予了发挥和补充。

从思想史的角度看，如何评价三人说法的价值，其实是一个很复杂的问题。由于道盛和方以智的僧人身份，由于方以智晚年死于非命，

---

① 钱澄之撰，彭君华校点：《田间文集》，第72页。

由于清代学风后来转向了考证实学，三人著作的流传都不算很广。即便限定在庄学史的范围内，情况依然如此。清代的庄学受整个学风的影响，同样以文字训诂为主，如三人这样专门追寻言外之意的作品并不为人所推崇。个别的解《庄》者如藏云山房主人，曾经借《周易》解《庄子》，但他们的说法有否取资于道盛等人的作品，我们并不清楚。

最近的情况已有一些明显的改变，原因之一是《庄子》和《周易》的关系重新成了学界讨论的问题。众所周知，《易经》成书虽早，但《传》的部分却与《庄子》属于同一时期的作品。除了庄书曾经提到过《易》之外，双方还分享着许多共同或相似的概念如阴阳、变易、时等等。庄子有否受到过《易经》的启示？庄书与《易传》有否相互影响的痕迹？这些都是早期思想史正在探讨的问题①。从这样一个视角看，道盛三人在《庄》《易》之间建立的联系，就值得研究者们进行认真的思考和分析。

除了学术史意义之外，还有另外一个向度也不能忽视。一个非常明显的事实是，道盛等人的解《庄》并非源于纯粹学理的兴趣，生逢乱世，种族问题、忠孝问题、世间出世间问题纷至沓来，如何取舍才是生死攸关的大问题。在言论禁锢、动辄得咎的环境下，借《庄子》之嬉笑怒骂、旁敲侧击，也许更容易透露自己的心迹。道盛从《庄》书中读出的"孤"，方以智从《庄》书中读出的"悲感"和"不得已"，钱澄之从《庄》书中读出的"时"，处处彰显着时代的悲剧和人间世的苦难。《易大传》曰："作《易》者，其有忧患乎！"把《庄子》与大易会通起来，《庄》书也因此成了饱含"忧患"意识，可做人生指导的作品。魏晋时期，以放达解《庄》，庄子几乎成了败德逃遁的借

---

① 陈鼓应的《易传与道家思想》（生活·读书·新知三联书店 1996 年版），对此有专题讨论。

口。到了明清之际，经过道盛师徒的释读，《庄》书又成了悲天悯人、曲传忠恕之泪的象征。对于我们来说，哪种解释更合乎庄子的意思其实并不很重要，重要的是，这些解释为我们开启了一个进入解释者精神世界的窗口。《提正》如此，《炮庄》和《庄子内七诂》同样如此。

觉浪道盛的《论语》禅解

在三教会通的大背景下，晚明高僧多有阐释或注解儒家经书之举。其著者如憨山德清（1546—1623）之《大学纲目决疑》《中庸直指》，蕅益智旭（1599—1655）之《周易禅解》《四书蕅益解》等。此类著作虽不免夹杂着过度引申、牵强附会之处，但也常常峰回路转，别开生面，颇有助于丰富经典之意涵。

觉浪道盛（1592—1659）也是极重儒书之人，除了自己写过一些通论性的文字如《学庸宗旨》《儒宗三宝图》《河图衍义》《洛书衍义》之外，还有不少发挥《论》《孟》《易传》的言论被弟子们记录下来。从辈分上看，道盛稍晚于憨山，与蕅益为同代人。作为曹洞宗晦台元镜的法嗣、无明慧经的再传，道盛在明末清初的大变局中颇为活跃。易代之前，他广交士大夫，为消弥民变而亲临战阵说法，与王门后学焦弱侯、周海门等皆有唱和。[①] 入清以后，又鼓吹节义，为前朝遗民开一扇逃生之门。也许正因为入世甚深，道盛对儒家圣贤及其经籍的推崇程度也要远远超出憨山和蕅益等人。刘余谟为作《塔铭》，称："自姚江倡学以后，龙溪、海门诸公始不讳言佛。若以儒说谈宗，上下千年，独我师一人而已。盖东鲁、西竺两圣人，此心此理之同，不容终

---

① 道盛与焦竑、周汝登交游经过，详参《天界觉浪盛禅师全录》卷十六"初至天界随处激扬开示语"。

秘者也。"①首座弟子竺庵大成于《行状》中亦云:"师虽嗣法洞宗,五宗并举。主盟佛教,三教并弘。"②两人强调的都是道盛与儒家的特别关系。

本文讨论的对象限定在《论语》一书。道盛解释《论语》的文字主要收录在《杖门随集》和《青山小述》中。其中,《青山小述》由恽本初记录,《杖门随集》由陈丹衷和毛灿合编,三人皆是道盛的长期追随者。道盛另有短文《子路闻行说》,是对《公冶长》篇关于子路一条的解说。他经常例举的"道若不同,则不相为谋",则是对《卫灵公》一条的发挥。几部分合起来,大概涉及《论语》的三十章左右。下面选取较易明白的数条,略作说明,以窥见其杀活手段之一斑。

一、三大知己

师谓:"今古文章之妙,莫过于《论语》。其旨趣幽微,前人亦有所未发也。《语》中有孔氏大知己者三人焉,读者能一一醉心否耶?其一为仪封人。封人不过一见面耳,不交一语,不设一问,即出而咨嗟判断,尊之至极,信之至深,断之至决,以为吾夫子乃万世师也,何丧不丧之与有?何有道无道之与有?试观'木铎'二字,今古以来,论赞尼山者,有过于此者乎?是亦藉赏鉴夫子,而自见于千古之上者也。其二为达巷党人。赞曰'大哉孔子,博学无所成名',只此两语,已画出夫子全体全神。即夫子闻之,亦开颜微笑,辞之不可,受之不当,而曰党人爱我,欲我成名乎。人谁不欲名者,但成名必有所执。执御执射,吾将择而处此,庶几其御也矣。于前篇赞叹,居然隐跃照应。其三为楚狂接舆。他人亦有知尊孔子者,而未有若斯人之称之曰凤也。当时无知,且

① 刘余谟:《传洞上正宗二十八世摄山栖霞觉浪大禅师塔铭》,《天界觉浪盛禅师全录》卷十七,《嘉兴藏》第34册,第686页。

② 刘余谟《塔铭》引大成语,见《嘉兴藏》第34册,第686页。

有呼之为丧家之狗者矣，而楚狂独称之曰凤，赞之曰德，而惜之曰衰，岂中根人见地所能勘出者乎？孔子下车，将欲与语，而斯人已不可复见。其鸿飞冥冥，真可一想像也。"①

这段话收于《青山小述》篇首，道盛劈头拈出三大知己，以证《论语》之妙文尚有诸多"前人所未发"之处。

"仪封人"见《论语·八佾》篇②，"达巷党人"出《子罕》篇③，"楚狂接舆"出《微子》篇④。对于"仪封人"，前人多称之为"达者"⑤、"贤而隐于下位者"⑥。道盛认为这并不够，仪封人不仅是孔子的知己，而且还是天的知己，其识见远超圣门高弟："封人见地最高，不惟荷蒉诸人够不及，即圣门高弟亦当避三舍。弟子中识见超卓，颜子犹谓'不容然后见君子'⑦，如子贡却虚拟一'绥来动和'功勋边事⑧，描写子之不可及犹天之不可阶而升，何异盲人摸象？乃封人一见尼山面目，便识得天载鼻孔。想其平日忧天悯人，一副肝肠，无处告人，天下无道久矣，隐隐想着个木铎，自尧舜以来高悬天上，无人承当，

① 道盛撰：《青山小述》，《天界觉浪盛禅师全录》卷三十二，《嘉兴藏》第34册，第781页。

② 《论语·八佾》："仪封人请见，曰：'君子之至于斯也，吾未尝不得见也。'从者见之，出曰：'二三子何患于丧乎？天下之无道也久矣，天将以夫子为木铎。'"

③ 《论语·子罕》："达巷党人曰：'大哉孔子，博学而无所成名。'子闻之，谓门弟子曰：'吾何执？执御乎？执射乎？吾执御矣。'"

④ 《论语·微子》："楚狂接舆歌而过孔子曰：'凤兮凤兮，何德之衰，往者不可谏，来者犹可追。已而已而，今之从政者殆而。'孔子下，欲与之言。趋而辟之，不得与之言。"

⑤ 孙绰："达者封人，栖迟贱职，自得于怀抱，一观大圣，深明于兴废，明道内足，至言外亮，将天假斯人以发德音乎！"（程树德撰，程俊英、蒋见元点校：《论语集释》，中华书局1990年版，第220页）

⑥ 朱子："仪，卫邑。封人，掌封疆之官。盖贤而隐于下位者也。"（《四书章句集注》，中华书局1983年版，第68页）

⑦ 《史记·孔子世家》："颜回曰：'夫子之道至大，故天下莫能容。虽然，夫子推而行之，不容何病？不容然后见君子。夫道之不修也，是吾丑也。夫道既已大修而不用，是有国者之丑也。不容何病？不容然后见君子。'孔子欣然而笑曰：'有是哉？颜氏之子，使尔多财，吾为尔宰。'"

⑧ 《论语·子张》："子贡曰：夫子之不可及也，犹天之不可阶而升也。夫子之得邦家者，所谓立之斯立，道之斯行，绥之斯来，动之斯和。其生也荣，其死也哀，如之何其可及也？"

却落在孔子手里，无限庆幸。措辞不及，便欲向二三子吐出自家肝肠，不免怪笑。诸人止具一只眼，为得丧两字热颠。余故曰：封人不特孔子之知己，亦天之知己。"①

对于"达巷党人"之言，前人解释稍有不同。郑康成认为纯属赞美②，宋儒认为有赞美有惋惜③。道盛的看法接近康成，成名必有所执，故不以一艺而成其名，适足以成其大。

对于"楚狂接舆"之歌，旧解大都认为是隐士对孔子的讽刺，道盛则认为只有惋惜而无讽刺。

此三人在《论语》中皆可归为或接近于隐者一类，道盛称他们为孔子的"三大知己"，潜台词是，方内方外并不两立，方外之士同样可以与圣人一样饱含着"悲天悯人"的一副热肠。

二、"藏悟于学"

"学而时习之"一篇，开口揭尽人宰天地之宗旨矣。若无此习，虽有此时，亦不能得此心学之悦。惟得此悦，乃能有以及人而同得此乐也。不到与人同乐，又安能使人于生死性命不可知之处，而不愠其无所倚，以相冥于无声无臭之天哉？即此是夫子作而能述之行状，亦是述而不作之张本也。此章三节，首节是为未知学者示其为学之心法，即在明明德也。次节是为已能学者表其为人之化功，即在亲民也。末节是为学已成者，指其归宗之密旨，即在止于至善也。天地人物安身立命，其以此学为秘藏乎！物则

---

① 陈丹衷、毛灿编：《杖门随集》上，《天界觉浪盛禅师全录》，《嘉兴藏》第 34 册，第 793 页。

② 郑玄："达巷者，党名也。五百家为党。此党之人，美孔子博学道艺，不成一名而已。"（何晏：《论语集解》）

③ 朱子《四书章句集注》："尹氏曰：圣人道全而德备，不可以偏长目之也。达巷党人见孔子之大，意其所学者博，而惜其不一善得名于世，盖慕圣人而不知者也。"（中华书局 1983 年版，第 109 页）

心矩，无外无内，日作日息，消息偕行，生生不息，乘龙御天，成位乎中而时出之，时义大哉。故曰性在习中，时习者所以享其不习之性也。未致未格，学为功力；已致已格，学乃茶饭也。[①]

此段摘自《杖门随集》的下卷，是对《论语》首章的阐释。道盛此释，糅合了《中庸》之"天载"、《大学》的"三纲"、《易传》的"生生""时义"等，首章三句话变成了圣门标宗之语。"人宰天地"，是说人乃天地之主宰。人之所以为天地之主宰，是人能明其明德，此明德乃天之予我者。"学而时习之"，即明其明德的过程，所以学并不是外求物理，而是觉悟其本心本性。依此解释，首句变成了为学的心法，次句"有朋自远方来"变成了为人的化功，末句"人不知而不愠"变成了参透生死性命之理，动静皆合乎中道的至善境地，整章不仅是《论语》的纲领，也变成了包括《大学》《中庸》《易传》等在内的一切儒典的纲领。

三、"直"

夫子叹世人不识直，特借微生乞醯，点醒世人耳。此非举微生之过，亦非为微生雪屈也。"人之生也直"，直者率性之谓，似乎拈来便是，乃子又云"敬以直内"，则直不在径情。天之大生曰"动直"，君子之安人安百姓，在集义敬礼，而合观之，直之中有不可思议妙用。即如父为子隐，与直相反，子则云"直在其中矣"。若微生高乞醯一事，子以为无害其直。试味"孰谓"二字，无限嗟叹，非捉得其败缺，想当时或之乞，必有不得已而乞，故高之应，亦不得已而应。子盖委婉其词曰，那个说微生高是直人，

① 陈丹衷、毛灿编：《杖门随集》下，《天界觉浪盛禅师全录》，《嘉兴藏》第34册，第802页。

乃于其乞醯一事。婉转若此，政喜其任行胸臆，不在区区形迹上矫情镇物，如世间所称直。是故好直者必须好学，于此可思。[1]

　　此段是对微生高乞醯之举的辩解。《论语·公冶长》篇载夫子语："孰谓微生高直？或乞醯焉，乞诸其邻而与之。"传统注家多认为此句是孔子对微生高不直的批评，如孔安国曰："乞之四邻，以应求者，用意委曲，非为直人。"[2]二程云："所枉虽小，害直为大。"朱子云："曲意徇物，掠美市恩，不得为直也。"[3]持异议者有谢上蔡和张子韶，上蔡称"周急济难，不是不直"，子韶称"高不为抗直，夫子称其美"[4]。道盛的说法与上蔡说比较接近，但理由不完全相同。他认为孔子一方面讲"人之生也直"，一方面又说"敬以直内"，前者为率性而行，后者则刚好相反，不能径情直行。具体到微生高来说，无醯则直接称无醯，属率性而行；无醯乞邻而与之，则属于集义敬礼之举，因为乞者与者可能都有其"不得已"。这种不得已同样体现在父为子隐上，隐本不直，但从情理角度看，直就体现在其中。末尾道盛再引孔子六言六蔽之"好直不好学，其蔽也绞"[5]，以说明好学明理对于认识"直"道的重要性。

四、见大见小

　　"数"非频数之数，乃烦数之数。谓微细琐碎，不关系事。大臣以道事君，责难陈善，君子处友，忠告善道，必具大手眼、大

①　陈丹衷、毛灿编：《杖门随集》上，《天界觉浪盛禅师全录》，《嘉兴藏》第34册，第794页。
②　程树德撰，程俊英、蒋见元点校：《论语集释》，中华书局1990年版，第347页。
③　程子、朱子语均见《四书章句集注》，中华书局1983年版，第82页。
④　程树德撰，程俊英、蒋见元点校：《论语集释》，第348页。
⑤　《论语·阳货》："好仁不好学，其蔽也愚。好知不好学，其蔽也荡。好信不好学，其蔽也贼。好直不好学，其蔽也绞。好勇不好学，其蔽也乱。好刚不好学，其蔽也狂。"

展演，自然水乳合，方为忠臣，为益友。即云不可则止，亦不是冷眼觑他，直重下针盘，别寻龙穴耳。若只琐琐屑屑，小处去卖直沽名，辱与疏随之矣。如孔子与原壤友，壤方母死而歌，罪不胜责，正于夷俟时诃责之。幼而不孙弟，礼不为我辈设也。长而无述，为溪为谷也。老而不死，出死入生也。三者乃原壤生平大得意处，此不过自了汉，故呼之为贼。狄梁公事女主，日夜苦心，指天誓日，只有庐陵一案，若貌似莲花之六郎[①]，一切秽浊不堪，直视之狗彘。此大圣大贤事主处友之机权。故曰君子见其远者大者，小人见其小者近者。即衲子辈事师交友，亦须别具一只参学眼。[②]

《论语·里仁》篇载子游语："事君数，斯辱矣。朋友数，斯疏矣。"注家释"数"主要有三说，速数、频数、烦数。[③]速数，急迫之义。频数，频繁之义。烦数，琐碎之义。程子主"烦数"，道盛则与之相同。在这段话中，道盛以孔子和狄仁杰为例，重点说明了事君交友皆当从大处远处着眼，琐琐屑屑不足以成为忠臣益友。

五、以直报怨

"以德报怨"，此大圣人事，亦老氏之言也。彼见当时瞋毒炽盛，睚眦杀人，思以救之。譬如人患热病，将冷水当头一泼，暂时得苏，热终内伏。不若夫子先与提清脉络，曰"何以报德"？又向德中揭出直，直中揭出德，又妙于怨中揭出直来。不揭出直

①　六郎指张邦昌，《旧唐书·杨再思传》："易之弟昌宗以姿貌见宠幸，再思又谀之曰：'人言六郎面似莲花，再思以为莲花似六郎，非六郎似莲花也。'其倾巧取媚也如此。"

②　陈丹衷、毛灿编：《杖门随集》上，《天界觉浪盛禅师全录》，《嘉兴藏》第34册，第794页。

③　参见程树德撰，程俊英、蒋见元点校：《论语集释》，第282—284页。

来，则天下尽陷于不仁不义，无一人能存性生之直也。夫子尝云：
"《诗》可以怨。"怨者天地之义气，立己处人，有一毫不合于德
义，则自怨自艾，自不容已。艾，药也。人无耻而不自怨，则是
大圣拱手不可救药之人也。不知怨，则不知兴，并不知德矣。立
个方便，曰"以直报怨，以德报德"，盖犯而无校，横逆必反，此
克己强恕事，不可以恩怨一概涵滥。《记》曰："君父之仇，不
共戴天。兄弟之仇，不反兵而斗。朋友之仇，主人能则执兵随其
后。"是之为直。直是吾心之天理生性，不可灭也。人无此，则
彼此伦常绝矣。赖天有怨报之直，故天下多不敢行不义，且使不
义者知有义也。即如《戒经》瞋不报瞋，独于君亲云不加报。不
加者亦适相当，亦不可更有加于君父，即子之所云直也。云栖大
师《梵网发隐》亦于此分疏明白，云"佛法不曾教忠臣孝子忘了
君亲"。余尝谓尧荐舜，舜荐禹，而天受之，方当得德报。汤之
鸣条，武之牧野，顺天休命，方当得直报。复笑云："老僧今日太
直，又不忌口。"①

此段是对《宪问》"报德""报怨"的分疏。《宪问》载或人问曰：
"以德报怨，何如？"孔子的回答是："何以报德？以直报怨，以德报
德。""以德报怨"是道家的说法，道盛亦承认此说出于老子的救世之
心，但他本人并不赞成此说，而是极力推崇孔子的"以直报怨"。道
盛的理由是，直是人之天理生性，是整个伦常的基础，有怨不以直报，
将使天下整个陷于不仁不义。所谓直，就是《礼记》所说的"君父之
仇，不共戴天。兄弟之仇，不反兵而斗"等忠臣孝子之行。不过，这
种说法和佛教的戒律刚好相反，《梵网菩萨戒经》中说："佛子！不得
以瞋报瞋、以打报打。若杀父母兄弟六亲，不得加报。若国主为他人

---

① 陈丹衷、毛灿编：《杖门随集》上，《天界觉浪盛禅师全录》，《嘉兴藏》第34册，第794页。

杀者，亦不得加报。"因此，道盛不得不做一变通的解释：《戒经》所说的"不加报"是指一种对等的原则（"适相当"），意思是不能超出加报的范围。但这种解释仍然显得苍白，佛教戒杀、反对报怨的理由是业报说，君父被杀应与前世做的业有关，不能成为臣子复仇的理由。道盛当然明白这一点，他之所以明知故犯，显然与明末杀伐不已的时势相关，他在文末自称"老僧今日太直，又不忌口"，就是这种矛盾心理的体现。

六、三验关

　　子曰"视其所以"，可以得其心之发机矣。"观其所由"，可以得其心之流注矣。"察其所安"，可以得其心之落处矣。以此三法勘证人之始终，岂不毒于庄子之九征乎？[①]

　　"视其所以，观其所由，察其所安"出《为政》篇，朱子释"所以"为"所为"，"所由"为"所从"，"所安"为"所乐"[②]，涵盖行为和动机两端。道盛的解释则皆从心上立论，"所以"意指心之动机，"所由"意指心之所历，"所安"意指心之所止。庄子"九征"，见《列御寇》篇："孔子曰：凡人心险于山川，难于知天；天犹有春秋冬夏旦暮之期，人者厚貌深情。故有貌愿而益，有长若不肖，有顺懁而达，有坚而缦，有缓而釬。故其就义若渴者，其去义若热。故君子远使之而观其忠，近使之而观其敬，烦使之而观其能，卒然问焉而观其知，急与之期而观其信，委之以财而观其仁，告之以危而观其节，醉之以酒而观其则，杂之以处而观其色。九征至，不肖人得矣。"[③]

---

① 陈丹晅、毛灿编：《杖门随集》下，《天界觉浪盛禅师全录》，《嘉兴藏》第 34 册，第 800 页。
② 朱子：《四书章句集注》，中华书局 1983 年版，第 56 页。
③ 郭庆藩撰，王孝鱼点校：《庄子集释》，中华书局 1961 年版，第 1054 页。

七、怪力乱神

　　　　杖人尝谓卢子繇曰："子不语怪力，以乱神也。神出至诚，怪
　　力乃妄，其不语严矣。"①

　　此段是对《述而》篇"子不语怪力乱神"的拆解。传统注家以
"怪、力、乱、神"四者为孔子所不语，道盛则据《周易》《中庸》之
神出至诚，把此句断为"子不语怪力，乱神"，"乱神"便成了"子不
语怪力"的理由。

八、杀活不妨

　　　　师谓夫子明知吾道不行，而遑遑救世婆心，决不能已。惟恐
　　及门之人念头衰败，激发不起，故提出子路来作机锋，猛然曰吾
　　道不行，吾当去而入海矣，及门之人谁肯从我，庶几其由欤？此
　　时若不提出仲由，则子路不喜。子路不喜，则及门之人有信不信，
　　夫子全神依然钝置。唯时子路既喜，夫子遂急急以痛棒打转曰：
　　是何人者欤？是何人者欤？其由欤？此一勇无所取裁之人，吾问
　　子，我岂浮海之人哉？我岂浮海之人哉？似将子路全体掀翻于千
　　丈崖巅推落下地，将一辈及门之士冰消瓦解，而吾非斯人之徒之
　　语不必再申，打退鼓者于是乎不敢自息，更愤发而兴起矣。此与
　　前边发语，居然刺谬，所谓有杀有活者是也。②

　　这段话涉及《公冶长》和《微子》各一章。《公冶长》载孔子对

---

①　陈丹衷、毛灿编：《杖门随集》下，《天界觉浪盛禅师全录》，《嘉兴藏》第34册，第800页。
②　道盛撰：《青山小述》，《天界觉浪盛禅师全录》卷三十二，《嘉兴藏》第34册，第781页。

子路的先赞而后弹："子曰：'道不行，乘桴浮于海，从我者其由与！'子路闻之喜。子曰：'由也好勇过我，无所取材。'"觉浪道盛发现，此种做法与禅门的杀活手段颇为相似，所以他以孔子的口吻重构了对话的场景。支持道盛这种理解的，是《微子》关于"鸟兽不可与同群"的对话："长沮桀溺耦而耕，孔子过之，使子路问津焉……子路行以告，夫子怃然曰：'鸟兽不可与同群，吾非斯人之徒与而谁与？天下有道，丘不与易也。'"道盛认为，孔子作为满含救世婆心的大圣人，决不会打起乘桴浮海的退堂鼓。他之所以有此感叹，其实是借这种杀活手法激励弟子们更加发愤而兴起。

九、圣门问答

师又谓：亦有道理全然具在，而不得一问则不出者。且不得一至偏之问，以至于无可对答之问，其全神亦不出者。如宰我"从井"、"短丧"，乃是宰我感慨发难之问，正欲夫子正言直斥之。此所谓善为说辞，互为激扬也。又如"必不得已而去，于斯三者何先"，则问在答中，答在问中矣。自此以下，在他人必不敢再问，而夫子亦何必再答耶？乃子贡再穷而夫子正告，然后知此一件大事，自古及今，有何生何死可以脱离？即痛痒不关之人，闻此可以通身汗下。甚矣圣门问答甚于钟鼓雷霆也！[①]

此节涉及《雍也》《阳货》《颜渊》的三段对话，前两段皆属宰我之问，后一段的对谈者则是孔子和子贡。所讨论的都是儒家的大问题，

---

① 道盛撰：《青山小述》，《天界觉浪道盛禅师全录》卷三十二，《嘉兴藏》第34册，第781页。

包括君子可欺不可罔①、三年之丧②、民无信不立③ 等，但道盛这里关心的并不是这些问题本身，而是孔门对话的形式。他的看法是，道理常须通过问答而逼出，偏至之辞有时却能激发出正言，用禅门的术语说，这就叫"异方便助发真实义"。依此理解，《论语》中像宰我等人常受孔子斥责的话都不能理解为因病予药，它们只不过是孔门师弟化身酬唱、互为激扬的方便法门而已。

十、宗异道同

> 如儒佛原不同宗，而道有以妙叶，亦何不可以并称乎？此正吾平日所谓世人不知"道不同不相为谋"之语是破人分门别户，实教人必须以道大同于天下，使天下之不同者皆相谋于大同之道，始不使异端之终为异端也。④

这段话摘自《庄子提正》的《正庄为尧孔真孤》一文，关系到对《卫灵公》篇孔子所说的"道不同不相为谋"的理解。大部分注家都把此句理解成孔子对异端的排斥，但道盛却颠倒过来，说孔子的意思是："道若不同，则不相为谋。"这样，孔子不仅不排异端，而且真实的目的是把所有的异端都统合于大道。依此理解，儒佛妙叶，三教一家，道通为一，当然也就无所谓异端不异端了。

---

① 《论语·雍也》："宰我问曰：'仁者虽告之曰井有仁焉，其从之也？'子曰：'何为其然也？君子可逝也，不可陷也。可欺也，不可罔也。'"

② 《论语·阳货》："宰我问：三年之丧，期已久矣。君子三年不为礼，礼必坏；三年不为乐，乐必崩。旧穀既没，新穀既升，钻燧改火，期可已矣。"

③ 《论语·颜渊》："子贡问政，子曰：'足食足兵，民信之矣。'子贡曰：'必不得已而去，于斯三者何先？'曰：'去兵。'子贡曰：'必不得已而去，于斯二者何先？'曰：'去食。自古皆有死，民无信不立。'"

④ 道盛著：《庄子提正》，《天界觉浪盛禅师全录》卷三十，《嘉兴藏》第34册，第769页。

十一、结语

以上是道盛解释《论语》的十条例子。从这些例子可以看出，道盛的解释有几个特点：一是不死守字词，二是随意截取文句，三是以《大学》《中庸》《易传》证《论语》，四是关注文本的言外之意，五是用拈提倒用的手法破除常见常解。这些其实也都是禅师们经常使用的解经方式，道盛只是把它拿过来解释《论语》而已。

从道盛的解释来看，他的说法背后常常包含着很强的时代感。面对改朝换代、异族入侵这一天崩地解的危局，儒家士子们面临着忠孝节义、出处进退的道德困境。道盛通过解释《论语》，给他的追随者们提供一些帮助和指点，可能才是形成这些文字的主要原因。所以，我们并不能纯粹从严格学术史的角度来评判或要求它们。

当然，这也不意味着道盛的这些说法都不具备学术价值。譬如，"藏悟于学"对于化解"尊德性"与"道问学"的争论，"以直报怨"对于处理常变关系，"杀活不妨"对于理解《论语》的言说方式，可能也都有其值得重视或参考的价值。

从《心学宗》看方学渐的学派归属问题

　　方学渐（1540—1615）是晚明理学家，桐城方氏学派的开创者。其思想归属问题一直颇有争议，黄宗羲《明儒学案》把他列入泰州学派，晚近学者受叶灿和方孔炤的影响①，多认为他的哲学是调和心学与理学的产物②。不过，个人认为，思想的实际后果是一回事儿，思想家本人的自我定位则是另一回事儿。通过《心学宗》这部晚年作品（1604），我们可以发现，方学渐虽极力排拒龙溪之说，但却把"致良知"看成是儒学之嫡传正宗，这说明他仍然以接续阳明之学为己任，他个人的许多说法都必须放在王学的脉络下才能得到理解。

一

　　方学渐，字达卿，号本庵。早年曾从学于张甑山、耿楚倜③，故

　　① 叶灿《方明善先生行状》："先生潜心学问，揭性善以明宗，究良知而归实，掊击一切空幻之说，使近世说无碍禅而肆无忌惮者无所关其口，信可谓紫阳之肖子、新建之忠臣矣。"（方昌翰编：《七代系传》，《桐城方氏七代遗书》，光绪十四年刻本）方孔炤《宁淡语跋》："大父揭性善日月，鹄紫阳，翼新建，崛淮盱会稽诸杰后，确乎不可拔者。"（《桐城方氏七代遗书》第5册，光绪十四年刻本）
　　② 如张永堂认为，方学渐理学"主张朱王调和论"（《方以智的生平与思想》，台湾大学博士学位论文，1977年）。蒋国保认为，方学渐"以折衷程朱与陆王为归宿，真真地背叛了王学的立场"（《方以智哲学思想研究》，安徽人民出版社1987年版，第125页）。
　　③ 清代以来，亦有学者称方学渐之师为耿定理或耿定力者。如程嗣章《明儒讲学考》称："方学渐字达卿，号本庵，桐城人，岁贡，学于定力。"张永堂《方以智的生平与思想》已有辩驳。

《明儒学案》把他列入《泰州学案四》耿定向、定理、焦竑、潘藻数人之后。

从传世文献来看，方学渐与耿定向交游的材料绝少，他们的师生关系似乎主要与耿氏督学南畿，广招十四郡诸生就读崇正书院一事有关。但张甑山的情况有所不同，他对方学渐的人生道路有着决定性的影响。叶灿《方明善先生行状》称："汉阳张甑山先生署桐之教谕，倡道作人，先生首称弟子，毅然有为圣贤之志。"①可以说，方学渐走上理学之路，正是张甑山引导的结果。

甑山本名张绪，字无意，湖北汉阳人。焦竑称其"入南雍，师邹文庄公，因以闻东越之学，知圣贤必可为。读其遗书，严奉若秘文焉。志意高迈，鄙远声利，挺然以学术廉耻自立"②。邹文庄即邹守益，东越代指阳明。甑山既曾师事邹守益，实乃阳明再传弟子。甑山本人并无著述传世，但其人格魅力颇见诸史乘。其中，最为人乐道的是他与耿定向、焦竑一起接引繁昌农夫夏廷美之事③。有点巧合的是，这三个人与方学渐皆有着或师或友的关系④。方学渐和夏廷美均有强烈的排佛倾向，这一点很可能与甑山的教导有关⑤。

方学渐的科举之路非常不顺利，他曾七上南闱，但都没能考取举人，直到五十三岁才最后放弃岁贡的机会，专门从事讲学活动。根据

---

① 方昌翰编：《七代系传》，《桐城方氏七代遗书》，光绪十四年刻本。
② 焦竑撰，李剑雄点校：《张甑山先生墓志铭》，《澹园集》，中华书局1999年版，第477页。
③ 《明儒学案》卷三十二《泰州学案一》："夏廷美，繁昌田夫也。一日听张甑山讲学，谓：'为学，学为人也。为人须求为真人，毋为假人。'叟怃然曰：'吾平日为人，得毋未真耶？'乃之楚，访天台。天台谓：'汝乡焦弱侯可师也。'归从弱侯游，得自然旨趣。弱侯曰：'要自然，便不自然。可将汝自然抛去。'叟闻而自省……李士龙为讲经社，供奉一僧，叟至会，拂衣而出，谓士龙子曰：'汝父以学术杀人，奈何不净？'又谓人曰：'都会讲学，乃拥一死和尚讲佛经乎？作此勾当，成何世界？'会中有言：'良知非究竟宗旨，更有向上一着，无声无臭是也。'叟瞿然起立，抗声曰：'良知曾有声有臭耶？'"
④ 焦竑曾为方学渐作《桐川会馆记》，载于《澹园集》，第829页。
⑤ 焦竑是儒佛会通的提倡者，耿定向则自称"不佞佛，亦不辟佛"（《译异编序》）。

史传记载，方学渐的讲学在桐城地区影响颇大，不仅"里中弟子十五出门下"，而且"四方长者悦其风，竞为社会，会必推牛耳先生"。他主持过的讲会，"西有斗冈，东有孔川，南有枞川，北有金山，旁郡则有九华、齐山、祁闾、龙舒、庐江"。[①] 在七十二岁的高龄时，他甚至不远千里远赴东林，参与万历三十九年（1611）秋天的会讲活动。正是在这次大会上，方学渐第一次见到了神交已久的顾宪成、史孟麟、蔡虚台等人。他的《心学宗》一书，就是在以上数人的推动下刊刻而成。[②]

方学渐著作很多，除《心学宗》外，现存的尚有《庸言》《性善绎》《东游记》《桐彝》《迩训》等。其中，《桐彝》《迩训》属史传类，此处可以不论。《庸言》作于万历壬寅（1602），《心学宗》作于万历甲辰（1604），《性善绎》作于万历庚戌（1610），《东游记》作于万历辛亥（1611），这四部著作都有一个共同的主题，即以"崇实"批判"虚无"、以"性善"论批判"无善无恶"说。

在《性善绎》中，方学渐曾经这样回忆道："予壮时亦为《天泉》所惑，沉潜反覆，不得其解。五十有八始觉其非，体认良知，庶几亲切。阳明提一知字，已开八目之橐钥；一良字，已标至善之真宗；一致字，已该明善之工夫。有无一致，上下一机，此阳明所以接性善之统也，恶用《天泉》之骈枝为哉？"学渐生于嘉靖庚子（1540），五十八岁当为万历戊戌年（1598）。这一年，顾宪成与管东溟正围绕着"无善无恶心之体"进行激烈的辩论。方学渐是否接触过双方辩难的文字，我们不得而知，但作为热衷讲会活动的学者，若说不知道这场颇具影响的争论，也是不合情理的。无论如何，在批判"无善无恶"说

---

① 叶灿：《方明善先生行状》，《桐城方氏七代遗书》，光绪十四年刻本。

② 方学渐《东游记小引》："顾泾阳先生见余《心学宗》一编，不鄙刍荛而采之，冠以序，史公玉池亦为之序，梓于阳羡，而余遂附神交之末，然未之亲炙也。"（《桐城方氏七代遗书》第2册，光绪十四年刻本）

方面，方学渐与顾宪成可谓志同道合，所以当后者获读《心学宗》一书时才会发出如下的由衷感叹："顷岁从令郎老公祖受《心学宗》读之，不觉跃然起曰，孔孟之正脉，其在斯乎！是天之不弃吾道，而以先生界之也。"① "方本庵先生，真老成典型，足为此时砥柱，可见天下未尝无人也。"② "世方以无善无恶附会性善，方本庵独以性善扫除无善无恶，直狂澜之砥柱也。"③

可能正是受了顾宪成的影响，黄宗羲《明儒学案》中有关方学渐的部分，无论是传记、评论，还是节录的文献，基本上都是出自或针对着《心学宗》一书的。④ 因此，若说《心学宗》是方学渐最有影响的作品，应该没有什么疑义。

二

《心学宗》正文凡四卷，每卷皆从经传或语录中摘取前人论心的言论，然后加以简略的解释或评论。第一卷始于尧，终于孟子。第二卷始于董子，终于朱子。第三卷始于陆子，终于吴草庐。第四卷始于薛敬轩，终于王艮。卷前除自序外，另有章潢、顾宪成、史孟麟、李右谏等人的序文。卷后则是方大镇、刘胤昌等人的跋。

全书并没有体例的说明，但有几点值得特别注意：一是每位儒者被选言论的多少，通常与其在心学史上的重要程度有关。上古圣帝明

---

① 顾宪成：《复方本庵》，《泾皋藏稿》卷四，光绪十二年刻本。

② 顾宪成：《与史玉池书》，《泾皋藏稿》卷五，光绪十二年刻本。

③ 顾宪成：《小心斋札记》卷十六，《续修四库全书》第 943 册，上海古籍出版社 1996—2003 年版，第 208 页。

④ 具体地说，《明儒学案》卷三十五《方学渐小传》，前半部分摘自顾宪成《心学宗序》，后半部分是黄宗羲本人对方学渐的批评。黄宗羲认为，学渐虽然提倡崇实辟虚，但对虚实关系的理解有误，没有认识到虚实一体，反而把情欲都看成源于心体，结果非但不能驳倒"无善无恶心之体"的说法，自己却坠入到善恶皆心体的错误见解（参见沈芝盈点校：《明儒学案》（修订本），中华书局 2008 年版，第 837 页）。

王除外，采择较多的儒者包括孔子、孟子、周敦颐、二程、张载、朱熹、陆九渊、薛敬轩、胡敬斋、陈白沙、王阳明等十二人。这种安排说明，方学渐虽属王学的系统，但并不排斥程朱理学。二是第三卷收录人数最多，但并未严格按照时间顺序编排。陆九渊之后，依次为邵雍、杨时、谢上蔡、罗豫章、李延平、胡安国、司马光、蔡西山、张南轩、黄勉斋、胡宏、陈北溪、吕东莱等人。方学渐本人没有解释这样编排的理由，但章潢序中有段话可能与此有关："盖人之生也，各从始祖立宗，厥后则依姓氏支分派别，虽世代辽远，伦次赖以攸序。"① 也就是说，孔孟以下十二人属于"心学宗"中大宗，其他儒者则属支脉。支脉仍属心学的传统，但与大宗相比，则有远近的不同。三是全书以王艮收尾，阳明门下只此一人。黄宗羲《明儒学案》称王学因泰州、龙溪而渐失其传，但方学渐显然并不这样认为，他大概相信心斋之学才是阳明学的正宗，这应该也是黄宗羲把他归入泰州学派的主要原因。

另外，几篇序文也有值得注意之处。第一篇的作者章潢是江右王门的传人，顾宪成、史孟麟则属东林派，以程朱理学为主。由于分属心学和理学两个传统，他们对待阳明的态度有着明显的不同。章潢这样写道："万古一心，外心匪学也。千圣一学，外心学弗宗也。此本庵先生《心学宗》所由编乎！""秦汉以来，百家横议，圣学失真，陋儒不免支离训诂，老释乃乘其弊，揭虚寂以眩惑人心，中间尚赖董王濂闽诸儒树之的焉，彼亦不过流云浮霭偶翳太空，而皎然赤日中天如故也，岂若近世耽虚归寂，环宇悉遵夷教弗之恤焉？"② 顾宪成则认为："昔王文成之揭良知，自信易简直截，可俟百世，诚为不诬。而天泉证道，又独标无善无恶为第一谛焉。予窃惟良即善也，善所本有，还其本有，恶所本无，还其本无，是曰自然。夷善为恶，矫有为无，不免

----

① 方学渐编：《心学宗》，《四库全书存目丛书》子部第 12 册，齐鲁书社 1994—1997 年版，第 127 页。

② 方学渐编：《心学宗》，《四库全书存目丛书》子部第 12 册，第 127 页。

费安排矣。以此论之，孰为易简，孰为支离，孰为直截，孰为劳攘，讵不了了？然则先生是编，正所以阐明良知之蕴，假令文成复起，亦应首肯。"[1] 史孟麟的说法是："盖文成先生揭宗以良知，其证道则曰无善无恶者心之体，而龙溪先生更以无善无恶概之乎心意知物，于是寓内易理学为心学矣……今言心学者遍寓内，其学也学其无学也，其心也心其无心也，为善则理即为障，信心则恶即为心。人心同善，彼不谓善，人心同恶，彼不谓恶，以任情从欲为透悟，以穷理尽性为矫揉，则无其善者祇以有其恶耳，无曷贵焉……皖桐本庵方先生，嗜心学而严无善之防，遡唐虞，历鲁邹，暨濂洛关闽，以迄昭代，择言焉而分疏以己意，辟虚无者十有其七，命曰《心学宗》。"[2] 三人都指出，方学渐作《心学宗》的目的，就是要对治儒佛混同、流于虚无的时弊，但章潢并未把这种时弊与阳明本人关联起来，更多的是在强调《心学宗》在阐明"执中""道心"这些圣学正宗方面的贡献，而顾、史二人则把批判的矛头直接指向了阳明，认为儒佛不分、虚无盛行正是阳明"四句教"所带来的恶果。

对照方学渐的自序，我们不难发现，他的立场更接近章潢而不是顾、史二人：

　　吾闻诸舜，"人心惟危，道心惟微"；闻诸孟子，"仁，人心也"；闻诸陆子，"心即理也"；闻诸王阳明，"至善心之本体"。一圣三贤，可谓善言心也已矣……王龙溪作《天泉证道记》，以"无善无恶心之体"为阳明晚年之密传。阳明大贤也，其于心体之善见之真、论之确，盖已素矣，何乃晚年临别之顷顿易其素，不显示而密传？倘亦有所附会而失真欤？此《记》一出，遂使承学

---

① 方学渐编：《心学宗》，《四库全书存目丛书》子部第 12 册，第 128—129 页。

② 方学渐编：《心学宗》，《四库全书存目丛书》子部第 12 册，第 130—131 页。

之士茫然不知心体之谓何，天下称善，我不名善，天下称恶，我
不名恶，恣情徇欲，猥云信心，使异端得入吾室，几于夺嫡而易
宗，则不察人心之本善故也。①

在方学渐看来，心学谱系中最正宗、最善言心的一共有四个人，
他们分别是大舜、孟子、陆九渊和阳明。阳明既然说过"至善是心之
本体"，足证其对"心体之善见之真、论之确"，他怎么可能在晚年临
别之顷才突然改变其一贯的立场，密传什么"无善无恶"说呢？剩下
的只有一种可能，那就是《天泉记》乃龙溪的附会②，与阳明无关，王
龙溪才是导致心宗失传的罪魁祸首。

平心而论，把"无善无恶"说归罪于龙溪并不公平，有大量的材
料可以证明"四句教"属于阳明本人的主张，王龙溪只不过把阳明的
说法做了进一步的引申而已。但从另一方面看，极诋龙溪，极尊阳明，
正好说明方学渐给自己的思想定位仍属于王学的系统，所以阳明本身
并无问题，批龙溪之妄正是为了显阳明之真，阳明始终是方学渐所认
为的心学之正宗嫡传。

三

由于基本立场仍属心学的系统，所以方学渐在评论诸家学说特别
是宋儒时，就常常表现出心学的特色。即便某些地方对程朱理学表现
出认同的态度，那也只是建立在心学可以接受的前提之下。比较突出
的例子有以下几点：

---

① 方学渐编：《心学宗》，《四库全书存目丛书》子部第12册，第134页。
② 方学渐之后，认为"四句教"出于龙溪附会的还有刘宗周。其言曰："四句教法，考之阳
明集中，并不经见。其说乃出于龙溪。平日间尝有是言，而未敢笔之于书，以滋学者之惑。"（《明
儒学案·师说》）

1. 心即理

> 一即心也，心即理也。虞之惟一，伊训之克一，乃孔子之一贯所来也。忠恕，心学也，圣学尽之矣。不求诸心，多学而识，何为耶？[①]

> 孟子指理义根于心，而后之人曰"在物为理，处物为义"，此异说所由起也。或问物理者何，曰："物在外，物之理在心。提吾心则能物物，是理在心而不在物也。"[②]

孔子自称"吾道一以贯之"，曾子则以"忠恕"解释一贯。在方学渐看来，所谓一贯、所谓忠恕，指的都是人的本心，而本心即天理。天理赋予人为人之性，赋予物为物之理，但物理并不在物中，而是在人之心中。这种说法与阳明指责朱子析心理为二、外心求理如出一辙，难怪他会认为小程子"在物为理，处理为义"的话是产生异说的根源。

2. 气质非性

> 阴阳以理言，故谓之道。此道生生，毫无杀机，故曰善。得此而成性，其善可知，此君子之道也。[③]

> 性本善，气质乃有不善。[④]

> 程子以理言性得之矣，他日又曰"性即气，气即性"，取告子生之谓性之言，其在出入二氏之时乎？[⑤]

> 圣贤之论性也以理，诸子之论性也以气。朱子见已及此，然

---

① 方学渐编：《心学宗》，《四库全书存目丛书》子部第 12 册，第 146 页。

② 方学渐编：《心学宗》，《四库全书存目丛书》子部第 12 册，第 152 页。

③ 方学渐编：《心学宗》，《四库全书存目丛书》子部第 12 册，第 143 页。

④ 方学渐编：《心学宗》，《四库全书存目丛书》子部第 12 册，第 151 页。

⑤ 方学渐编：《心学宗》，《四库全书存目丛书》子部第 12 册，第 163 页。

又兼气质而言性，何也？[①]

天地有好生之德，生生之理为善。人得此而成性，故人性本善。因此，理善是性善的保证，性即理。至此，方学渐与程朱并无不同。但是对于气质之说，方学渐坚决反对，他担心此说会把恶也归于人之本性，从而混同于诸子的善恶二元论。朱子的想法刚好相反，他认为气质之性很好地解释了恶的起源，故称"气质之说，起于张程，极有功于圣门"[②]。

3. 君子之学，尊德性而已

　　性具于心，谓之道心。善学者求道于心，不求道于事物。善事心者，日用事物皆心也。[③]
　　宋人谓今日格一物，明日格一物，因已知之理而益穷之，以求至其极，语亦相似，但从物上加功，不免徇外。阳明在良知上加功，则向内寻求。[④]

君子之学以尊德性为主，道问学仅有辅助的价值。如果本末倒置，去物中求道，从物上加功，不仅非善学而已，还有可能流于异端。小程"今日格一物，明日格一物"，朱子"因已知之理而益穷之，以求至其极"都不免于徇外之讥，唯有阳明之致良知，才是正道。

---

① 方学渐编：《心学宗》，《四库全书存目丛书》子部第 12 册，第 169 页。
② 黎靖德编：《朱子语类》卷四，《朱子全书》第 14 册，上海古籍出版社、安徽教育出版社 2002 年版，第 199 页。
③ 方学渐编：《心学宗》，《四库全书存目丛书》子部第 12 册，第 179 页。
④ 方学渐编：《心学宗》，《四库全书存目丛书》子部第 12 册，第 202 页。

4. 躬行为本

　　近者学者好谈心体，略于躬行，听之妙入玄虚，察之满腔利欲，则又以佛绪而饰伯术也。[①]

　　阳明论良知根于性善，学者不此之求，浮慕无善无恶之为高，而衍为虚寂之说，盖徒有见于不学不虑，而无见于爱亲敬长，漓圣贤之旨矣。[②]

德性之学在于躬行实践，无行无实之空谈虽然看似玄妙，但其背后实潜藏着满腔的利欲之心，这不仅有违阳明的教导，而且也偏离了圣贤的宗旨。

5. 三教非一

　　世混三教而一之者曰，三教之体原同，但作用不同耳。夫体用一也，知用之不同，则知体之不同矣。知体之不同，则知三教之非一矣。体之不同者，见不同也。[③]

三教关系是晚明学者津津乐道的话题，方学渐这段话是对王艮以下言论的注解："或言佛老得吾儒之体，先生曰：体用一原，有吾儒之体，便有吾儒之用。佛老之用，则自是佛老之体也。"世人常说心斋启瞿昙之秘，方学渐显然并不同意这种说法。

---

① 方学渐编：《心学宗》，《四库全书存目丛书》子部第 12 册，第 198 页。
② 方学渐编：《心学宗》，《四库全书存目丛书》子部第 12 册，第 201 页。
③ 方学渐编：《心学宗》，《四库全书存目丛书》子部第 12 册，第 206 页。

6. 我印六经

> 悟在书外，不役于书，书固心之注脚也。[①]
>
> 学古有获，则六经印我。本心自得，则我印六经。[②]

陆九渊称："学苟知本，六经皆我注脚。"[③] 陈白沙云："吾能握其机，何必窥陈编。"[④] 王阳明云："悟后六经无一字。"[⑤] 重视证悟本是心学的老传统。作为这一传统的继承者，方学渐在这条道路上走得如此之远，以至曾经的同道有时也难以接受。他解《论语》说："窃疑'子绝四'一章，乃二三子以我为隐者之言；'无可无不可'，乃夫子权衡逸民之言，皆非至论。"[⑥] 这已经有点不以孔子之是非为是非的意味。他解"良知良能"时说："若夫甘食悦色亦不学不虑，然其始由欲根而来，其终不能保一身，谓之良焉可乎？"[⑦] 曾招致黄宗羲"自堕于有善有恶心之体"的批评。特别是，他把"人心惟危"的"危"解释为"高大"[⑧]，连高攀龙也觉得有必要专门致书提醒："大集中惟'人心惟危'一语，于同然之心未合。近见《南游记》中，以'语大莫载''洋洋发育'属'惟危'，'语小莫破''优优礼仪'属'惟微'，恐宜再入

---

① 方学渐编：《心学宗》，《四库全书存目丛书》子部第 12 册，第 190 页。

② 方学渐编：《心学宗》，《四库全书存目丛书》子部第 12 册，第 206 页。

③ 钟哲点校：《陆九渊集》，中华书局 1980 年版，第 395 页。

④ 孙海通点校：《陈献章集》，中华书局 1987 年版，第 279 页。

⑤ 钱德洪：《阳明先生年谱》上卷，嘉靖四十三年毛汝麟刻本。

⑥ 方学渐编：《心学宗》，《四库全书存目丛书》子部第 12 册，第 142 页。

⑦ 方学渐编：《心学宗》，《四库全书存目丛书》子部第 12 册，第 153 页。

⑧ 方学渐云："人心道心，非谓心有二也。危，高大也。人心之量本自高大，其中道理则极精微。心危而微，故谓之中。何以执之？必也惟精乎。精于求微，乃充满其惟危之量，而道始归于一，一则中矣，此允执厥中之旨也。谈道之士，慕高大而忽精微，唐虞之时盖已有之。舜逆知其流必至放荡而多岐，不得已而言之，以立万世之坊。世之慕危而忽微者，其言无实可稽，其谋弗通于众。无稽易于行诈，弗询易于衒奇，乃得肆其无忌惮之说，惑世而害道，故圣人戒之。"（《四库全书存目丛书》子部第 12 册，第 136 页）

思虑，不可以老年伯之书垂于千古而有一语之不慊也。"①

《四库提要》曾这样评论方学渐和《心学宗》："盖学渐之说本于姚江，故以陆王并称，而书中解'人心惟危'为高大意，解'不愧屋漏'为喻心曲隐微，解'格物'为去不正以归于正，大意皆主心体至善，一辟虚无空寂之宗，而力斥王畿《天泉证道记》为附会，故其言皆有归宿。宪成序其首曰：'假令文成复起，亦应首肯。'盖虽同为良知之学，较之龙溪诸家，犹为近正云。"②

四库馆臣虽有强烈的排斥理学倾向，但从以上数条可以看出，把方学渐归宗姚江，不能不说是一个比较准确的判断。至少，它要比"紫阳肖子、阳明忠臣""朱陆调和"等说法更接近方学渐的自我定位。

---

① 高攀龙：《答方本庵二》，《高子遗书》卷八下，文渊阁四库全书本。

② 方学渐编：《心学宗》，《四库全书存目丛书》子部第 12 册，第 243 页。

憨山《绪言》与老庄学

一

僧人之好老庄，代不乏人。如慧远之引《庄》破难①、僧肇之"以庄老为心要"②、支遁之注《逍遥》③、澄观之"取其文不取其意"等④，皆为其例。然上下千余载，用功最深、用时最久者，非晚明高僧憨山德清（1546—1623）莫属。

德清喜读《老》《庄》，自少时已然。⑤出家行脚时，则恒以二书做伴⑥。

① 慧皎《高僧传》卷六："释慧远，本姓贾氏，雁门娄烦人也……少为诸生，博综六经，尤善《庄》、《老》……尝有客听讲，难实相义，往复移时，弥增疑昧。远乃引《庄子》义为连类，于是惑者晓然，是后安公特听慧远不废俗书。"

② 《高僧传》卷六："释僧肇，京兆人。家贫以佣书为业，遂因缮写，乃历观经史，备尽坟典。爱好玄微，每以《庄》、《老》为心要。"

③ 《高僧传》卷四："遁尝在白马寺与刘系之等谈《庄子·逍遥》篇，云：'各适性以为逍遥'。遁曰：'不然。夫桀纣以残害为性，若适性为得者，彼亦逍遥矣。'于是退而注《逍遥》篇，群儒旧学，莫不叹服。"

④ 澄观，华严宗四祖。唐德宗赐号清凉，称为清凉国师。憨山《观老庄影响论》云："清凉疏《华严》，亦引《老》《庄》，曰取其文不取其意。"

⑤ 憨山《注道德经序》："予少喜读《老》《庄》，苦不解义。惟所领会处，想见其精神命脉，故略得离言之旨。及搜诸家注释，则多以己意为文。若与之角，则义愈晦。及熟玩《庄》语，则于《老》恍有得焉。"

⑥ 憨山《梦游集》卷十六《与焦从吾太史》云："闲披《老庄翼》，乃集诸家之大成。虽注疏多峻，乃人人老庄，非老庄老庄也。惟公入此三昧甚深，何不彻底掀翻耶？某尝论此，老出无佛世，窃且以类辟支。如庄则法执未忘，自入游戏神通，变化多端，眩人眼目，自非把臂共行，鲜不为其播弄。若觑破底蕴，真有别辙脱门。此老万世之下，与公可谓旦暮之遇也。某昔行脚中，常以二老为伴，时时察其举动，颇有当心者，但难以言语形容耳。内篇曾有数字点掇，尚未录出，容当请正。"

直至去世前不久，尚为弟子演说《庄子》内七篇。①他留下来的作品中，有对老庄的注解如《老子道德经解》和《庄子内篇注》，有对三教异同的判释如《观老庄影响论》，有对《老子》形式上的模仿如《绪言》（又名《憨山绪言》）。除《绪言》外，其余三书从创意到成稿，皆历十数年之久。德清本人曾述其注《老》之经验曰：

> 读书不细心体认，不得其用。予注《老子》，至"天之道其犹张弓乎"，更数日，思其合处不可得。乃从他借一弓并弦，张而悬之壁间，坐卧视之。又二日，忽悟"张"字对"弛"字说，弓弛时，弰高而有余，弰下而不足，则无用也。及张而用之，则抑高举下，损弰补弰，上下均停，可以命中。天道全以动为用，主施而不主受，适合之也。"重为轻根"二句，亦稽数年，不敢草草解。正当南行之日，孤坐舟中，情景无聊，"轻重静躁"之解，恍然目前，始悟太上语旨，盖身试之而后见，未可谓纸上陈言无真味也。故《道德》一注，历十三年乃脱稿，非草草也。（《径山杂言》，《梦游集》卷四十六）

这种细心体认的态度，足可保证他的注释别有慧解，迥非流俗之注本所可比。

对于《观老庄影响论》《老子道德经解》和《庄子内篇注》，学界已有不少讨论。书中的一些说法，如"不知《春秋》，不能涉世。不知老庄，不能忘世。不参禅，不能出世"，"学佛而不通百氏，不但不知世法，而亦不知佛法。解《庄》而谓尽佛经，不但不知佛意，而亦不知庄意"，也早已成为大家耳熟能详的名言。不过，作为三书源头的

---

① 《憨山老人自序年谱实录》："四十八年庚申（即泰昌元年），予年七十五。春课余，侍者广益请重述《起信》《圆觉》《直解》《庄子内七篇注》。"

《绪言》，笔者尚未见到相关的讨论，故略述其写作缘起、思想旨趣及文章风格如次。不当之处，敬请指教。

二

《绪言》乃憨山德清的第一部著作，《憨山老人自序年谱实录》系于"万历四年丙子"条：

> 四年丙子，予三十一岁。发悟后，无人请益，乃展《楞严》印证。初未闻此经，全不解义。故今但以现量照之，少起心识，即不容思量。如是八阅月，则全经旨趣，了然无疑……是年冬十月，塔院主人大方被诬，讼于本道，拟配递还俗，丛林几废。时庐山彻空师来，与予同居，适见其事，太苦之。予曰："无伤也。"遂躬诣胡公，冒大雪往。及见，胡公欣然曰："正思山中大雪难禁，已作书，方遣迎师，适来，诚所感也。"然竟释主人，道场以全。固留过冬，朝夕问道，为说《绪言》。

德清十九岁出家于栖霞寺，二十五岁北游参学，二十九岁住五台山参禅，三十岁有所谓"发悟"事。《年谱》曾述其经过曰："一日粥罢经行，忽立定，不见身心，唯一大光明藏，圆满湛寂，如大圆镜，山河大地，影现其中。及觉，则朗然，自觅身心，了不可得。即说偈曰：'瞥然一念狂心歇，内外根尘俱洞彻。翻身触破太虚空，万象森罗从起灭。'自此内外湛然，无复音声色相为障碍。从前疑念，当下顿消。"佛家乃觉悟之学，彻悟之后，方得正解。就此而言，作为刚刚"开悟"之后的作品，《绪言》一书对于德清显然有着不同寻常的意义。

研读《楞严》之事，对德清的参学来说，也很重要。俗家弟子谭贞默（福徵）著有《憨山大师年谱疏》，专门强调过这一点："徵闻初

祖以《楞伽》四卷印心，今憨祖以《楞严》全部印心，先圣后圣，其
揆一也。"在《观老庄影响论》中，德清写道："老氏所宗虚无大道，
即《楞严》所谓晦昧为空，八识精明之体也。"《老子道德经解》亦云：
"老氏所宗，以虚无自然为妙道。此即《楞严》所谓分别都无、非色非
空、拘舍离等昧为冥谛者是已，此正所谓八识空昧之体也。以其此识，
最极幽深，微妙难测，非佛不足以尽之，转此则为大圆镜智矣。菩萨
知此，以止观而破之，尚有分证。至若声闻不知，则取之为涅槃。西
域外道梵志不知，则执之为冥谛。此则以为虚无自然妙道也。"显然，
《楞严》之八识说成了德清对老庄之学定位的判准。所谓孔为人乘止
观、老为天乘止观，孔以七识为指归，老以八识精明之体为道源等说
法，皆与此相关。

《年谱》中又称憨山曾帮助调解诉讼，此事盖源于僧俗之争林木，
因与本文无关，暂且不论。但也正因为有此机缘，德清得以下山，入
住胡公官署，"朝夕问道"的结果，便是《绪言》一书的得以成形。胡
公号顺庵，东莱人，历官平阳太守、雁平兵备等。据《年谱》"万历三
年"条载，胡氏乃虔诚之佛教徒，曾经赠送过德清邮符。万历十五年，
顺庵解官归田，又携其亲之子入崂山出家，德清命名福善——此人成
了德清的最忠实弟子，在德清流放雷州时始终陪伴左右，而且也是德
清的那篇自述年谱的记录者。

对于《绪言》一书的写作经过，谭贞默的《年谱疏》的描述稍微
详细点：

　　　　在胡公馆所说《绪言》，信口信手，弥月而成。胡公命人录
　　之成帙，即付梓工，请名《绪言》以行，实为发轫之著作。其中
　　章法句法，似拟《老子》。而立言大旨，则在教三道一。后此十四
　　年，在牢山作《观老庄影响论》，实先后互发明也。

据谭疏可知,《绪言》并非精心结撰之作,乃"信口信手",一月而成,此其一;《绪言》的书名也是胡公"请名"的结果,并非德清之自拟,此其二。非精心结撰,虽然显得零乱,但也最能体现作者平日之所学及思理之所及。他人"请名",则正好反映读者之观感。所谓"绪言",语出《庄子·渔父》"曩者先生有绪言而去"云云。成疏曰:"绪言,余论也。"盖谓言已发而意犹未尽之也。谭氏注意到,《绪言》的章法句法,好像模仿《老子》,但立论的宗旨,则在三教合一,因此可与十四年后的《观老庄影响论》互相发明。其实,这并不算什么独具只眼,成书的当时就有学者在跋语中指出过此点。

三

《绪言》全文近四千字,七十余章。文末有傅光宅①的跋语:

> 世之谓子书者,则《老》《庄》非其至乎?《老》言简而意玄,《庄》语奇而思远,后之谈道者归焉。荀、杨而下,未足拟也。兹《绪言》将非《老》《庄》之伦耶?其为文俊伟明洁,而其意旨,难以名言,或《老》《庄》犹有所未及耶?疑者曰:"子是过矣,《老》《庄》何可及也?"余曰:"《老》《庄》诚不可及也,乃所称谷神和同,与疑始玄珠之类,则似有言而未尽,又似欲言而难于言者。道信无穷极也,西方圣人,无法可说,而有说法,言之尽矣。故观《老》《庄》,而知诸子未尽也。观西方圣人,而知《老》《庄》未尽也。《绪言》则旨出于西方圣人,而文似《老》《庄》者也。故曰或《老》《庄》犹有所未及也。

---

① 傅光宅,字伯俊,别号金沙居士。聊城人,万历五年进士,官至四川学宪。

依傅氏，《绪言》文字似《老》《庄》，内容却要超出《老》《庄》。这与谭贞默的说法微有不同。谭称"其中章法句法，似拟《老子》"，并未包涵《庄子》在内。这一点较傅说为准确。《绪言》中虽时有引用《庄》语，如"至人无我""陆鱼不忘濡沫""形若槁木"等，但整篇作品并未诉诸《庄子》广设譬喻、厄言曼衍的风格。另外，谭氏认为，《绪言》立言大旨，在于"教三道一"。而傅氏则称《绪言》"旨出于西方圣人"，所以超出了《老》《庄》。两人说法的不同，源于他们的观察角度有别。谭氏的《年谱疏》完成于德清身后，所以其中不免受到德清一生会通三教之努力的影响。傅氏的跋语作于《绪言》成书的当时，所以他显然更关注德清立论的落脚点。

所谓"旨出于西方圣人"，可以从《绪言》下面几段话得到印证：

> 不了假缘，横生取舍。识风鼓扇，浩荡不停。如海波澄，因风起浪。风若不起，波浪何生？识若不生，万缘何有？故致道者，不了即生，了即无生也，善哉！

> 念有物有，心空法空。是以念若虚镕，逢缘自在。心如圆鉴，来去常闲。善此者，不出寻常，端居妙域矣。

> 物无可欲。人欲之，故可欲。欲生于爱，爱必取，取必入，入则没，没则己小而物大，生轻而物重，人亡而物存。古之善生者，不事物，故无欲。虽万状陈前，犹西子售色于麋鹿也。

> 忘物者，不足以致道。夫不有物者，达物虚，物虚则不假忘而忘矣。而云我忘物已，我忘物已，有所可忘，非真忘。故云不足以致道。

> 沦虚者，未足以尽道。夫心不虚者，因物有，物虚而心自虚矣。心虚物虚，则心无而有。物虚心虚，则物有而无。如斯则又何滞哉？而必以虚为虚，取虚为极，是沦虚也，何尽道？

第一段是说一切法皆识之变现，并无自性。人们不了解物的假合性质，所以才会横生取舍。第二段"念有物有，心空法空"，表达的也是近似的意思。物随念起，旋生旋灭。如果念头不起，物亦不有。第三段提及因缘说中的二支，谓欲望产生于贪念（爱）和执着（取），乃一切烦恼之根源。第四、五段强调"忘物""沦虚"皆不足以"致道""尽道"，原因是有物可忘、以虚为极，都预设了心外有物、心物对待。事实上，物乃心之幻象，并无真实的本性。错误地执持外物为实有，将无法做到彻底的忘物和虚心。末两段虽然明确提到老庄，但批评之意已很明显，这一点也成了德清后来在《观老庄影响论》分别佛道的最主要判准。

四

如果说"立言宗旨"落于西方圣人并不意外的话，那么《绪言》之"文似《老子》"则多少还是会让人感到好奇的。憨山毕竟是一位僧人，立论当然不应有悖于佛理。但"发轫"之作，通篇贯穿的即是《老子》的语词、句法和语气，这不能不让人惊叹于德清对老书的用心和娴熟。下面略举数条，以窥一斑：

（1）天地不劳而成化，圣人以劳而成功，众人因劳而遂事。事遂者逸，功成者退。故曰：功成事遂身退，天之道。多财者骄，高位者慢，多功者伐，大志者狂，胜才者傲，厚德者下，实道者随。

（2）趣利者急，趣道者缓。利有情，道无味。味无味者，缓斯急也。无味，人孰味之？味之者，谓之真人。

（3）荣名者跂名，荣位者跂位。既跂矣，辱何加焉？故曰跂者不立。不立者无本，无本而名位之兢兢乎得失也，何荣哉？

（4）天地寂，万物一。守寂知一，万事毕。处此道者，常不忒。以其不忒，故作做云为俱不失。不失者，谓之真人。

（5）人以大巧，我用至拙。人巧以失，我拙以得。故善事道者，弃巧取拙，无不获。

（6）天地大，以能含成其大。江海深，以善纳成其深。圣人尊，以纳污含垢成其尊。是以圣人愈容愈大，愈下愈尊。故道通百劫，福隆终古，而莫之争。

（7）道盛柔，德盛谦，物盛折。是以柔愈强，谦愈光，折愈亡。古之不事物者，故乃长。

（8）为有为，无能为。为无为，能有为。是以圣人无为而无不为也。吾所谓圣人无为者，盖即为而不有其为，非若寒灰枯木而断然不为也。

第 1 条中的"功成事遂身退，天之道"，取自《老子》第九章（王弼本，下同），原作"功成名遂身退，天之道"。近似的话，又见于第十七章"功成事遂，百姓皆谓我自然"。第 2 条中的"味无味"，取自《老子》第六十三章。第 3 条中的"跂者不立"见于《老子》第二十四章。第 4 条中的"不忒"，出自《老子》第二十八章的"常德不忒，复归于无极"。这几处都是直接引用《老子》语句的。其中他变化其语、意思相近的还有很多，如"天地不劳而成化"近于"道常无为而无不为"（《老子》第三十七章），"厚德者下"近于"上德若谷"（《老子》第四十一章），"守寂知一"近于"圣人抱一为天下式"（《老子》第二十二章）等等。

第 5 条中"弃巧取拙"，化自《老子》第四十五章的"大巧若拙"。第 6 条的说法，接近《老子》第六十六章的"江海所以能为百谷王者，以其善下之""以其不争，故天下莫能与之争"，第七十八章的"受国之垢，是谓社稷主。受国之不祥，是谓天下王"，第三十四章的"是以圣人终不为大，故能其大"。第7条的"柔愈强"，即《老子》第三十六章的"柔弱胜刚强"。第8条的"为无为"，则是对《老子》第四十八章的进一步引申。

如果我们事先不知这些引文的出处，仅从这些话的内容和语气来看，断然无法想象它们出自刚刚"觉悟"之后的僧人之口。能够做到如此这般的形似与神似，没有对《老子》一书长期的浸润和体会，是几乎不可能的事。这再一次印证了《自序年谱》中"予幼读《老子》，以文古意幽，切究其旨，有所得"的话，绝非妄语。

五

佛教作为外来学说，初传中国时，借老庄之术语，明释伽之教导，实乃迫不得已。但在佛法传播千余年，远远超出单纯"格义"阶段之后，却仍然津津于道家之言，那一定是对二家之学别有新见。

就德清而言，此新见虽完整地表达在《观老庄影响论》和《注道德经序》下面这两段话中，但也未始不可看作早已形成于创作《绪言》这部"拟老"之书之时：

> 以余生人道，不越人乘，故幼师孔子。以知人欲为诸苦本，志离欲行，故少师老、庄。以观三界唯心，万法唯识，知十界唯心之影响也，故皈命佛。
>
> 尝谓儒宗尧舜，以名为教，故宗于仁义。老宗轩黄，道重无为，如云失道德而后仁义，此立言之本也。故庄之诽薄，殊非大言。以超俗之论则骇俗，故为放而不收也。当仲尼问礼，则叹为犹龙，圣不自圣，岂无谓哉？故老以无用为大用，苟以之经世，则化理治平，如指诸掌。尤以无为为宗极，性命为真修，即远世遗荣，殆非矫矫。苟得其要，则真妄之途，云泥自别。所谓真以

治身，绪余以为天下国家，信非诬矣……且禅以我蔽，故破我以达禅，老则先登矣。若夫玩世蜉蝣，尤当以此为乐土矣。

依此判准，孔老与佛陀虽有浅深不一，但同属圣人之应机设教，自无破斥之必要。这刚好也正是晚明三教合一论者的共同论调。德清只不过以僧人的身份，用佛理统摄三家而已。

第二编

《药地炮庄》成书考

《药地炮庄》（以下简称《炮庄》）是明末清初思想家方以智的晚年代表作。由于文字狱的缘故，更由于方以智的被捕并死于押解途中，此书刊刻流通不久，就逐渐淡出了学人的视野。晚近一二十年，随着方以智和庄学研究的深入，《炮庄》开始受到学者们的重视。除了"三教会通"论、庄子"托孤说"等核心思想外，此书之版本源流、写作缘起和成书经过也都成了讨论的话题。下面谨就后一问题，略述个人的看法，以供研究方氏学行和庄学史者参考。

一

《炮庄》现存的本子主要有四个，一是安徽博物馆藏"潭阳大集堂"本，一是中国社会科学院历史所藏"潭阳天瑞堂"本，一是台湾"中央研究院"史语所藏王木斋题记本，一是四川省图书馆藏本。[①] 四个本子虽刊行时间有早有晚，序跋篇数或多或少，完整程度大小不一，但可以确定的是，它们属于同一个刻本。

从刊行时间来讲，大集堂本应该最早。该本《目录》后面，第一

---

① 参见邢益海：《药地炮庄版本考》，《方以智庄学研究》，北京师范大学出版社 2015 年版，第 234 页。

篇文字是萧伯升的《刻炮庄缘起》。由此序我们知道，正是萧氏的捐资，才有了《炮庄》一书的刊刻。方以智第二个儿子方中通有诗《萧孟昉捐资为老父刻〈药地炮庄〉感赋》，讲的正是这件事："苦心思救济，尽现漆园身。蛮触征皆罢，逍遥足绝尘。父书还赖友，古道可娱亲。三世交情重，应知贱子贫。"[①]萧序末尾题曰"康熙甲辰，春浮园行者萧伯升谨识"[②]，这和《目录》后面的识语"康熙甲辰，庐陵高唐曾玉祥刊"，时间上刚好吻合。因此，可以基本断定，《炮庄》的正式刊刻就是从康熙甲辰年（1664）开始的，这一年方以智五十四岁。

除了萧伯升的《刻炮庄缘起》外，大集堂本的序作者依次还有陈丹衷、何三省、余飏、竺庵大成，全书末尾则有兴翱、慈炳等人的跋语以及张自烈的《阅炮庄与滕公刺语》。这些序跋中，仅陈丹衷、弘庸、大成、慈炳四篇有明确的写作时间。陈序标以"雍茂孟陬"，是为顺治十五年（1658）。弘庸标以"辛丑"，是为顺治十八年（1661）。大成题曰康熙丙午（1666）。慈炳题曰"阏逢执徐"，是为康熙甲辰年（1664）。四篇的时间差了八年之久，这并不难理解。索序于人，并不需要等到完稿之时。从刻版到印刷，也会有个过程。假若大成之序是所有这些序跋中最晚的一篇，那么大集堂本的刷行时间应该就在康熙丙午年（1666）。这离始刻之时已经过去了两年左右。

与大集堂本相比，天瑞堂本的序文有所变动。一是萧伯升的《刻炮庄缘起》被删除，二是新增了文德翼、苗蕃和戒显三序。萧序被删，原因不详。若与萧伯升晚年入狱有关[③]，那么此本的刷行时间需推到康熙十七年（1678）前后。新增三序，文德翼、戒显两篇无写作时间，

---

① 方中通：《陪诗》卷三，《清代诗文集汇编》第133册，上海古籍出版社2010年版，第96页。

② 萧伯升：《刻炮庄缘起》，《药地炮庄》（修订本），华夏出版社2016年版，第13页。

③ 参见余英时：《方以智晚节考》增订版，生活·读书·新知三联书店2004年版，第100页。

苗蕃序则署曰"丁未纯阳月闰之朔，楞华狂屈蕃具草"。"丁未纯阳"为康熙六年（1667）四月。苗蕃此序未能收入大集堂本，只能有两种情况：一是错过了大集堂本的印刷时间；二是方以智对此序的内容不太满意。后一种的可能性极小，若属前一种情况的话，那么大集堂一定在康熙六年的四月之前已经印出。另外两序，情况估计也差不多。还有一点需说明的是，天瑞堂本正文中缝出现二十余处"甲申年崇安补"的字样。假若这些都是当时的增补，那么该本的刷行时间就得推到康熙四十三年（1704），这离方以智辞世已有三十三年之久。

台湾"中研院"史语所藏本实际上是大集堂和天瑞堂两本的拼合，其根据就在王木斋的扉页题记："余二十一岁时，闻先师杨朴庵先生屡称无可大师《药地炮庄》为说《庄》第一书，即有心求之。廿余年来，仅得卷首一本。至辛亥六月，乃见有持此书求售者，欣然购之，如获异珍。首卷复缺四序一题咏。考前购残本，有此六叶，遂以补入，此书得成完本。"① 记中所称杨朴庵，乃晚清佛学大家杨文会的父亲，他推崇《炮庄》，也许和佛学信仰有关。王木斋受老师影响，留心《炮庄》已久。辛亥年所购者可以肯定是大集堂本，所谓"复缺四序一题咏"，实际上并非全属残缺。苗蕃的题咏，文德翼、戒显的两序，本来就没有收入大集堂本中。他的补本，当然只能属于天瑞堂本。两本相加，王木斋为我们保留了《炮庄》的全部序跋，这是该本的最大优点。

四川博物馆藏本仅有正文九卷，民国美学林本即据此排印。由于缺少序跋总论部分，它究竟属于大集堂本，还是天瑞堂本，很难辨识，对成书过程的考辨帮助也不大。

---

① 台湾广文书局本即据台湾"中研院"史语所藏本影印，王木斋此题记见该书扉页。

二

相对于《炮庄》完稿和刻印时间来说，方以智何时开始写作此书，却是个比较麻烦的问题。由于史料中存在一些看似矛盾之处，研究者因此得出了两种相反的结论。一种观点认为，方氏作《炮庄》，源于他的老师道盛禅师的托付，因此该书的动手时间不能早于顺治十年（1653）的春天。[①]另一种观点则认为，方以智从梧州北返、停经庐山时，就已经有了《炮庄》的稿子，他动手写作的时间，甚至比顺治九年冬天还要早。[②]

持前说者，根据主要在陈丹衷的一段话：

　　杖人癸巳又全标《庄子》，以付竹关。奄忽十年，无可大师乃成《炮庄》。[③]

---

① 持此说者主要有任道斌、蒋国保等人。任道斌称："《药地炮庄》写于竹关，后于合山栾庐时继续撰写，至晚年入青原山后，方得脱稿。"（《方以智年谱》，安徽教育出版社1983年版，第216页）蒋国保的看法与任说大致相同："《药地炮庄》九卷，另卷首有《总论》上、中、下，及《发凡》（七则）、《炮庄小引》等。始撰于闭关高座期间（1653—1655），修改于庐墓合明山之时（1655—1658），定稿不迟于一六六三年。康熙甲辰（1664）由萧孟昉捐资由庐陵人唐玉祥雕版，于一六六七年由福建潭阳（建宁）的'大集堂'印行。"（《方以智哲学思想研究》，安徽人民出版社1987年版，第97页）按：蒋说中"唐玉祥"为"曾玉祥"之误。《炮庄》目录后所附文字为："康熙甲辰，庐陵高唐曾玉祥刊。"

② 彭迎喜曾提出一个大胆的想法："因此我推测：密之早年曾撰写过一本'炮庄'书，这本书是经吴应宾审阅过了的，后来密之的弟子传笑在庐山上也阅读过。密之闭关后，接受觉杖人委托，在觉杖人标点、评论的《庄子》之基础上又撰写了另外一部《炮庄》，所以题署'天界觉杖人评'（《炮庄》下栏各卷前）。这两部'炮庄'之书分别由不同的人进行校订，因二者性质相同，最后并为一书，统名为《药地炮庄》付梓。但只是合并，并未混合，故此分为上下两栏，并题署不同的著者与校者。"（《方以智与〈周易时论合编〉考》，中山大学出版社2007年版，第158页）此说推测方以智投奔道盛之前，早有"炮庄"之意，值得认真对待。但把现存《炮庄》分为两书，纯属无稽之谈。大别《发凡》早已说得清清楚楚："训词，注之于下。诸家议论，汇之于后。别路拈提，列之于上。"上下两栏之分，主要是因为文本性质不同。考其内容，眉批皆与正文相对应，断不能独立自存。

③ 陈丹衷：《庄子提正跋》，《天界觉浪盛禅师全录》卷三十，《嘉兴藏》第34册，第776页。

"杖人"全称为"浪杖人",道盛禅师之别号。"癸巳"即顺治十年(1653)。"竹关"原指南京高座寺看竹轩,此处代指方以智,因其圆戒后曾闭关于此。下推十年,为康熙癸卯(1663),《炮庄》完稿。甲辰年(1664),即有萧伯升捐资刻版事。

陈丹衷,字旻昭,号涉江,江宁人。崇祯癸未进士,长期追随道盛,法名大中。由《炮庄》正文九卷卷首皆题曰"天界觉杖人评、极丸学人弘智集、三一斋老人正、涉江子陈丹衷订"可知,他曾经亲自参与过《炮庄》的编订工作。有此特殊身份,他的说法的真实性当然用不着怀疑。

方以智自己的文字,似乎也支持这种说法。《炮庄小引》这样写道:

> 子嵩开卷一尺便放,何乃喑醷三十年而复沾沾此耶?忽遇破蓝茎草,托孤竹关,杞包栎菌,一枝横出,曝然放杖,烧其鼎而炮之。重翻《三一斋稿》,会通《易余》,其为药症也犁然矣。[①]

"子嵩开卷便放",典出《世说新语·文学》:"庾子嵩读《庄子》,开卷一尺许便放去,曰:了不异人意。""喑醷"出《庄子·知北游》:"自本观之,生者,喑醷物也。""破蓝茎草"指道盛的《破蓝茎草颂》。《三一斋稿》是方以智外祖吴应宾的遗稿,《易余》是方以智自己解《易》之书。整段话合起来,大意是说,庾子嵩读《庄》开卷便放,自己读《庄》三十年,为什么还要沾沾于此?是因为遇到了恩师道盛禅师,后者把解《庄》的任务交给了自己。于是支鼎烹炮,以《庄子》为药,以《三一斋稿》《易余》及历代注疏为辅,就有了《炮庄》这本书。

---

① 方以智著,张永义、邢益海校点:《药地炮庄》(修订版),第17页。

需要指出的是，方以智这段话中的"忽遇破蓝茎草，托孤竹关"，不能理解为《破蓝茎草颂》中就有"托孤竹关"之事。《破蓝茎草颂》的确是道盛专为方以智所作，可文中全都是对后者担荷大法的勉励和期待①，根本没有提到过解《庄》之事。方以智这里只是借用"破蓝茎草"代指老师而已，并不意味着"托孤竹关"一定要与该颂的写作同步进行。

在道盛师徒那里，"托孤"是一个双关语，既可指庄子以孔门之孤主动托身于老聃门下，又可指他们自己的学术薪火相承。对道盛来说，庄子已经是"孤"，再把这个解《庄》的任务交给方以智来完成，那就是另外一种托"孤"。方氏的旧友门人对此显然印象深刻，几位序作者不约而同地提到这件事，就是明证：

> 《炮庄》制药，列诸症变，使人参省而自适其当焉。梦笔、药地，立寓双冥，其寂感何如耶？（何三省）
>
> 杖人评《庄》，正欲别路醒之。药地炮《庄》，合古今之评，以显杖人之正，妙在听天下人，各各平心，自吞吐之。（弘庸）
>
> 浪杖人《灯热》一书，十方始知是火，师即传以为炮岐黄，不在父子间乎？（文德翼）
>
> 自天界老人发托孤之论，药地又举而炮之，而庄生乃为尧舜周孔之嫡子矣。（余飏）
>
> 杖人《庄子提正》，久布寓内……在天界时，又取《庄子》全评之，以付竹关。公宫之托，厥在斯欤！（大别）

---

① 道盛对方以智的厚望，可参看《破蓝茎草颂》下面这段话："无可智公，从生死危难中，来皈命于予，受大法戒。乃掩关高座，深求少林服毒得髓之宗，披吾《参同》《灯热》之旨。喜其能隐忍坚利，真足大吾好山之脉。予时归博山、武夷，扫二先师之塔，特潜为别。予因嘱之曰：圣人无梦不能神，大海无波不生宝。使圣凡无怨艾之毒，则皆无出身之机也。子当以大法自命，痛此悬丝，宁不自愤乎？"（《天界觉浪盛禅师全录》卷十二，《嘉兴藏》第34册，第662页）

这么多人都强调两人的承继关系，说明道盛的托付对于《炮庄》的编纂来说，至关重要。如果没有他的《庄子提正》和"全标《庄子》"，恐怕就不会有我们今天所见到的《药地炮庄》。从这个意义上，说《药地炮庄》始著于竹关，并没有什么不妥。

持第二种观点者，也有自己的理由。最主要的一条，是方以智弟子传笑的一段识语：

> 此愚者大师五老峰头笔也。佛以一语穷诸外道，曾知佛现外道身，以激扬而晓后世乎？苟不达此，不须读《庄》，又何能读《炮庄》？大医王详症用药，横身剑刃，申此两嘘，苦心矣，岂问人知？壬辰孟秋，玉川学人传笑识。①

这条识语系于《炮庄·总论下》篇《惠子与庄子书》的末尾。其中，"愚者"是方以智最喜欢用的别号。五老峰，即庐山主峰。方以智登庐山不止一次，但传笑的题识中却讲得清清楚楚：写作此文的时间是"壬辰孟秋"。壬辰年即顺治九年（1652）、南明永历六年。这一年年中，方以智随施闰章一道从梧州北返，中途借住庐山数月，直到年底他才回到老家桐城。由于不愿受地方官出仕的胁迫，方以智在第二年的春天再一次离家，前往南京天界寺，正式接受大法之戒。如果按照传笑所说，"苟不达此，不须读《庄》，又何能读《炮庄》"，那么方以智在五老峰时应该就有了《炮庄》的稿子。此时当然还不存在什么"托孤竹关"的问题。

持此说者早已注意到了方以智《冬灰录》中的一段话。该书有《天界老和上影前上供拈香，焚〈炮庄〉稿》条，其言曰：

---

① 方以智著，张永义、邢益海校点：《药地炮庄》（修订版），第85页。传笑，原误作"傅关"。《浮山文集后编》卷一收有此文，正作"传笑"。另：《青原志略》卷八载有传笑《与刘洞雪林》书一封，可知其追随方以智时间颇久。

十年药地，支鼎重炮，吞吐古今，百杂粉碎。藐姑犹是别峰，龙珠聊以佐锻。今日喷雪轩中，举来供养，将谓撤翻篱笆，随场漫衍耶？①

既然可以焚烧《炮庄》之稿，说明此书已经有了全部或者部分的刻本。既然要上供于道盛影前，说明该书一定与道盛有关。这些都不成问题。有问题的是，方以智为什么说"支鼎重炮"？这不正好证明他早先已经"炮"过了吗？②

这的确是个问题。与此相关，还有一点同样值得思考：道盛身边好《庄》、注《庄》者并不少，他何以偏偏"托孤"于方以智呢？

大别《发凡》曾经提到："薛更生、陈旻昭时集诸解，石溪约为《庄会》，兹乃广收古今而炮之。"③石溪法名髡残，受衣钵于道盛。陈旻昭即陈丹衷。薛更生，名正平，钱谦益《有学集》卷三十一载其墓志，称"少为儒，长为侠，老归释氏"。《天界觉浪盛禅师语录》卷十有诗题曰"薛更生居士颂予《庄子·天下》篇，喜而和之"，可知更生亦是好《庄》者。三人既然都有与《庄子》相关的著作，道盛岂有不知之理？他不"托孤"于此三人，却选择了刚刚到来的方以智，这岂不是有违常情吗？

当然，如果方以智此前已有与《庄子》相关的著作，并深得道盛欣赏的话，那就另当别论。

查方以智入关前的作品，能够与"炮庄"扯上关系的，只有在五老峰所拟的两篇《向子与郭子书》《惠子与庄子书》。《浮山文集前编》卷九"岭外稿下"收有《书〈庄子〉后》一文，让我们知道方以智虽

---

① 方以智著，邢益海校注：《冬灰录》，华夏出版社 2014 年版，第 151 页。任道斌《方以智年谱》系此条于康熙四年（1665）。

② 彭迎喜：《方以智与〈周易时论合编〉考》，中山大学出版社 2007 年版，第 157—158 页。

③ 大别：《炮庄发凡》，《药地炮庄》（修订版），第 11 页。

在颠沛流离之中，仍常读《庄子》。但也仅此而已，寥寥三百字并不足以说明任何问题。作为"癸巳入关笔"的《象环寱记》，讨论的话题及所用术语如"蒙媪""象环"等，的确与《庄子》相关，文中也曾借外祖之口谈到自己小时就很喜欢《庄子》："汝卅时，汝祖督汝小学，汝曰：'旷达行吾曲谨。'吾呼汝头陀，汝曰：'逍遥是吾乐园。'全以庄子为护身符，吾无如汝何。"[①]但《象环寱记》毕竟是"入关"之笔，性质上也不属于"炮庄"之作。除非方以智还有什么解《庄》之作彻底失传，全无踪影，否则他呈给道盛的只能是五老峰二书。

其实，个人以为，有此二书，已经足矣。在《向子与郭子书》中，方以智说："庄子者，殆《易》之风而《中庸》之魂乎！"[②]在《惠子与庄子书》中，他进一步发挥道："义精仁熟，而后可读《庄子》。蒸淹六经，而后可读《庄子》。则《庄子》庶几乎饱食后之茗莽耳。"[③]这和道盛在《庄子提正》中的说法如出一辙："夫论大易之精微、天人之妙密、性命之中和、位育之自然，孰更有过于庄生者乎？""庄生所著，虽为六经之外，别行一书，而实必须辅六经，始能行其神化之旨也。使天下无六经，则庄子不作此书，而将为六经矣。"[④]住在五老峰巅的方以智，是否读过道盛"久布海内"的《庄子提正》，我们不得而知。假若没有读过，竟能得出如此一致的结论，说明两人对《庄子》本有相似的判断。假若曾经读过，那也没有问题，毕竟和道盛身边的那帮弟子、朋友不同，方以智的这些看法是仅凭阅读和思考而得到的。可以想象，当两人有机会面谈时，心灵的感通恐怕早已超出言说之外。道盛因此而"托孤"于方以智，应该是件顺理成章的事。

---

① 方以智著，李学勤点校：《东西均》附录，中华书局 1962 年版，第 157 页。
② 方以智著，张永义、邢益海校点：《药地炮庄》（修订版），第 76 页。
③ 方以智著，张永义、邢益海校点：《药地炮庄》（修订版），第 81 页。
④ 道盛著：《庄子提正》，《天界觉浪盛禅师全录》卷三十，《嘉兴藏》第 34 册，第 768—769 页。

剩下的问题就是，《向子与郭子书》《惠子与庄子书》是否可以如传笑那样称作《炮庄》？如果可以的话，那么方以智投奔道盛前，当然早就开始了《炮庄》的写作。个人觉得，此问题的要害其实源于我们对"炮庄"二字的理解。"炮庄"可以指一部著作，也可以指一种活动或工作。如果像前面那样，一律把传笑所说的"炮庄"解读为"《炮庄》"，那就必须承认《药地炮庄》并非始作于竹关。如果把传笑所说的"炮庄"解读为"炮《庄》"，解读为对《庄子》一书的炮制，那么困难将迎刃而解：《向子与郭子书》《惠子与庄子书》当然都是对《庄子》的"炮制"。既然此二书本来就是所谓的"炮制"，那么称竹关时期开始的解《庄》为"支鼎重炮"，也就没有任何不妥。

总之，方以智在投奔道盛之前，已经有过解《庄》的尝试。由于这种解读并非通常意义上的注释，方以智和他的弟子们统称之为"炮"。这种说法深得道盛之欣赏，后者遂把自己对《庄子》的评、提转交给方以智，由他来完成对《庄子》全书的"炮制"，这大概就是方以智编纂《药地炮庄》一书的缘由。

三

至于说方以智在五老峰巅，是否有过炮制《庄子》全书的计划，从现有的文献中根本找不到任何的蛛丝马迹。我们所知道的只是，自从接受了道盛的托付之后，方以智花费了大量精力去编纂《炮庄》。下面的记载可以帮助我们了解这一过程：

（1）老父在鹿湖环中堂十年，《周易时论》凡三成矣。甲午之冬，寄示竹关。穷子展而读之，公因反因，真发千古所未发。万物各不相知，各互为用，大人成位乎中，而时出之，统天乘御，从类各正，而物论本齐矣。复予著筒而铭之，曰："著卦之德，退

藏于密。即方是圆，两行贞一。"不肖子以智时阅此论，谨识之以
终卷。[1]

此条编在《炮庄》卷一的末尾、《齐物论》"庄周梦蝶"段的后面。
"甲午"年为顺治十一年（1654），方以智闭关高座寺看竹轩的第二年。
整段话讲的是父亲方孔炤寄示《时论》一事，但无意间却透露了《炮
庄》的进度。经过一年左右的工作，他刚刚完成了全书的第一卷。

（2）藏一曰：世道交丧矣。拘方约结，终缚生死。荒冒废学，
差别茫茫……大师庐墓合明，幸得朝夕，剥烂复反，乃叹曰：大
道易简，私黯乱其神明。备物无我，善刀无敌。学问饮食，享其
性天。消息时行，何用跃冶乎？因合录之，时自省览云尔。自有
仁智夙愿者，总持幸甚。围噩岁涂，黄林学者左锐识。[2]

这段话摘自《炮庄·总论中》篇的末节。《总论中》篇分成了两
个相对独立的部分，开头是三位高僧的庄评，篇幅较少。后面的内容
有一个标题叫《黄林合录》，编录者自称"黄林学者左锐"。据《青原
志略》《周易时论合编》诸书，左锐，字藏一，桐城人，乃方以智好
友。左锐此文的编录有时间（"围噩岁涂"，指的是丁酉年十二月。这
一年为顺治十四年，即1657年）、有地点（"庐墓合明"）[3]，假若它原
本就属于《炮庄》的一部分的话，那么可以肯定，方以智在守丧三年
中仍在延续竹关时期的工作。假若它是后来才编入到《炮庄·总论中》
的，也没有问题。因为此文中有大量的关乎庄子的内容，譬如开头第

---

① 方以智著，张永义、邢益海校点：《药地炮庄》（修订版），第147页。
② 方以智著，张永义、邢益海校点：《药地炮庄》（修订版），第72页。
③ 孔炤辞世于顺治十二年，方以智闻讯后，破关奔丧，遵父遗命，葬合明山，并以和尚身，
结庐墓侧，在当地曾经是轰动一时之事。

一句话就是"敢问《易》与庄、禅分合，可得闻乎？"[①] 其他如"虚舟子曰：柱、漆无所不包，而意偏重于忘世"[②] "吴亚侯曰：仙定，出世之死法也。庄禅，出世之圆机也"[③] "沈长卿曰：庄子散人，则语不犯正位"[④] "休翁曰：读六经后，彻《庄》透宗，再读六经，即非向之六经矣。妙在怒笑之余，别路旁通，乃享中和之味"[⑤] 等等，可谓举不胜举。这些都说明，方以智庐墓期间，除了与子侄一道重编父作《周易时论》外，也一定没有放下恩师交给他的"炮庄"任务。

（3）吸尽西江水，东流不到家。阶前如见佛，座上便拈花。颜色成枯木，愁心结乱麻。趋庭无别语，开示总《南华》。[⑥]

此诗乃方以智第二子中通所作，诗题曰"庚子同四弟省亲寿昌"。诗末有小注，"时老父著《药地炮庄》"。这是迄今为止最明确的著述记录。庚子为顺治十七年（1660），距离庐墓结束已有两年。此时的方以智主要行脚于江西南城一带。他之所以"开示总《南华》"，可能与恩师的去世有关。上年秋天，道盛禅师圆寂于南京。加快《炮庄》的进度，也算是给恩师付嘱的一个交待。

（4）药地愚者唾此糠粃，一怒一笑，且三十年。五十衍《易》而占之曰：用九，见群龙无首。[⑦]

①　方以智著，张永义、邢益海校点：《药地炮庄》（修订版），第 53 页。
②　方以智著，张永义、邢益海校点：《药地炮庄》（修订版），第 57 页。
③　方以智著，张永义、邢益海校点：《药地炮庄》（修订版），第 60 页。
④　方以智著，张永义、邢益海校点：《药地炮庄》（修订版），第 61 页。
⑤　方以智著，张永义、邢益海校点：《药地炮庄》（修订版），第 63 页。
⑥　方中通：《陪诗》卷三，《清代诗文集汇编》第 133 册，上海古籍出版社 2010 年版，第 88 页。
⑦　方以智著，张永义、邢益海校点：《药地炮庄》（修订版），第 86 页。

今日登黄龙背，饮南谷茶，诵《逍遥》一过。四围苍翠欲滴，白云西来，平浮竹槛，万峰在下，出没有无。忽忆张浊民拈郑亿翁句曰：天下皆秋雨，山中自夕阳。①

这两段话分别见于《逍遥游总炮》和它的眉批。"五十衍《易》"用孔子学《易》之典，说明方以智此时已过五十。方氏生于明万历三十九年（1611），下推五十年，刚好就是上条中通所说的"庚子"年。这说明《总论下》篇的七篇《总炮》，当作于方以智五十岁之后。这一点也得到了眉批的验证。所谓"南谷"，指的是江西新城南谷寺。据乾隆朝《建昌府志》载，康熙元年（1662），方以智正是该寺的住持。因此登山饮茶、吟诵《逍遥》，一切都顺理成章。苍翠欲滴、万峰出没，看上去又是多么惬意！不过，"忽忆"二字早把人拉回到了现实当中：张浊民即张鹿征，崇祯朝官锦衣卫千户。煤山变后，殉于西华门，百官无至，唯鹿征缞服哭临，守梓宫不去。后为道士，终身素衣冠，自言先帝仇未报，服不可除。郑亿翁即郑所南，宋亡后终身不娶，时时向南恸哭，所著《心史》，字字血泪。面对良辰美景，适意逍遥之际，涌上心头的却是亡国遗恨、面目全非，此时方以智的复杂心情，又岂是借《庄子》放浪形骸者所能知？

（5）往年惠到《时论》，恨生未从尊公伯父游。象数几微，蒙惑罔测。今即未谓遽窥什一，要如神珠置浊水中，不渐次湛清不得也。闳论秘义，括举两间，大至此乎！广至此乎！糠秕之引，恐非末学敢任，幸择人畀之。再承贶《冬历图》及《炮庄》大刻，实变化《时论》而出之者。翁兄力大解捷，如香象蹴踏，岂蹇驴所及？又如冥室中炽然慧炬，何幽弗照，岂萤火比朗？宜弟方之

① 方以智著，张永义、邢益海校点：《药地炮庄》（修订版），第88页。

蔑如也。而六十年来，如醉如梦已矣，悔何益矣。黄海幽胜，未尽余喘，尚浮沉其间，翁兄其无忘东来为我稍施针砭乎？①

公既赏《庄》而读《易》，何不以《炮庄》激扬、以易几征格之乎？特奉一部，并致商贤。还当久住青原，获真益也。②

这两段话皆摘自《青原志略》卷八。第一段出自沈寿民《寄青原药地大师书》，第二段出自传笑《与刘雪林》。沈寿民也是安徽人，方以智老友，施闰章之师。传笑的情况，已见上文。两人皆提到《炮庄》大刻，说明此书早已印刷流通。从沈氏书的标题及传笑书中的"还当久住青原"，可知此时的方以智已是青原山净居寺的住持。方以智正式入主青原，始于康熙三年（1664）年底，萧伯升也于同年捐资刊刻《炮庄》。在此后的数年间，方以智的师友和弟子们常常在书信或交谈中提及此书。最有趣的是，作为易堂九子之一的彭士望，竟然还于梦中作过"炮庄诗"："曾从天际别，动辄八千秋。自古谁青眼，于今已白头。赋诗全是怨，读史近能羞。要与鲲鱼说，南溟尚可游。"③这从一个侧面说明了，《炮庄》一书曾给时人留下过深刻的印象。

总之，作为十年心血的结晶，《药地炮庄》得以定稿流通，既是对道盛禅师付嘱的完成，更是方以智对自己晚年思想的一个总结。方氏常常要求弟子们细读此书④，原因恐怕就在于此。

----

① 方以智编，张永义校注：《青原志略》，华夏出版社 2012 年版，第 191 页。

② 方以智编，张永义校注：《青原志略》，第 193 页。

③ 彭士望：《宿闽南田舍，梦作〈炮庄〉诗，寄药地老人》，收入《青原志略》卷十一，第 292 页。

④ 《青原志略》卷五收有方以智专为郭林所作的《随寓说》，其中有云："已读《炮庄》，则不可解矣。愚者曰：此正子之药也，有所好乐忿懥，则不得其正，信之乎？"（第 131 页）

《药地炮庄》的解释特色

方以智编著的《药地炮庄》是庄学史上解释张力比较大的作品之一。这部书的核心观点是"托孤说",意思是说庄子名义上接续老聃之学,暗地里曲传的却是尧孔之道,因此从思想谱系来讲,庄子实为孔门别传之孤。这一说法与我们通常所了解的庄子相差甚远。

最早提出此说的是觉浪道盛禅师(1592—1659),他也是方以智的得戒师。觉浪本人的著作叫《庄子提正》,在这部简短的作品中,他着重评点了《庄子》内七篇。方以智剃度之后,觉浪就把自己全评的《庄子》转交给这位弟子,并希望由他来完成全书的工作,这也成了方以智此后十年的一项重要任务。两位僧人前赴后继,孜孜不倦,力图证成道家的庄子原本属于儒家的嫡传,这件事情本身,放在晚明以来"三教会通"的大背景下来考虑,也是极具象征意义的。

在庄学史上,以儒解《庄》并非始于觉浪道盛和方以智师徒,从郭象、韩愈到苏东坡、王安石、林希逸等都是如此,这是一个具有悠久历史的解释传统。但像觉浪和方以智这样把庄子看成孔门真孤,却是前所未有的说法。因为,一旦把这种说法贯彻到底,千余年的儒学史都将面临被重新检讨的窘境。

相应地,觉浪和方以智要想证成自己的说法,也就不能停留在过去那种只言片语式的联想或附会,而是必须花费更多的力气从思想旨趣、精神归宿、言说方式等多角度进行全面的诠释。这大概也是《提正》和《炮庄》二书比前人的解《庄》作品呈现出较多的方法论自觉的原因所在。

　　下面我们结合《庄子提正》，从三个方面对《药地炮庄》一书的诠释特色进行探讨：一是"托孤"的涵义，二是《炮庄》的解释技巧，三是"托孤"说在方法论上的得失。

一、"托孤"三义

　　从《提正》到《炮庄》，"托孤"一词至少包含三种涵义：一是道盛、方以智师徒之间的付嘱，二是道盛本人的"自托孤与自正孤"，三是庄子托孤于老聃。

　　就解《庄》而言，第三种涵义当然最重要。但是，如果这种意义上的"托孤"里面已经包含了"自正孤"、"自托孤"、师徒授受的成分在内，那么它就不再是纯粹的解《庄》，而是借《庄子》之酒浇自己的胸中垒块。这种做法，用陆象山的话说叫"六经注我"，用妙总尼的话说就叫"庄子注郭象"。因此，谈《炮庄》的"托孤"，就必须把这三种涵义结合起来考察。

1. "托孤竹关"

　　道盛托付方以智解《庄》一事，后者在《炮庄小引》中有一段说明：

　　　　子嵩开卷一尺便放，何乃喑醷三十年而复沾沾此耶？忽遇《破蓝茎草》，托孤竹关，杞包栎菌，一枝横出，嚗然放杖，烧其鼎而炮之。重翻《三一斋稿》，会通《易余》，其为药症也犁然矣。①

————————

① 方以智著，张永义、邢益海校点：《药地炮庄》（修订版），第 8 页。

"子嵩开卷便放"典出《世说新语·文学》篇："庾子嵩读《庄子》，开卷一尺许便放去，曰：了不异人意。""暗醷"出《庄子·知北游》："自本观之，生者暗醷物也。""破蓝茎草"指觉浪道盛的《破蓝茎草颂》，竹关乃方以智闭关处，《三一斋稿》是方以智外祖吴应宾的遗著，《易余》是方以智自己解《易》之书。整段话合起来是说，庾子嵩读《庄》开卷便放，自己读《庄》三十年，为什么还要沾沾于此？是因为遇到了恩师觉浪道盛禅师，他把解《庄》的任务交给了自己，于是支鼎烹炮，以《庄》为素材，会通《三一斋稿》和《易余》，因而就有了《炮庄》这部书。

《炮庄》完成之后，方以智做的另外两件事再次证明该书与道盛有着特殊的关系。一是焚《炮庄》稿于道盛影前，二是致陈子升信中称"十年来为他人评《庄》"：

> 十年药地，支鼎重炮。吞吐古今，百杂粉碎。藐姑犹是别峰，龙珠聊以佐锻。今日喷雪轩中，举来供养，将谓撤翻篱笆，随场漫衍耶？[①]
>
> 十年来为他人评《庄》，乃合古今而炮之，赞谤并列，随人自触，安于所伤乎？业缘难避乎？竿木泥洹，亦何暇更作计较耶？因寄《炮庄》一部，别刻数种，请正。有高兴为批数语见示为望。[②]

两条材料都提到"十年"，说明《炮庄》从写作到成书前后一共花了十年时间。《炮庄》完稿于1663年，上推十年，正好是方以智投奔觉浪道盛之年（1653）。焚稿于道盛像前，表明终于完成了老师的付嘱

---

① 方以智著，邢益海校注：《冬灰录》，华夏出版社2014年版，第151页。

② 《寄乔生》，收于《中州草堂遗集》卷末，《丛书集成续编》第151册，新文丰出版公司1989年版，第425页。

和愿望。称"十年来为他人评《庄》",说明编著《炮庄》一书,一开始并非出于方以智自己的计划。这两条材料足以坐实所谓"托孤竹关"的含义。

这是"托孤"的第一层涵义。

2. "自正孤与自托孤"

除了托付弟子评《庄》外,道盛本人在《庄子提正》中也称自己解《庄》的行为为"托孤",这更加增添了问题的复杂性。

道盛的说法是:

> 时予倚仗灵山,偶与"不二社"诸子谈及庄生之秘,曹子请为快提以晓未悟,故提此托孤以正其别传。即有谓予借庄子自为托孤与自为正孤,谓非庄子之本旨,予又何辞! [1]

《庄子提正》篇幅不长(两万余字),除前序外,正文部分包括《正庄为尧孔真孤》《提内七篇》《提逍遥游》《提齐物论》《提养生主》《提人间世》《提德充符》《提大宗师》《提应帝王》九篇。上面的这段话出自《正庄为尧孔真孤》的末尾。

根据台湾谢明阳教授考证,《庄子提正》作于顺治五年(1648),文中提到的灵山指太平府当涂县无相寺,曹子指方以智的妹夫曹台岳。[2] "不二社"是觉浪道盛在桐城浮山所结之社,以禅净不二为宗旨[3],曹台岳大概也是社中成员之一。在向"不二社"诸子谈完"庄生

---

① 道盛:《庄子提正》,《天界觉浪盛禅师全录》卷三十,《嘉兴藏》第34册,第768页。

② 谢明阳:《觉浪道盛〈庄子提正〉写作背景考辨》,《清华学报》(台湾)新42卷第1期。

③ 方以智《冬灰录》卷首《远祖塔院饭田记》:"浮山自先外祖三一老人兴复,朗、潨、清三公相续总持,一向洞口云横,草深一丈,剩有意生耆旧,平实接待。壬寅至今,忽忽周甲矣。宗一圆三,竟在此地指天树骨。莲池、博山,合一滴水,天界杖人尝举此为不二社。"

之秘"后，道盛竟然声称如果有人认为他是借庄子而"自正孤""自托孤"，不合乎庄子的本旨，他也乐于接受这种批评（"予又何辞"，也可理解为无言以对）。显然，道盛是想通过这种方式告诉读者，他的《提正》里面还包含着更深的一层涵义。

那么，道盛所要"自正""自托"的"孤"又是什么呢？对于这个问题，他的弟子大时凌世韶给了我们如下的提示：

> 吾师浪杖人，惯用吹毛利剑，杀活古今，而横拈倒用，靡不神解……师云："世界未有不坏，圣人未有不死，独此圣贤之经法与佛祖之宗旨，固不可一日昧灭。"乃知吾师所谓正孤，非直以正庄生所托尧孔之孤，实吾师藉此以正自正之孤，用正天下万世佛祖、圣贤之真孤也。①

大时这段话收于《庄子提正》的末尾，所以文中提到的"圣贤之经法"当然就是指尧舜到周孔的儒家道统（"尧孔"）。大时告诉我们，其师虽然字面上讲的是庄子属于"尧孔真孤"，但暗地里却包含着自己对圣贤经法的推崇。莫非觉浪也像他所快提的庄子一样，身在方外，却心系尧孔？

从大时提供的角度回看《提正》，我们可以发现，这种推测显然是过虑了。作为虔诚的佛教徒，道盛并没有脱掉袈裟、归宗儒门的打算，他想要表达的其实是，儒佛二家虽然设教各异，但根本之道却是相同的。他说：

> 虽然，今历数已久，有人能正其真孤，必欲还其宗于尧孔，仍从天下以老庄并称，如儒佛原不同宗而道有以妙叶，亦何不可

① 道盛:《庄子提正》,《天界觉浪盛禅师全录》卷三十,《嘉兴藏》第 34 册, 第 776 页。

以并称乎？此正吾平日所谓世人不知"道不同不相为谋"之语，是破人分门别户，实教人必须以道大同于天下，使天下之不同者皆相谋于大同之道，始不使异端之终为异端也。使异端之终为异端，此圣人不能以道大同于天下之过矣。使能同之，则天地日月、四时鬼神无不与之合也，又何更有不同者乎？①

道盛认为，庄子虽是"尧孔真孤"，但归宗之后，我们仍然不妨以"老庄"并称。这正如儒佛关系一样，两家之道虽然妙合无间，但也不妨儒是儒、佛是佛。过去的学者都误会了圣人"道不同不相为谋"的意思，圣人说这话的目的并不是为了排异端，而是希望天下大同，把所有不同的流派都统合到大同之道中来，因此圣人的这句话必须这样理解：如果"道不同"，那么就会带来"不相为谋"的弊病。换句话说，在圣人眼中，只有设教方式的不同，并没有什么正统和异端的区分。

传统上，老庄和佛教都被当成害道的异端而饱受儒者的批评，道盛通过上面这种"横拈倒用"的杀活手段，不仅实现了庄子与儒家的契接，而且也顺带替自己身处的佛门洗却了异端的恶名。这大概就是道盛念念不忘的"自正孤"和"自托孤"的真实意思。他后来发起成立"双选社"（儒佛双选），可以看作是这种"正孤"想法的进一步落实。

3. "尧孔真孤"

把庄子归为"尧孔真孤"，是《提正》和《炮庄》的共同主题，也是道盛和方以智两人着力发挥和阐释的内容。《炮庄·总论中》篇曾把《提正》的要点概括为两段话，其中，第一段偏重于说明"托孤"的含义：

---

① 道盛：《庄子提正》，《天界觉浪盛禅师全录》卷三十，《嘉兴藏》第34册，第767页。

　　死节易，立孤难。立孤者必先忘身避仇，使彼无隙肆害，乃能转徙深渺，托可倚之家，易其名，变其状，以扶植之成人，然后乃可复其宗而昌大其后。予读《庄子》，乃深知为儒宗别传。夫既为儒宗矣，何为而欲别传之乎？深痛战国名相功利之习，窃道术以杀夺，仁义裂于杨、墨，无为坠于田、彭，即有一二真儒，亦未深究性命之极，冥才识而复其初，遂使后世不复有穷神知化之事，而天下脊脊不能安性命之情，则所学皆滞迹耳。此嫡血之正脉，孤而不存，庄生于是有托孤之惧矣。庄生孤哉！二千年知者固少，赏音不绝，未有谓其为孤，又孰能亲正其为真孤哉？[①]

　　"死节易，立孤难"，借用的是赵氏孤儿之典。以譬庄儒，庄子就如赵家遗腹子赵武一样，成了儒门仅存的血脉。庄子之所以自愿选择"别传"的方式，是因为战国时期的儒者大多数都流于名相、功利之途，对天人性命之学已经不再关注。庄子出于深深的忧虑，只好改投到老子的门下，以期能够保留一点儒家圣贤的真精神。道盛认为，两千年来欣赏庄子的人不少，但却从没有人认识到这一点，他是第一个说出"儒宗别传"的人。

　　第二段与第一段的内容有少量的重复，但主体部分是解释庄子何以成为孔门之"孤"：

　　庄周隐战国，辞楚相，愤功利而别路救之，以神化移人心之天者也。世儒拘胶，不能知天立宗。诸治方术者，离跂尊知，多得一察，以自为方，终身不返。乃慨然抚心曰：恶乎可？又恶可使若人终不知道德性天之宗乎？夫如是也，又何所藉之以自明吾之所存，自行吾之所主乎？于是仍借羲皇、尧、舜、孔、颜，与

---

①　方以智著，张永义、邢益海校点：《药地炮庄》（修订版），第 49 页。

老聃、许由、壶、列、杨、墨、惠施诸子，互相立论而神化之。其中有主有宾，有权有实。至于纵横杀活，隐显正奇，放肆诡诞，嬉笑怒骂，直指天真，曲示密意，其为移出人心之天，岂可以常情臆见领略之耶？内七篇已豁然矣，究不外于慎独、致中和，而与人物冥声臭，归大宗师于孔颜，归应帝王于尧舜也。世人不知，以为诋毁圣人，孰知称赞尧、舜、孔、颜，无有尚于庄生者乎？天下沉浊，不可庄语，为此无端崖以移之，使天下疑怪以自得之，庄真有大不得已者。庄且自言矣，执浅者，拘迹者，宜其未达也。偷心未死，吾亦不愿其袭达也。大道若辱，正言若反。六经，正告也。《庄子》，奇特也。惟统奇正者，乃能知之，乃善用之。或谓《庄子》别行于六经之外，余谓《庄》实辅六经而后行。使天下无六经，则庄子不作此书，作六经矣。噫，吾于是独惜庄子未见吾宗，又独奇庄子绝似吾宗。[①]

在这段话中，道盛主要表达了三层意思：第一，儒家的精髓在于天人性命之学，但在战国时期，世儒拘胶，日陷于功利之途，儒家真精神有失传的危险，庄子于是乎惧，乃借别路而救正之。这种说法和上段话基本相同。第二，《庄子》内七篇以孔颜为内圣（大宗师），以尧舜为外王（应帝王），落脚点都在《中庸》的"慎独""致中和"之道。第三，庄书正言若反，有权有实，与六经不仅不背离，而且还可以相辅相成。《庄子》和六经的关系，正如佛家宗门和教门的关系一样。禅属于"教外别传"，那么，《庄》当然可以称作"儒宗别传"。

三层意思中，第一条讲的是庄子的立言动机，第二条是从内容上分析《庄》书与儒家经典的契合处，第三条讲的是庄子的立言方法。下面我们将会看到，这三条其实也正是《药地炮庄》最常使用的诠释

技巧。

以上便是"托孤"一词的三种意涵。撇开"师徒授受"不论，另外两种涵义的相互交织，使得读者不得不经常穿越在古今、隐显和虚实之间，这是理解《提正》《炮庄》二书所面临的最大困难。

二、《炮庄》的解释技巧

由于《炮庄》的立论与传统成说相差太远，所以诠释方法至关重要。方以智对此有非常明确的意识，他在《向子期与郭子玄书》中曾说：

> 《庄子》者，可参而不可诂者也。以诂行，则漆园之天蔽矣。庄子叹世之溺于功利而疾心其始，又不可与庄语，为此无端崖之词，卮之、寓之、大小重之，无谓有谓，有谓无谓，使见之者疑愤不已，乃有旦暮遇之者。鹏之与鷃也，椿之与瓠也，豕零也，骷髅也，虫臂鼠肝也，会则直会，不烦更仆，岂特《天道》《天运》为正论，末后叙六经而悲一曲为本怀乎？不见天地之纯、古人之大体，虽曲为之解，亦终身骈拇而不反者也。况以注名，胶胶然曰我庄子知己也，冤哉！冤哉！

方以智早年本以博考著称[①]，但在解《庄》时却坚持《庄子》"可参而不可诂"。他认为，用"诂"的方法解《庄》，根本无法进入到庄子的精神世界。之所以如此，是因为《庄》书以卮言和寓言为主，到处充斥着虚构的、边说边扫式的荒唐之言，如果不善会其言外之意，单凭词义的训释、事实的考订，根本无法理解庄子的"谬悠之说""无端

---

① 代表性的著作有《通雅》《物理小识》等。

崖之词"。他甚至说:"然则世之不善读《庄子》者,皆诂《庄子》者之过也。"这足以解释训诂部分何以在《炮庄》中居于如此微不足道的地位。

"参"就不同了。"参"与"诂"最大的不同是,"参"建立在对文本内容的体会和觉悟之上,因此更方便追寻语言文字的背后意思。除此之外,参悟还有一个很大的好处,那就是通过一些解释策略,可以很容易地在不同学派或思想传统之间建立起某种联系。譬如"托孤说"中所涉及的庄孔关系,如果用训释的方法处理,《庄》书中对孔子的冷嘲热讽就成了难以否认的事实,但换个角度,它们则可以被看作呵佛骂祖、正言若反的佳例。对《炮庄》而言,这方面的考虑应该也是很重要的一个因素。

方以智对"参悟"的理解,可能部分来自于《庄子》本身,但从《炮庄》全书的构成来讲,禅学特别是道盛的影响占据主导的地位。大别《发凡》这样介绍《炮庄》独特的编排形式:"训词,注之于下。诸家议论,汇之于后。别路拈提,列之于上。"[1]"训词"属于"训诂"部分,附于《庄子》正文之下,篇幅很小。"诸家议论"和"别路拈提"是全书的主体,其中,"诸家议论"平列各家,属于"炮制";"别路拈提"则类似于禅宗的"参话头",《庄子》本文及各家议论则相当于各种公案。"诸家议论"和"别路拈提"中,又从内容上随机指点庄子与儒家的共同之处,这接近于道盛经常提倡的"参同说"。

下面我们就分别从"参同""炮制""拈提"三个方面举例说明《炮庄》的诠释方法:

1. 参同

"参同"是指通过参究的方式,悟得诸家思想中的相同或近似之

---

[1]   方以智著,张永义、邢益海校点:《药地炮庄》(修订版),第9页。

处。觉浪道盛曾有两篇题曰"参同"的文章（《参同说》《儒释参同说》），专门讨论儒佛宗异而道同的问题。他说："儒者不肯参究，禅者不能遍参，便有儒释之分、浅深之异。使能参透此旨，则学佛自能知儒，通儒自能造佛。"[1]"尧舜之十六字，谁不哝哝为千圣传心乎？亦惟佛法乃能深明其幽奥，而不至颠顸。""人心即心之动机，其显见昭著故惟危，即俗谛也。道心即心之静机，其隐微幽密故惟微，即真谛也。""是故圣学之功全在精一二字，佛教之功全在止观二字。观自精也，止自一也。"[2]这些说法的着眼点都在两家思想的相同之处，譬如儒家的十六字心传，"人心""道心""精""一"，可以很方便地转换成佛教的术语"俗谛""真谛""止""观"。一旦觉悟到两家宗旨无别，那么学佛有助于知儒，通儒有助于成佛，正好可以相互补益。用道盛的话说，就是："人既有身于天地间，则与天地人物相关，性命身世相接，分之似有彼此之殊，合之实无自他之别。佛祖洞视，则有同体之心。圣贤彻观，则有胞乳之义。帝王总揽，则有统御之宗。故凡厥有生，须当参此三法，是世间、出世间皆不可须臾离也。"[3]

　　庄儒关系更是如此。依照"托孤说"，庄子本属于尧孔的嫡传，他的思想相对于佛教来说当然更接近于儒家，只不过放肆诡诞的文风遮蔽了其真实的意图而已。借助于参悟，觉浪在《庄子提正》中随处指点庄儒的相同之处。例如："夫无己、无功、无名，其果谁乎？尧让天下与许由，庶几似之。"[4]这是《提道遥游》中的一句话，传统上，这则"尧许相让"的故事被解释为贬尧抬许，但道盛并不这样看，他认为，尧本来就是国君，却愿意舍弃君位，正是无己、无功、无名的表现。又如："养生以何为主？即缘督以为经，率性之谓道也。""此自善其刀

① 道盛：《天界觉浪盛禅师全录》卷二十五，《嘉兴藏》第34册，第741页。
② 道盛：《天界觉浪盛禅师全录》卷二十六，《嘉兴藏》第34册，第744页。
③ 道盛：《天界觉浪盛禅师全录》卷二十五，《嘉兴藏》第34册，第739页。
④ 道盛：《天界觉浪盛禅师全录》卷三十，《嘉兴藏》第34册，第770页。

十九年如新发于硎者，是君子之能慎独于莫见莫显之中也。"①这是《提养生主》中的两句话，善刀养生成了《中庸》"率性""慎独"的例证。又如："仲尼曰：'无所逃于天地间，是为大戒。夫事其亲者，不择地而安之，孝之至也。事其君者，不择事而安之，忠之盛也。自事其心者，哀乐不易施乎前。知无可奈何而安之若命，德之至也。为人臣子者，固有所不得已，行事之情而忘其身，何暇至于悦生恶死？'此决断为臣子之心，与事心之不踰矩处，如斩钉截铁，真孔子万古不易之正论也。"②这是《提人间世》的一段话，《庄子》本文借孔颜对话说明人间世之艰险和命运之无奈，道盛悟出的却是孔子之忠孝节义及从心所欲不逾矩。再如："不读《中庸》乎，首提天命之性，即'未始出吾宗'也。率性之谓道，即'神动而天随'也。至于修率工夫而莫显莫见，即'渊默龙见、机发于踵'也。故君子必慎其独以致中和，正'虚而委蛇，无不藏无不应'也。所谓'予怀明德，不大声以色，其上天之载，无声无臭'，非浑沌而何？"③这是《提应帝王》的一段话，壶子之四门示相经过道盛的参究，均成了《中庸》的注脚。

　　类似的例子还有很多，道盛用来会通庄儒的经典主要是《中庸》和《易传》，这与"托孤说"的基本主张有关。依道盛的说法，战国时期的儒者要么斤斤计较于名相，要么热衷于功利，反而最根本的天道性命之学却无人问津，这是庄子忧危托孤的主要原因。而在儒家经典中，最集中、最系统表达天人之学的正是《易传》《中庸》二书，庄子接续和发扬的也只能是这两部书："夫论大易之精微，天人之妙密，性命之中和，位育之自然，孰有过于庄生者乎？"④换句话说，参究庄儒之同，其实也就是在《庄子》和《易传》《中庸》之间找到思想承继关系。

①　道盛：《天界觉浪盛禅师全录》卷三十，《嘉兴藏》第 34 册，第 771 页。
②　道盛：《天界觉浪盛禅师全录》卷三十，《嘉兴藏》第 34 册，第 772 页。
③　道盛：《天界觉浪盛禅师全录》卷三十，《嘉兴藏》第 34 册，第 775 页。
④　道盛：《天界觉浪盛禅师全录》卷三十，《嘉兴藏》第 34 册，第 769 页。

与觉浪的《提正》相比，方以智的《炮庄》采取的基本上也是同样的思路[1]，只不过篇幅和范围要扩大很多。引证的材料有些出于前人，有些则是方以智本人的看法。我们也摘录数段以资说明：

（1）《内篇》凡七，而统于游。愚者曰：游即息也，息即无息也。太极游于六十四，乾游于六龙，《庄子》之"御六气"正抄此耳。姑以表法言之，以一游六者也。《齐》《主》《世》如内三爻，《符》《宗》《应》如外三爻，各具三谛。《逍遥》如"见群龙无首"之用。六龙首尾，蟠于潜、亢，而见、飞于法界，惕、跃为几乎！六皆法界，则六皆蟠皆几也。姑以寓数约几言之，自两仪加倍至六层，为六十四，而举太极，则七也。乾坤用爻，亦七也。七者一也，正表六爻设用而转为体，太极至体而转为用也。本无体用者，急口明之耳。曰"六月息"，曰"御六气"，岂无故乎？用九藏于用六也，参两之会也。再两之为三四之会。故举半则示六，而言七则示周。曾有会来复周行之故者耶？寓数约几，惟在奇偶方圆，即冒费隐。对待者，二也。绝待者，一也。可见不可见，待与无待，皆反对也，皆贯通也。一不可言，言则是二。一在二中，用二即一。南北也，鲲鹏也，有无也，犹之坎离也，体用也，生死也。善用贯有无，贯即冥矣。不堕不离，寓象寓数，绝非人力思虑之所及也，是谁信得及耶？善寓莫如《易》，而《庄》更寓言之以化执，至此更不可执。[2]

这段话摘自《炮庄》卷一的开头，是对《庄子》内七篇结构与

---

[1]　方以智所受"参同说"的影响，可以参考觉浪《破蓝茎草颂》的下面这段话："予今年倚杖天界，无可智公从生死危难中，来皈命于予，受大法戒。乃掩关高座，深求少林服毒得髓之宗，披吾《参同》《灯热》之旨。喜其能隐忍坚利，真足大吾好山之脉。"

[2]　方以智著，张永义、邢益海校点：《药地炮庄》（修订版），第100页。

《周易》关系的分析。在方以智看来，七篇的顺序绝非随意安排的产物，而是比照着《乾》卦组织的。具体说来就是，《逍遥游》相当于《乾》卦的"用九"，《齐物论》《养生主》《人间世》相当于《乾》卦的内卦，《德充符》《大宗师》《应帝王》相当于《乾》卦的外卦。"用九"没有具体的爻位，但"用九"就潜藏在其他六爻之中，正如太极和六十四卦的关系一样，太极虽然是体，但却无形，只能潜藏于六十四卦之中。《逍遥游》和其他六篇就是这样的一种体用关系，此即所谓"内篇凡七，而统于《游》"的意思。方以智认为，能够支持其说的除了《逍遥游》那些特殊的数字如"去以六月息""御六气之变"之外，还有"北冥""南冥""鲲鹏"等名字，《周易》借卦爻象数寄寓天地万物之理，《庄子》则把南北坎离这些变化之道通过寓言的方式呈现出来，两者实有异曲同工之妙。

（2）薛更生曰："冥非海。'上天之载，无声无臭'，《易》之'冥豫''冥升'，《太玄》拈出'冥'字，知之乎？庄生亦怕人错认，急忙指注一'天'字来。夫既已化矣，又何以徙？分明印出后天坎离，岂非剖心沥胆之言？"[1]

这段话出自方以智的知交薛正平，可以看作是对上条的一个补充。正平的意思是说，《逍遥游》的"北冥""南冥"不能简单地理解为北海南海，而是指天道的无形无象；鹏之由北而南也非随意而为，而是象征着文王易中的"离南坎北"。正平提供的佐证材料都是出自《周易》和《中庸》。

（3）谭云："环中、寓庸，此老巧滑。恐人觑破三昧，从子思

---

①　方以智著，张永义、邢益海校点：《药地炮庄》（修订版），第103页。

脱出，遂将《中庸》劈作两片拈提。"①

"通一不用而寓诸庸"，环中四破，无不应矣。析《中庸》为两层而暗提之，举《春秋》之双名而显怀之，一二毕矣。②

两段话分别出自《齐物论》注和《齐物论总炮》。注中的"谭云"所指不详，可能是指谭元春。《总炮》则是方以智自己对《齐物论》意旨的概括。两段话都认为《齐物论》的"环中""寓庸"来自《中庸》，不同的只是方以智的文字更加晦涩而已。所谓"通一不用而寓诸庸"，是对《齐物论》这句话的约写："唯达者知通为一，为是不用而寓诸庸。"庄子的本义是说道通为一，因此体道的人不走对待之途，而是寄寓在万物之各有其用之中，但方以智读到的却是易道的一在二中、体在用中。"环中"同样出自《齐物论》："彼是莫得其偶，谓之道枢。枢始得其环中，以应无穷。"方以智则用它指代不落四边之"中五"或太极。依据易理，"环中"是体是一，那么"寓庸"就是用就是多，"环中四破"就是指体用之一在二中、不一不二的关系。由于"环中""寓庸"两个语词中分别包含着"中""庸"二字，方以智认为，这绝非偶然之事，它是庄子暗中拆解"中庸"的结果，也是庄子"曲传"尧孔之道的一种明显表现。

（4）支公曰："正当得两，入三便乱。庄子弄出三个来，你道凿破多少人？"庄子叫曰："非三不显，岂是我凿？《中庸》开口，早如此矣。"子思曰："非是我凿，一部《易经》，原自如此。"伏羲曰："非是我凿，天地之间，本自如此。"③

① 方以智著，张永义、邢益海校点：《药地炮庄》（修订版），第134页。
② 方以智著，张永义、邢益海校点：《药地炮庄》（修订版），第88页。
③ 方以智著，张永义、邢益海校点：《药地炮庄》（修订版），第239页。

　　这段话出自《应帝王》注，是对"混沌"故事的发挥。支公即支道林，据《世说新语·文学篇》，支道林讲三乘义，条理清晰，听者皆可明白。一旦让听者自相讨论，二乘尚可，一到三乘就乱了。对话中先是借支公之口，追问庄子虚构南北中央三帝，如何免于混乱，庄子回答说，三分之法非我所创，《中庸》开头"性、道、教"已是如此。子思则说，《易经》"太极两仪"早已如此。伏羲结之曰，天道本身如此。整段话的风格虽然是诙谐的，但传达的意思却很清楚，那就是《庄子》与《中庸》《周易》一脉相承。

　　类似的例子在《炮庄》中还有很多，如"素王之孙，家悬一幅《天渊图》，庄生窃而装潢之""在《大畜》之《泰》曰何天之衢，今乃培气，背负青天，其取此而放笔乎""《人间世》发挥，盖本《易》也""斋戒本《易传》来"等①，限于篇幅，这里就不再一一列举。总之，由上面的这些例子，我们大体上已经可以明白"参同"这种解释方式的特点。

2. 炮制

　　如果说"参同"的目的是发现两家之同，"炮制"则建立在各种观点的不同之上。"参同"的对象是庄子和尧孔，"炮制"的对象则是历代各种《庄》注以及其他与《庄子》相关的言论。

　　《炮庄》中，这部分的内容叫"诸家议论"。和通常的集解或集释类著作不同，方以智并不打算提供一种全面的文献汇编。他曾明确地说："自庄生后数千年，评者众矣。或诋娸，或击节，抑扬墫墫，疑始颉滑。火与日吾屯也，阴与夜吾代也，此固剥烂弥缝、旁通正变之冷灶耶？浮山药地，因大集古今之削漆者，芩桂硫磺，同置药笼。彼且赢粮揭竿，与之洒濯。彼且跟位闻趚，与之謷欬。彼且屠龙削锯，与

---

　　① 方以智著，张永义、邢益海校点：《药地炮庄》（修订版），第103、107、163、162页。

之作目。彼且牺饵蠜冰，与之伏火。彼且甘寝秉羽，与之消闲。随人自尝而吞吐之，愚者不复一喙。果有齑粉唐许藐姑者，不容声矣。"①《发凡》亦云："正论奇论，反语隐语，两末两造，兼通而中道自显矣。"② 平列各种不同的或者相互冲突的言论，目的是使阅读者由此产生疑愤，并从疑愤中获得对"中道"的觉悟，这既是"炮"之所以为"炮"的涵义，也是把《庄子》引归儒家的一个重要途径。

　　"炮制"一词取自医学，医师制药时常把不同的药材混合一起加工，以便达到降低毒性、增强疗效的目的。对于《炮庄》一书来说，"诸家议论"就相当于种种不同的药材，而各种观点之间的分歧甚至对立，则相当于药材各异的药性及其相生相克。不过，作为一种解释方法来说，"炮制"还包含着禅学的影响。禅是一门觉悟之学，而"悟"建立在怀疑之上。方以智和觉浪都曾引用过古德"大疑大悟，小疑小悟，不疑不悟"的话，来说明怀疑对于觉悟的重要性。③ 怀疑总是与歧解相伴随，作为"炮制"对象的"诸家议论"，正好为阅读者提供了大发疑情的机会。下面几段话都是出自《炮庄》的序跋作者，它们无不强调"炮制"对于怀疑和觉悟的意义：

　　　　药地大师之《炮庄》也，列诸病症，而使医工自饮上池，视垣外焉。④

　　　　《炮庄》制药，列诸症变，使人参省而自适其当焉。⑤

　　　　即因此同异激扬之几，以鼓其疑熏向上之兴，不亦善乎？水

---

① 方以智著，张永义、邢益海校点：《药地炮庄》（修订版），第 8 页。

② 方以智著，张永义、邢益海校点：《药地炮庄》（修订版），第 9 页。

③ 参见道盛：《青山小述》，《天界觉浪盛禅师全录》卷三十二，《嘉兴藏》第 34 册，第 782 页；方以智：《冬灰录》，第 43 页。

④ 方以智著，张永义、邢益海校点：《药地炮庄》（修订版），第 1 页。

⑤ 方以智著，张永义、邢益海校点：《药地炮庄》（修订版），第 1 页。

穷山尽，自然冰消，不在按牛吃草也。①

　　药地吾师，集千年之赞者毁者，听人滑疑何居？正为直告之不信也。我叩其两端而竭焉，彼自得之而用其中矣。②

　　几段话中，"列诸病症""列诸症变""同异激扬""集千年之赞者毁者"就是这里所说的"炮制"，"自饮""自适""自得""疑熏向上"则是通过"炮制"而获得的自觉自悟。

　　由于觉悟属于读者个人的体验，《炮庄》"诸家议论"部分并不包括这方面的内容。姑举二例说明"炮制"方法如下：

　　（1）薛曰："成心者，现成天地之心，一毫不待加添也。历尽淆讹，一切仍旧。"陶云："法尘之起灭，等声尘之万殊，究取从来，乐出虚、蒸成菌耳。使之以莫为，宰之者无朕，生灭纷然，寂灭宛尔，此所谓天均乎！受成形则物我立，师成心则是非起。所以然者，不识真君也。真心者，未成乎心者也。妄心者，成心也。"正曰："两说皆因现量、比量而竖此义也，且问此说现量者成心乎？未成心乎？不见《大智论》曰'惟善用心即得'。圣学慎独于未发，而明征于中节而已。庄生口吻，原是设难滑疑，使人自奈何之。"③

　　这段话出自《炮庄》卷二，针对《齐物论》的"成心"一词所发。文中罗列了三个人的观点，一是薛正平，认为成心即永恒的"天地之心"，相当于人的本心或本性，二是陶望龄，认为成心是人成形之后，

---

① 方以智著，张永义、邢益海校点：《药地炮庄》（修订版），第10页。
② 方以智著，张永义、邢益海校点：《药地炮庄》（修订版），第14页。
③ 方以智著，张永义、邢益海校点：《药地炮庄》（修订版），第127页。

处于物我对待中的虚妄之心。三可能是指吴应宾，认为前两说都是从量论立说，如果进一步追问，定"成心"为真、妄之心的这种做法本身是不是也属于"成心"，前两说就会陷入背反之中。"惟善用其心即得"，意思是真妄无法截然区分，关键在于用心所在。末后则归结到《中庸》未发、已发问题，慎独于未发而明征于已发大概是说体用不可割裂。三种观点既有对立，又有转进，显然属于典型的"炮制"例子。这在段话中，方以智本人并未出场，合乎《炮庄小引》中"随人自尝而吞吐之，愚者不复一喙"的说法。但最后一种观点既出自其外公，又与其一贯主张的"两端用中"相同，所以也未尝不可看作是他个人的立场。

（2）钱绪山曰："中而离乎四海，则天地万物失其体矣。或假借圣人之似，而逐外者遗内。或穷索圣人之微，而养内者遗外。"[1]

罗念庵曰："无乐乎专内也，求豫于外则以此先之。故敛摄可以言静，而不可谓为寂然之体；喜怒哀乐可以言时，而不可谓无未发之中。何也？心无时，亦无体，执见而后有可指也。尼山告颜、冉诸子，皆指其时与事示之，未尝处处说寂，未尝避讳涉于事事物物与在外也。"[2]

杖曰："问治天下，呵为鄙人，不太反常耶？反者道之动，此正庄子之不经，而剟出六经之大本乎！"[3]

这三段话摘自《炮庄》卷三，是对《应帝王》下面这段话的"炮制"：

---

① 方以智著，张永义、邢益海校点：《药地炮庄》（修订版），第229页。
② 方以智著，张永义、邢益海校点：《药地炮庄》（修订版），第229页。
③ 方以智著，张永义、邢益海校点：《药地炮庄》（修订版），第230页。

　　天根游于殷阳，至蓼水之上，适遭无名人而问焉，曰："请问为天下。"无名人曰："去！汝鄙人也，何问之不豫也！予方将与造物者为人，厌则又乘夫莽眇之鸟，以出六极之外，而游无何有之乡，以处圹埌之野。汝又何帠以治天下感予之心为？"又复问，无名人曰："汝游心于淡，合气于漠，顺物自然而无容私焉，而天下治矣。"

　　《炮庄》的原文一共六段，这里只摘录了其中的三段。三段话中，钱绪山之语约自《阳明先生年谱序》，罗念庵之语约自《困辨录后序》，都和《庄子》无关。之所以作为"炮制"的材料，是因为绪山和念庵都认为治世治身不应该内外割裂，与《庄子》文本的意思正好相反。最后一段是道盛之说，他也承认无名人的话极为"反常"，只好借助"反者道之动"予以疏通。这几条材料再次提醒我们，不能把《炮庄》的"炮制"理解为普通意义的注《庄》，"炮制"不仅仅是"诸家议论"之间的互相"同异激扬"，而且还有不少对《庄子》本身的批评和改造。这大概就是文德翼所称"《庄》之药，师之炮，同一发毒作用耳"[1]的意思。

3. 拈提

　　"诸家议论"之外，《炮庄》另一个重要部分是"别路拈提"，字数约占全书的四分之一。所谓"拈提"，其实就是借用禅宗的公案、机缘或者禅家的风格、术语提点《庄》书，使人获得一种暗示或理解。这种做法的最大特点是不说破，留给读者自己去体会。

　　拈提也是一种诠释，但与论证无关。其解释效果与读者的悟性、机缘及知识储备有关。同一段话，能够领悟的人可以相悦以解、会心

---

　　[1]　方以智著，张永义、邢益海校点：《药地炮庄》（修订版），第4页。

微笑，领悟不及的人则茫然不知所云。

下面以《逍遥游》篇为例，略举数则以见一斑：

> （1）一僧问赵州："狗子有佛性也无？"曰："有。"一僧又问，曰："无。"向在浮山，有客语狗子佛性有无话，一日喜《庄子》藐姑射，谓是不落有无，时正犬吠，愚曰："狗子吞却藐姑射久矣。"①

这段话是对"藐姑射之山，有神人居焉"句的拈提。所用赵州和尚公案，参见《宏智禅师广录》卷二："僧问赵州：'狗子还有佛性也无？'州云：'有。'僧云：'既有，为什么却撞入这个皮袋？'州云：'为他知而故犯。'又有僧问：'狗子还有佛性也无？'州云：'无。'僧云：'一切众生皆有佛性，狗子为什么却无？'州云：'为伊有业识在。'"赵州称狗子之佛性既有且无，可能是要破除僧人的有无之见，方以智以此暗示也应该同样对待《庄子》的"藐姑射"之山及其神人。

> （2）恕中举鲲鹏云："若道有分别，本出一体。若道无分别，又是两形。毕竟如何评论？"击拂子云："竿头丝线从君弄，不犯清波意自殊。"②

这段话直接借用恕中无愠禅师的话，来破除鲲鹏同异的执着。恕中是明初禅僧，其《语录》卷一云："鱼以水为命，鸟以树为家。伐却树鸟获栖迟，竭却水鱼全性命。且道既伐却树竭却水，因什么鸟反获栖迟，鱼反全性命？若向者里明得，许你有个入处。若向者里明不得，

---

① 方以智著，张永义、邢益海校点：《药地炮庄》（修订版），第102页。
② 方以智著，张永义、邢益海校点：《药地炮庄》（修订版），第103页。

也许你有个入处。明得明不得则且置。只如庄周道'北冥有鱼，其名曰鲲。化而为鸟，其名曰鹏'，正与么时，唤作鹏又是鲲，唤作鲲又是鹏，且鲲之与鹏还有分别也无？若谓有分别，本出一体；若谓无分别，又化作两形，毕竟作么生评论？"击拂子："竿头丝线从君弄，不犯清波意自殊。"末句"竿头丝线从君弄，不犯清波意自殊"，又是借用船子德诚启悟夹山之语。

（3）一人传虚，众人传实。说梦固有法耶？圆梦预寻千证耶？过得棘林，方算好手。证龟成鳖，特借三人耶？《鹧鸪天》三起，乃畅快耳。[1]

这段话对应于"汤之问棘也"一节。在《逍遥游》中，该节是第三次讲鲲鹏变化。所以，"拈提"中"众人传实""三人""三起"均与之照应。其中，"过得棘林，方算好手"，出自云门文偃禅师："师有时云：'平地上死人无数，过得荆棘林是好手。'僧云：'与么则堂中第一座有长处也。'师云：'苏噜苏噜。'"[2]"证龟成鳖"见《五灯会元》卷十五"益州青城香林院澄远禅师"："问：如何是室内一碗灯？师曰：三人证龟成鳖。"[3]

（4）僧问沙门眼，长沙岑曰："长长出不得。"僧曰："未审出个什么不得？"岑曰："昼见日，夜见星。"曰："学人不会。"岑曰："妙高山色青又青。"愚曰："土旷人稀，相逢者少。"[4]

---

① 方以智著，张永义、邢益海校点：《药地炮庄》（修订版），第 109 页。
② 普济著，苏渊雷点校：《五灯会元》，中华书局 1984 年版，第 931 页。
③ 普济著，苏渊雷点校：《五灯会元》，中华书局 1984 年版，第 938 页。
④ 方以智著，张永义、邢益海校点：《药地炮庄》（修订版），第 116 页。

此段对应"肩吾问于连叔"一节。方以智所下断语"土旷人稀，相逢者少"，表面上是针对"沙门眼"公案，但隐指的却是肩吾所谓"大而无当，往而不反，吾惊怖其言，犹河汉而无极也"。

由于"拈提"本身无法获得确解，这里就不再继续往下罗列了。对《炮庄》的这种做法，方以智同时代的人已经有过疑问和批评，竺庵大成委婉地说："庄子之言多出杜撰，杖人、药地大惊小怪，引许多宗门中语去发明他，那人且不识庄子语，又如何明得宗门中语？"①钱澄之在《通雅序》中则称："今道人既出世矣，然犹不肯废书，独其所著书多禅语，而会通以《庄》《易》之旨，学者骤读之，多不可解。"这些说法多少可以解释《炮庄》后世流传不广的原因。另外，从上列数条来看，"拈提"似乎也并未有效地支撑起作为全书核心的"托孤说"。

三、《炮庄》在方法论上的得失

以上对《炮庄》的主要内容和诠释方法进行了粗浅的介绍，下面尝试分析一下其方法论上的得失。

首先，无论是从诠释方法来说，还是从诠释内容来讲，《药地炮庄》都确实提供了新的内容，丰富了道家解释史。

把庄子归宗尧孔虽然并非始于道盛、方以智师徒二人，但"托孤说"应该是此类说法中最极端的主张。如果儒家的真精神竟然主要保留在《庄子》书中，那么庄子之后千有余年的儒学史都得接受重新的检讨和评价。

把庄子纳入孔门，"老庄道家"这种思想史上的常识也得重新考量。《天下》篇何以老、庄分论，内七篇何以孔颜频频现身，都可以借

---

① 大成举此是为了说明疑方便可以助发真实义，并非是对方以智的批评。

助或正或反、或权或实的解释技巧，给出立场各异的说法。

到目前为止，庄子与儒家的关系仍然是未定之论。《炮庄》虽然不足以证成"尧孔真孤"说，但也不全是捕风捉影，所以它仍然可以作为一家之言而存在。

就诠释方法而言，"拈提"免不了故弄玄虚之嫌，但强调"悟"对于理解《庄》书的重要性，则是极具价值的洞见。这一点主要与《庄》书性质有关。《寓言》《天下》二篇反复强调的"三言"，是理解庄子思想的前提。隐喻、暗示、反语、吊诡、边说边扫等，都给人们留下了极其丰富的解释余地，阅读者、诠释者可以很容易地把自己的喜怒哀乐置入庄子的世界，实现古今对话。

庄子本人似乎也并不反对这样做，所以才会有《齐物论》中"万世之后而一遇大圣知其解者，是旦暮遇之也"的说法。《药地炮庄》无疑正是借参悟的方法尝试与庄相"遇"的作品。

其次，《炮庄》并不能算是严格意义上的解《庄》作品。方以智接到《炮庄》任务后，之所以愿意花大力从事此项工作，有一个重要考虑，那就是借此书对治当时嗜奇、好庸的两种学风（即晚明以来所谓的俗儒狂禅）。《炮庄发凡》所说的"尽古今是病，尽古今是药，非漫说而已也。医不明运气、经脉、变症、药性之故，争挂单方招牌，将谁欺乎？ 婴杵血诚，不容轻白。既已尝毒，愿补《图经》"，足以表明，方氏此书并非严格意义上的《庄子》注疏，而是对《庄子》义理的引申和发挥。换句话说，作为诠释者，方以智把自己时代的问题代入到了对《庄子》的解释之中。这一点同样可以解释，书中何以经常隐晦地表露出亡国遗恨。譬如，好友张自烈在序中称方氏"较之本穴纪运，十空著经，抑又深隐矣"，就是明显的例子。《四库提要》曾称是书："大旨诠以佛理，借滉洋恣肆之谈，以自抒其意。盖有托而言，非《庄子》当如是解，亦非以智所见真谓《庄子》当如是解也。"姑且不论方以智是否真的不认为"《庄子》当如是解"，就"有托而言"来说，四库馆臣无疑是对的。我们理解此书及其中的"托孤说"，显然必须在充分考虑道盛和方以智师徒背后所"托"之意的前提下，方可得到善解。

儒宗别传：方以智的庄学史观

　　《药地炮庄》系方以智解《庄》之作。药地，其号也。炮者烹炮，会诸家于一鼎也。此书盖源于道盛禅师之托[1]，故玄言与禅语相辉映。因极言《庄》本于《易》，宗旨仍落在以儒解《庄》一途。从其兼具寄怀抒愫之痕迹，又可折射出亡国遗民之心境。[2]克就晚明以降之三教会通论、遗民生活史及密之本人思想变迁而言，此书皆大有关系焉。

　　全书除序跋发凡外，共计《总论》三篇、正文九卷，凡三十余万言。因初刻本（康熙三年此藏轩本）流传不广，晚近排印本又残缺不全（民国二十一年成都美学林本仅有正文九卷），此书之阅读与使用殊为不便。[3]兹不揣鄙陋，对《总论》上篇略加绍述，希望有助于揭示密之在庄学问题上的卓见。

一

　　《炮庄·总论》共分上中下三篇。上篇是自汉至明诸家庄评之汇

---

　　① 陈丹衷《〈庄子提正〉后跋》云："杖人癸巳又全标《庄子》，以付竹关。奄忽十年，无可大师乃成《药地炮庄》。"
　　② 参见谢明阳：《明遗民的庄子定位论题》绪论章，台湾大学出版社 2001 年版。
　　③ 此文写作时，笔者参与整理的《药地炮庄》尚未出版。下面引文，皆改为华夏新出之修订版。

编，略近于庄学小史。中篇收僧人憨山德清、鼓山永觉、觉浪道盛以及其他佞佛士子之庄论，重在衡定庄佛关系。下篇为方以智本人文章，包括《向子与郭子书》《惠子与庄子书》和《药地总炮七论》等，可视作全书之总纲。

上、中两篇正文部分皆题曰"墨历山樵集，春浮行者萧伯升孟昉校"，下篇题为"浮山愚者之子中德、通、履谨编"。"墨历山樵"和"浮山愚者"均为方以智别号，中德、中通、中履则是其三子之名。由这些题签，可知《总论》前两篇为方以智所收集，下篇因为涉及他本人的文章，所以编校任务就交给了儿辈们来完成。

就体例而言，《总论》三篇与正文九卷一样，皆有大量眉批。[①] 眉批可说是《炮庄》最重要的内容。毕竟，汇编之语多为他人成说，而在眉批中，方氏自己的意见才有了更集中的表达（唯须注意者，眉批也并不全都出自方以智之手）。

二

《总论》上篇共收庄评四十余家，大体依时间顺序编排。其中，汉代四家，晋代三家，南朝一家，唐代两家，宋代十多家，明代二十余家。宋、明两代之所以占去大半，恐怕与这个时期的庄注本来就比较多有关。另外，年代较近，文献的搜求自然也就容易一些。

（1）汉代四家分别是司马谈、司马迁父子，严遵、扬雄师徒。对司马迁，方以智极尽推崇之能事："子长以实事杀活自适，子休以虚言

---

① 《炮庄》刻本（即此藏轩本）分上下两栏，上栏小字 20 行，每行 6 字；下栏大字 10 行，每行 20 字。上下两栏分别署名。其中，正文九卷下栏皆题："天界觉杖人评，极丸学人弘智集，三一斋老人正，涉江子陈丹衷订"，上栏则题"闲翁曼衍，春浮行者萧伯升较"。《总论》三篇的题署稍有不同，下篇下栏题曰"浮山愚者之子中德、通、履谨编"，上栏题"平叟杂拈"。上、中两篇下栏题曰"墨历山樵集，春浮行者萧伯升孟昉较"，上栏则没有署名。为方便计，姑称之曰"眉批"。

剥剥自适，都是伤心人，所以一语道破。"①司马迁道破的一语，即《庄子传》中所说的"我宁游戏污渎之中自快"。与世俗那种滑稽混世之解不同，方以智从此语中读出的却是无奈和悲情。滑稽和混世意味着放弃，但无奈和伤心却饱含着对世事的关怀。在密之看来，庄子决非弃世之人，司马迁也不是。史公之所以能状出庄子的这种悲感，是因为他自己也是同样的大伤心人。从这个意义上说，经历过九死一生、国亡不复、遁入空门的方以智仍然孜孜不倦地著述，又何尝是弃世之人呢？当密之写下"都是伤心人""悲何如耶"这样的字句时，心中定然充满无限的家国身世之感。

以悲感释庄子，自然就难以容忍扬雄这样的说法："周罔君臣之义，衍无知于天地之间，虽邻不觊也。"方以智的回答斩钉截铁："庄申大戒，非罔君臣。"②

"庄申大戒"指的是《人间世》这段话："天下有大戒二，其一命也，其一义也。子之爱亲，命也，不可解于心。臣之事君，义也，无适而非君也，无所逃于天地之间。是之谓大戒。"在庄学史上，这是一段充满歧解的话。有的人从中看到的是人间网罗，有的人从中读出的却是事亲致命。自宋代以来，儒生们大多选择了后一种理解，因此《人间世》也就成了庄书中最纯正的一篇。方以智的老师道盛禅师也持有近似的看法："此决断为臣子之心，与事心之不踰矩处，如斩钉截铁，真孔子万古不易之正论也。"③

道盛还提出过一个著名的"托孤说"，大意是说庄子非但不是老子的嫡嗣，而且还是儒宗之别传。战国时期，功利名相兴，儒者多滞迹，尧孔之真精神有失传之虞，于是庄子乃隐名埋姓，托于老聃门下，为儒宗之真血脉保留一线生机。此说对方以智影响至深，成为他品评诸

---

① 方以智著，张永义、邢益海校点：《药地炮庄》（修订版），第15页。

② 方以智著，张永义、邢益海校点：《药地炮庄》（修订版），第18页。

③ 道盛：《庄子提正》，《觉浪盛禅师全录》卷三十，《嘉兴藏》第34册，第772页。

家得失的一个基本依据。

在《总论》中篇，方以智对道盛之说有一个更全面的概括，值得特别征引如下：

> 庄周隐战国，辞楚相，愤功利而别路救之，以神化移人心之天者也。世儒拘胶，不能知天立宗。诸治方术者，离跂尊知，多得一察，以自为方，终身不返。乃慨然抚心曰：恶乎可？又恶可使若人终不知道德性天之宗乎？夫如是也，又何所籍之以自明吾之所存，自行吾之所主乎？于是仍借羲皇尧舜孔颜，与老聃许由壶列杨墨惠施诸子，互相立论而神化之。其中有主有宾，有权有实。至于纵横杀活，隐显正奇，放肆诡诞，嬉笑怒骂，直指天真，曲示密意。其为移出人心之天，岂可以常情臆见领略之耶？内七篇已豁然矣，究不外于慎独致中和，而与人物冥声臭，归大宗师于孔颜，归应帝王于尧舜也。世人不知，以为诋毁圣人，孰知称赞尧舜孔颜，无有尚于庄生者乎？[1]

依据这种说法，庄子内七篇之归宿乃在于尧舜孔颜，那么扬雄所谓“周罔君臣之义”的说法自然也就变得根本不可能。

稍显奇怪的是，汉代四家中，司马谈并没有直接评论庄子，严遵也只是在《老子指归》中引用了“庄子”的一些文句[2]，方以智为何却把两人提了出来？从眉批可以看出，密之此处关心的显然是文本之外的东西。传统上，司马谈和严遵都被归为道家一派，这与两个晚辈的尊孔态度刚好相反。但在方以智看来，谈迁父子周南泣命，念念不忘的是“正《易传》，继《春秋》，本诗书礼乐之际”，因此不能说司马

---

[1]　方以智著，张永义、邢益海校点：《药地炮庄》（修订版），第49页。

[2]　严遵本姓庄，《汉书》避明帝刘庄讳，始改为严。故《老子指归》中的“庄子曰”，当属严遵语，非《庄子》佚文。

谈不尊孔子。严遵闭肆下帘授《老子》，但在从事卜筮活动时，劝人的却是忠孝之道，这与庄子的"别路救之"，可谓异曲同工。正是在这个意义上，方以智说："得老庄至深者，其君平哉！"[①]

（2）把庄子归入儒宗，自然也就不会对魏晋玄风有太多的好感。作为三玄之一，魏晋注《庄》者众多。虽然存世已少，但也不至于仅能找到三家。方以智这里显然依据自己的立场，作了严格的抉择。

第一位被提到的是阮籍。对这位以青白眼著称，公开鄙薄汤武的达庄者，方以智看到的却是"寓庄以达生，大语藏怒笑"[②]。广武之叹证明阮籍绝不是忘情山水之人，他的越礼骇俗背后深藏着极度的痛苦。

第二位被提到的是郭象。郭象可谓纳庄入儒的首倡者。抬孔子，贬许由，君臣父子皆存至理，所有这些都能勾起方以智的共鸣。"郭注平和，恰是贤智消心用中之妙药"[③]，这就是密之对郭注的评论。

第三位被提到的是戴逵。戴逵本隐士，却深以放达为非。他的一句话最受密之欣赏："老庄去名，欲以笃实也。"对于戴逵，密之评论说："深于老庄，而弹琴履礼，此真弥缝柱、漆于杏坛者乎！"[④]

三家之中，反对放达的、语气平和的，得到表彰；迹近放达的，给予新解。至于名放达而实放荡者，在密之看来，只不过以庄子作托词而已，又何能知庄子之苦心呢？

（3）晋代之后，终唐之世，方以智也列举了三家，它们分别是南朝马枢、唐代陆希声和李习之。习之之说见于《复性书》，与庄学关系并不大。陆希声所云，"庄周述老氏之用，失于太过"，近于老生常谈。马枢指出"贵名实"和"玩清虚"者"各从所好"，也看不出有什么特别之处。方以智除了对李翱之清直有赞赏之外，对三家的说法皆无明

① 方以智著，张永义、邢益海校点：《药地炮庄》（修订版），第18页。
② 方以智著，张永义、邢益海校点：《药地炮庄》（修订版），第19页。
③ 方以智著，张永义、邢益海校点：《药地炮庄》（修订版），第20页。
④ 方以智著，张永义、邢益海校点：《药地炮庄》（修订版），第20页。

确的评论。

　　比较奇怪的倒是，所引马枢之言并未遵照时间的顺序，反而被安置到了宋明之间。是有意如此，还是偶尔的误植，现在已不得而知。

　　（4）宋代是注《庄》的另一个高峰期，存世的名作就有王雱的《南华真经新传》、吕惠卿的《庄子义》、林希逸的《庄子口义》、褚伯秀的《南华真经义海纂微》等。其他评论性的文章就更多了，像王安石的《庄子论》、苏东坡的《庄子祠堂记》和李士表的《庄列十论》都是代表性的作品。也许是因为体例的限制，方以智在《总论》上篇并未把注意力放在各种《庄》注上，除了王元泽外，吕惠卿、林希逸、褚伯秀的名字根本就没有被提到。那些评论性的文章，如王安石、苏东坡、李士表之作，倒成了重点引征的对象。甚至一些与庄子有关的只言片语，如邵雍、杨时和杨简之说，也都获得了一席之地。

　　第一个被提到的是王安石《庄周》论。介甫此文之宗旨在和会庄儒："昔先王之泽，至庄子之时竭矣。天下之俗，谲诈大作，质朴并散，虽世之学士大夫，未有知贵己贱物之道者也。于是弃绝乎礼义之绪，夺攘乎利害之际，趋利而不以为辱，殒身而不以为怨，渐渍陷溺以至乎不可救已。庄子病之，思其说以矫天下之弊，而归之于正也。"[1] 庄子之毛病，不过是矫枉过正而已，其心则是也。

　　按理说，同属和会庄儒的方以智应该激赏此文才是，可实情却刚好相反，密之如是评价王安石："欲收青苗钱，而纵民私铸，岂能及桑、孔之善计乎？""彼正窥得庄子，以破诸儒之执，而实用管商，以图一世之功，勿为所谩。"[2] 桑弘羊、孔仅皆为逐利之臣，安石实属同一类型，并且不若二人善计，这种评价也真够低的了。

　　方以智对王安石的评论虽酷，但也不是什么特例，宋明儒者多持

――――――――――

　　① 王安石撰，聂安福等整理：《临川先生文集》，复旦大学出版社 2017 年版，第 1231—1232 页。

　　② 方以智著，张永义、邢益海校点：《药地炮庄》（修订版），第 23 页。

此论。毕竟这是一个道学盛行的时代，"正其义不谋其利"才是被大家广泛接受的正途。不管王安石的动机如何，在儒生们看来，那些变法的措施看上去更像是与民争利。方以智特别不满王安石的还在于，他明明知道庄子之"正"就在于矫天下趋利谲诈之弊，自己施政时却仍然选择趋利一途，这只能说明他有"谩人"的动机。

安石如此，其子王元泽自然也不会得到好评。尽管元泽"庄子通性命之分"的说法可为"正决"，但他不能引庄讽新法，所学尚达不到触屏陈咸之境界。[①]

苏东坡是反对王安石变法的，方以智对此自无疑义。他甚至称赞东坡评《庄》懂得一赞（"见庄子得吾心"）一棒（"为人父而不仁其子可乎"），这不正是"炮"之所以为"炮"吗？但是，善于炮制的东坡仍然不免于有所执："程为东郭顺，苏为温伯雪，岂有蜀洛党哉？可知庄子正是甘草。"[②]

洛蜀党争是两宋众多党争中的一次。究其实，也可能是最无意义的一次。宋代党争之中心问题在新法之立废，而洛蜀两家都是反对新法的。仅仅因为戏谑之言而水火不容，两家均免不了所谓通人之弊。如果小程子能够像人貌而天、清而容物的东郭顺子一样，东坡能够像目击道存的温伯雪子一样，哪里还是什么洛党蜀党？所谓"庄子正是甘草"，意义就在这里。

值得提及的是，密之早年其实也曾深陷党争之中。接武东林，主盟复社，公讨阮大铖，到处都有他的身影。国变服缁，荣华褪尽，回首前事，密之此时正不知做何想！

苏、王之后，紧接着的几家是邵雍、龟山、朱子和杨简。这些人除朱子外都没有专门的评《庄》著作。之所以提到他们，是因为邵雍欣赏庄子之辨才，龟山认为《逍遥游》《养生主》之宗旨近于思孟的

---

①　方以智著，张永义、邢益海校点：《药地炮庄》（修订版），第 24 页。

②　方以智著，张永义、邢益海校点：《药地炮庄》（修订版），第 24 页。

"无入而不自得""行其所无事"，朱子称庄子见道体，杨简说庄提长生是贪生本术。对于邵子、龟山、朱子之说，方以智皆无评论。唯独慈湖之论受到了密之的驳正："正曰：敬仲明骂庄生以扶儒，暗取庄向上之意以扫朱，有觑破者否？单标无意，亦取禅宗。"[1]一句明骂暗取，着实让慈湖难堪。作为象山弟子，慈湖可是一贯相信本心是澄然清明的。至于"亦取禅宗"，慈湖倒不必过于挂怀，宋儒学佛而反佛者比比皆是。在这点上，明代人就显得开明多了，儒佛既可会通，自不必斤斤计较于此是而彼非。更何况"一謦咳，三教毕矣"[2]，哪里还用得着明骂暗取？

宋代最后的几家是王世长、刘须溪、戴侗和李士表。世长情况待查。须溪亦出象山之门，有《庄子》校点本。戴侗作有《六书故》，方以智《通雅》引用此书颇多。李士表则是《庄列十论》的作者。四家之中，最受密之欣赏的是须溪之说："儒者取厌，故庄生别路謦欬引之，苦其心以为筌蹄。又自疑筌蹄之误来者也，自毁之，然犹证于经，质于理，玩其文字而自谓得意者。"此说得到了密之的正面回应："世道交丧，道有窊隆。儒不知时，况陈陈相因乎？别路謦欬，犹张凉州之于晋也。"[3]张凉州即张轨，曾经据守凉州，数次匡扶晋室。密之认为，庄子的别路謦劾，正足以助儒存真也。其他三家，因无关宏旨，这里也就不多提了。

（5）全文的最后是明代部分。家数最多，篇幅也最长。特别是，由于许多被引征者就是方以智同时代人，有的是好友如张溥，有的是世交如萧伯玉，有的是亲人如方大镇，眉批中措辞也开始变得谨慎起来。前面的赞叹推崇之辞基本上看不到了，提名到姓的批评反而多了起来。另有一些内容，干脆不加任何评点。

---

① 方以智著，张永义、邢益海校点：《药地炮庄》（修订版），第25页。
② 方以智著，庞朴注释：《东西均注释》，中华书局2016年版，第61页。
③ 方以智著，张永义、邢益海校点：《药地炮庄》（修订版），第27页。

　　明确给予批评的主要有以下几家：第一位是高叔嗣。此人认为，《论语》书中既然载有讪笑孔子的接舆和沮溺，那么庄周所录的巢许之徒，也不能绝对看成没有。上古风俗淳至，现在觉得是攻击圣人的话，在当时也不算什么过甚之辞。方以智对此说的回应是："不悟化身酬唱，难免痴蝇钻纸。"①

　　第二位是李贽。李的看法是："顾后患者，必不肯成天下之大功，庄周之徒是已。"这无疑是说，庄子是一位患得患失的自了汉。方以智于是"正"之曰："忧君忧民，正是一贯。禹稷颜子，易地皆然。素其时位，心则一也。故君子既知其素，又知其位。偏才使锋，但快意耳。"②

　　第三位是陈蝶庵。蝶庵说："'肆廉直'，犹不失老子面目。'狂而荡，矜而忿戾，愚而诈'，直是庄周、韩非矣。"方以智反问道："蝶菴既然厌庄，且问自号蝶菴，又是何意？"③

　　这些批评大体可归为三类：一类是替庄子辩解。深信儒宗别传的方以智当然无法容忍李贽的"自私"说和陈蝶庵的"狂荡"论。一类关涉到读《庄》方法。密之曾经说过："《庄子》者，可参而不可诂者也。以诂行，则漆园之天蔽矣。"④像高叔嗣这样斤斤计较于巢、许之有无，根本就无法进入庄子的精神世界："庄子叹世之溺于功利而疢心其始，又不可与庄语，为此无端崖之词，卮之、寓之、大小重之，无谓有谓，有谓无谓，使见之者疑愤不已，乃有旦暮遇之者。"因此，什么鸿蒙拊髀雀跃，什么河伯望洋而叹，什么北游服隐弁之默，什么童子指七圣之迷，全都不过是化身酬唱而已，巢、许又何能例外？

　　明确表示赞赏的也有三家：第一位是万历年间的李衷一。李氏认

---

① 方以智著，张永义、邢益海校点：《药地炮庄》（修订版），第30页。
② 方以智著，张永义、邢益海校点：《药地炮庄》（修订版），第32页。
③ 方以智著，张永义、邢益海校点：《药地炮庄》（修订版），第38页。
④ 方以智著，张永义、邢益海校点：《药地炮庄》（修订版），第74页。

为："《人间世》大戒，发挥忠孝至矣。精之可以养生，高之可以御气，得其意而善用之，骄者可使下，薄者可使厚，烦法令者可使简，多嗜欲者可使浅，初亦何害于吾身与吾民？苟不原其得而索其所以失，将六经之书、孔孟之道，有用之一再传而失者，何论老庄哉？"这已经十分接近方以智的立场，所以方氏的眉批，表达的基本上是同一个意思："虚无者，道之至体。名法者，道之事用。若以互救，名法、虚无犹茶饭也。若体其固然，名法即虚无也。圣人中和正用，岂沦荒唐而流惨礉哉？庄子正卷卷于中和，特其词锋矫异耳。若是巧贩虚无，横驰险诈，正赖的彀、徒木。一核名实，始以大戒发挥人间。"①

第二位是心学家焦竑。焦氏本有《庄子翼》，方以智引述的却是他《笔乘》中的两段话："舜无为而治，非不治也。禹行无事，非不行也。昧者遂至清谈废事，斯失之矣。庄曰：'水不杂则清，莫动则平。郁闭而不流，亦不能清'。夫以废事为无为，是郁而闭之，而几水之清者也。""释氏之论酬恩者，必呵佛詈祖之人，曾知呵詈之为皈依赞叹乎？秦佚之吊，尝非老聃矣，栗林之游，又尝自非矣，而亦谓诋訾聃、周也可乎？"前者批清谈，后者赞别传，这也难怪方以智会感叹说："澹园老、庄《翼》，弥缝婆心，其一澄一流者乎！"②

最后一位是公安派的袁宏道。袁氏兄弟和焦竑一样，极尊李贽，方以智当然知道。他最欣赏宏道的，并非他的狂放、使酒和性灵乍现，而是他的迷途知返："中郎之酒，贪醉且六十年。特取其晚悔语，亦良剂也。或曰：'快意已过，晚年留此困人耳。清凉于《庄》，但取其文。'愚则曰：'聪明人，还从聪明人折肱路入。留此忏悔，原自投机。'"③

---

① 方以智著，张永义、邢益海校点：《药地炮庄》（修订版），第31页。

② 方以智著，张永义、邢益海校点：《药地炮庄》（修订版），第32页。

③ 方以智著，张永义、邢益海校点：《药地炮庄》（修订版），第37页。"六十"似以一甲子计。袁宏道生于明隆庆二年（1568），卒于万历三十八年（1610），得年仅四十三岁。

除了明确地批评和赞赏之外，明代剩余的十几家又可分为几种情况：一种仅仅罗列他们的说法，不加任何评论。这样的例子包括薛文清、邓潜谷、方大镇和张溥等人。一种虽有眉批，但却常常借题发挥，很难读出方以智本人的立场。萧伯玉、梅惠连诸条，大概就属于这种情况。

最为特殊的是熊明遇之说。熊是明代较早接受西学的代表人物之一，在福建任职时曾和方孔炤共事，这使得方以智有机会向他当面请教有关西学的知识："西儒利玛窦，泛重溟，入中国，读中国之书，最服孔子。其国有六种学，事天主，通历算，多奇器，智巧过人，著书曰《天学初函》。余读之，多所不解。幼随家君长溪，见熊公《则草》谈此事。顷南中有今梁毕公，诣之，问历算奇器，不肯详言，问事天则喜。盖以《七克》为理学者也，可以为难。"①就重视象数、物理而言，两人显然是同道。对于熊明遇如下说法，方以智可谓心悦诚服："为物不二之宰，至隐不可推见。而费于气则有象，费于事则有数。人身天地，二而一也。明乎天地之为物，与物身者不悖，斯进于格物矣。神圣所以范围曲成，若方圆之有规矩，罔或外焉。"他的眉批简直就是熊说的注脚："质测通几，后儒草草。捉个冒总，禅便嚣嚣。核真象数，让痴子矣。然秩序端几，费隐一际。在齐《灵》《素》，律历同符。一石一草，物则历然。夫岂可以掠虚昧灭哉？"②

可是，在对待《庄子》这个问题上，两人却刚好相反。熊明遇认为天地间的真象数之所以失传，正是稷下、庄列这些纂玄标异者邪说飙兴的结果。而在方以智眼中，庄子却是读书博物然后才归之于约的君子。对于熊明遇的这种论断，方以智只好委婉地说："庄亦言极物而止，只是不遇地上菩萨，与他交盘。"③

---

①　方以智：《膝寓随笔》，《浮山文集》，华夏出版社 2017 年版，第 506 页。

②　方以智著，张永义、邢益海校点：《药地炮庄》（修订版），第 33 页。

③　方以智著，张永义、邢益海校点：《药地炮庄》（修订版），第 33 页。

以上就是《总论上》的大致内容。在这将近两万字的长文中，方以智汇集并品评了自汉至明数十家庄子论说。就涉及范围之广来看，此文足可作为庄学的一个简略历史看待。

三

方以智之前，以集注形式解《庄》者，代不乏人。陆德明《音义》不论，宋有褚伯秀，明有焦竑，皆为其例。但是，撇开《庄子》文本，汇历代庄评于一编的，并不多见。《炮庄发凡》中提到的"薛更生、陈旼昭时集诸解[①]，石溪约为《庄会》"，是否属于此类著作，不得而知。但稍早于密之的陈治安（万历年间曾任长沙令），确有《南华真经本义》附录八卷，详细列举了自战国至明末的各家庄评。根据本篇眉批记载，方以智的确读过这位"陈玄晏治安"所著的《本义》，并且提示说竟陵派谭友夏之说多取自于该书。[②]这多少可以解释《总论》上篇与《本义》附录在内容上的一些重叠现象。不过，两者也有着明显的不同：《本义》附录征引诸说非常详细，《总论》上篇则多括其大义，点到为止；陈治安评论诸说，遵奉的是以《庄》释《庄》原则，极力排斥儒释道混同之论，方以智品评各家，贯彻的正是三教会通原则；陈治安的附录更似文献汇编，方以智的《总论》上篇则是"烹炮"庄子的一个重要组成部分。

《炮庄》成书之后，曾得到一些学者的激赏。这一点从书前的十几篇序言可以看出（书序通常都是说些恭维的话），从当时的诗文集也

---

① 《青原愚者智禅师语录》卷二收有密之"为陈旻昭居士对灵小参"，其中有云："痛念杖人借庄托孤，乃与竹关约期炮集。既化死水枯椿，尤悼恶空莽荡。长书论症，不觉嘘嘘十载。西江为君了却，今日对灵举出，送慰孝子。"

② 《药地炮庄》第40页："徐伯调曰：陈玄晏治安着《本义》，而友夏本之。唤作郭象注向秀，友夏注玄晏，得么？愚曰：虽然贼症现在，特例注销。"

可找到根据。另外，它也引来了一些质疑。其中一条出自方以智好友钱饮光，另一条出自四库馆臣。钱氏认为，《庄子》本来就够难读了，《炮庄》再杂以禅语，只会让人越发不懂。[1] 四库馆臣则以为，此书属有托之言，"非《庄子》当如是解，亦非以智所见真谓《庄子》当如是解也"[2]。书籍的难易程度不应作为评判其价值的标准，所以钱氏的说法可以撇开不论。但四库馆臣的意见需要认真对待。"非《庄子》当如是解"，涉及的是解释活动的成败。"亦非以智所见真谓《庄子》当如是解也"，那就属于解释者主观动机的问题了。如果解释者明知自己的解释背离文本，但出于另外的目的却偏偏去强加附会，那么他的解释严格来说就不能称作"解释"，只不过是借题发挥而已。《炮庄》一书的确是有托之言，明遗民们从该书极力发挥的"托孤说"中产生某种家国之感，自是情理中事。但能否像四库馆臣所说，方以智本人也不相信自己所说，那就很值得考虑了。以儒解《庄》并非始自方以智，也不是始于道盛。郭象有此说，韩愈有此说，林希逸也有此说，这早已是一个悠久的解释传统了，方以智和道盛不过讲得更极端一点而已。若说密之不信自己，那还得证明前面的许多人也一样的口是心非才行。

从解释史的角度看，重要的倒是前面的问题。"非《庄子》当如是解"，这也是现代学者的普遍看法。庄子属于道家，庄子嘲讽孔子，庄子提倡逍遥无为，庄子破掉一切是非对待，这是人人皆耳熟能详的看法。问题是，一个文本字面所说的，和它实际想说的，并不永远是一致的。荒唐之言通常都不能荒唐地理解。一旦接受了"正言若反"这种说法，那么何谓正、何谓反，落实起来就有说不尽的困难。当我们接受庄子是道家代表这种现代"常识"的时候，是不是也应该思考一下，有没有另外一些可能？千年庄学史，有如此多的以儒解《庄》者

---

① 钱澄之《通雅序》："今道人既出世矣，然犹不肯废书，独其所著书多禅语，而会通以《庄》《易》之旨，学者骤读之，多不可解。"（《田间文集》，黄山书社1998年版，第228页）

② 方以智著，张永义、邢益海校点：《药地炮庄》（修订版），第475页。

出现，那仅仅是因为解释者的儒家身份吗？庄子"反语"背后的"正语"，有没有可以与儒学相契接的地方？

　　不管这些问题的答案如何，有一点倒是可以确定的：思想总是在争执中向前推进，歧解是再解释的前提。因为有了"儒宗别传"这个说法，我们就不得不重新思考：庄子在什么意义上说是道家的代表？

由《药地炮庄》看方以智的惠施论

　　自战国迄晚明，惠施一直被当作"辩者"之流，受到批评与轻视。方以智大概是第一个替惠施正名之人。他不但站在惠施的立场上，写下了令"五车吐气"的《惠子与庄子书》，而且径直称惠施为"深明大易""欲穷大理"的博物君子。晚近经由西学之"格义"，惠施之说常被纳入"逻辑学"和"自然科学"的论域中进行讨论。[①]如果我们不纠缠于"逻辑学""自然科学"这些名字的话，此种做法早由方以智开端。从思想史的角度看，方氏的这种"孤明先发"自不应湮没无闻。另外，分析密之表彰惠施之学的因由，对于理解方以智自己的思想性格来说，也有辅助的作用。

一、惠施之说

　　惠子之书不传，除政治活动屡载于《国策》《吕览》外，所有思想性的言论皆见于《庄子》一书。由于庄书多属寓言，相关内容是真实

---

　　① 譬如，李约瑟在《中国古代科学思想史》(陈立夫等译，江西人民出版社 1990 年版。此书原为《中国古代科学技术史》的第二卷) 中就曾专节讨论惠施的辩辞，并称"他对科学的兴趣，一如名学"。在接下来的文字中，李约瑟总结道："从前述墨家与名家论著，可知其对中国科学思想发展的研究具有甚大之重要性。这些思想家企图为自然科学的世界，奠定些基础。最有意义的事，是他们显明的趋向于辩证逻辑，而非亚里士多德逻辑。"这种论断，也是许多中国逻辑史研究者所采取的共同立场。

的思想实录，还是《庄子》作者有意的设计，是一个需要认真对待的问题。

在庄书中，惠施经常作为庄子的辩论对手而出场。他们讨论的话题包括"有用无用"（《逍遥游》《外物》）、"有情无情"（《德充符》）、"鱼之乐"（《秋水》）等等。也有一些对话涉及两人的私交，如"惠子相梁"（《秋水》）、"鼓盆而歌"（《至乐》）、"运斤成风"（《徐无鬼》）等。细读这些对话可以发现，即便是那些比较私人性的话题，也仍然服务于庄子的学说及立场。比如，"鼓盆而歌"的故事，表达的是生命乃一气之化生，正不必为生死而烦恼。"惠子相梁"显示的，则是庄子对政治的厌恶和对权贵的蔑视。那些围绕特定主题的争论，不用说，更是对庄子思想的辩护和宣扬。在这些对话中，惠施只是庄子的陪衬，只是庄子或庄子学派表达自己思想的一个符号或工具而已。因此，要想从这些对话中了解真实的惠施，几乎是件不可能的事。

唯一的例外是《天下》篇。此篇的末尾记载了惠施提出的一些论点，并对惠施的学说给予了严厉的批评。尽管《天下》篇是否属于庄子本人的作品，尚有争议[①]，但论者大都同意，它是庄书中仅有的一篇"庄语"。从该篇对其他各家叙述之准确性来看，我们没有任何理由怀疑它对惠施学说介绍的可靠性。下面两段话便是《天下》篇对惠施学说的述与评：

　　惠施多方，其书五车，其道舛驳，其言也不中。历物之意曰："至大无外，谓之大一；至小无内，谓之小一。无厚不可积也，其大千里。天与地卑，山与泽平。日方中方睨，物方生方死。大同而与小同异，此之谓小同异；万物毕同毕异，此之谓大同异。南

---

① 详情可参见严灵峰《〈庄子·天下〉篇的作者问题》（张丰乾编：《〈庄子·天下〉篇注疏四种》附录，华夏出版社 2009 年版）。此文罗列古今众说，其中，主庄周自作者二十七家，非庄周自作者九家。

方无穷而有穷。今日适越而昔来。连环可解也。我知天下之中央，燕之北、越之南是也。泛爱万物，天地一体也。"

南方有倚人焉曰黄缭，问天地所以不坠不陷，风雨雷霆之故。惠施不辞而应，不虑而对，遍为万物说，说而不休，多而无已，犹以为寡，益之以怪。以反人为实，而欲以胜人为名，是以与众不适也。弱于德，强于物，其涂隩矣。由天地之道观惠施之能，其犹一蚊一虻之劳者也，其于物也何庸！夫充一尚可，曰愈贵道，几矣！惠施不能以此自宁，散于万物而不厌，卒以善辩为名。惜乎！惠施之才，骀荡而不得，逐万物而不反，是穷响以声，形与影竞走。悲夫！

《天下》篇认为，百家之学是上古道术分裂的结果。诸子各得一偏，是谓"方术"。惠施与众人不同的是，他乃"多方"，所以显得特别驳杂。紧接着，《天下》篇列举了惠施"历物"的十个论点。[①]由于惠施本人的论证不存，这十个论点成了没有答案的谜语，留给了后世解释者们以无穷的想象余地。

第二段话是对惠施学说的评价。比较引人注意的是，在这段不长的评论中，《天下》篇的作者总共五次提到"物"这个词。用"物"来区分各家，本是《天下》篇的重要线索之一。像墨翟、禽滑釐的"不靡于万物"，宋钘、尹文的"不饰于物"，慎到、田骈、彭蒙的"于物无择"，关尹、老聃的"以物为粗"，庄子的"不傲倪于万物"，都是非常明显的例子。但如本段这样反复地强调惠施"强于物"（结果大概就是"弱于德"）、"于物也何庸"（对"物"无所裨益）、"散于万物而不厌"（分散心思于万物而不知厌倦）、"逐万物而不反"（追逐万物而

---

① 牟宗三把"南方无穷而有穷，今日适越而昔来，连环可解也"合为一条，故为八条。参见氏著：《名家与荀子》，台湾学生书局 1979 年版，第 6 页。

不知返），还真不多见。品味《天下》篇的用语，其作者似乎有意要在惠施和其他各家之间做出区分：不管是墨子的"不靡"、宋尹的"不饰"，还是慎到的"无择"、庄子的"不傲"，讲的都是人对物的态度。唯有惠施一人想要了解万物本身。《天下》篇的作者显然认为这是一个不可能完成的任务，所以才说惠施的努力有如蚊虻之劳、形影竞走。

　　在段落的末尾，《天下》篇作者对惠施之才深致惋惜之情，这很容易让人联想到寓言故事中所描述的惠、庄友谊。我们虽不必因此而仓促得出结论说，此文一定是庄子自己所作，但有一点却是值得特别提及的，那就是《天下》篇作者对惠施的这点惋惜之情，在此后的一千多年间，也几乎成了空谷足音。直到明末清初的方以智，我们才可以再次听到一些同情的回响。

二、历代评论

　　由于名家久成绝学，后世单独评论惠施学说者并不多见。下面选取的六家是较有代表性的言论。其中，荀子是专门批评惠施的，班固则扩展到整个名家。郭象、林希逸、焦竑的话都出自他们的《庄子》注。朱熹则是与弟子讨论孟、庄何以互不提及时，顺便提到了惠施。

　　（1）荀子："不法先王，不是礼仪，而好治怪说，玩琦辞，甚察而不惠，辩而无用，多事而寡功，不可以为治纲纪；然而其持之有故，其言之成理，足以欺愚惑众，是惠施、邓析也。"（《荀子·非十二子》）

　　（2）班固："名家者流，盖出于礼官。古者名位不同，礼亦异数。孔子曰：'必也正名乎！名不正则言不顺，言不顺则事不成。'此其所长也。及警者为之，则苟钩𫠜析乱而已。"（《汉书·艺文志》）

　　（3）郭象："昔吾未览《庄子》，尝闻论者争夫尺棰连环之意，而皆云庄生之言，遂以庄生为辩者之流。案此篇较评诸子，至于此章则曰'其道舛驳，其言不中'，乃知道听涂说之伤实也。吾意亦谓无经国体致，真所谓无用之谈也。然膏粱之子，均之戏豫，或倦于典言，而能辩名析理，以宣其气，以系其思，流于后世，使性不邪淫，不犹贤于博弈者乎！故存而不论，以贻好事也。"[1]

（4）林希逸："墨翟、宋、尹、彭、田、慎到之徒，犹为见道之偏者。若惠子则主于好辨而已，故不预道术闻风之列，特于篇末言之。"[2]

（5）朱熹："如《庄子》书中说惠施、邓析之徒与夫坚白异同之论，是甚么学问？然亦自名家。"或云："他恐是借此以显理？"曰："便是禅家要如此。凡事须要倒说。"[3]

（6）焦竑："自惠施多方以下，与《列子》载公孙龙诳魏王之语，绝相类，解者多属臆说。范无隐与其门人尝论此云：'恢恑憰怪，道通为一，存而勿论可也。何者？此本非南华语，是其所辟舛驳不中之言，恶用解为？'虽然，凡庄生之所述，岂特墨翟、禽滑釐以来为近于道，即惠施之言，亦有似焉者也。刘辰翁所谓唯爱之，故病之，而不知者以为疾也。毁人以自全也，非庄子也。"[4]

六家之中，荀子离惠施的年代最近。他的批评与《天下》篇的说法有近似之处，如怪诞、好辩等。所不同的是，荀子从儒家立场上指责惠施"不法先王，不是礼义"，认为其主张不可以作为治国之纲纪；《天下》篇则惋惜惠施不自量力，追逐外物而不知返，结果在内在之德方面有所缺失（弱于德）。

班固的评论中，并没有直接提到惠施。但是，《汉书·艺文志》所列"名家"书目中，收有《惠子》一篇。因此，班固所评论的对象也应该包括惠施在内。班固与荀子一样，恪守儒家的立场。为了贯彻

---

① 郭庆藩撰，王孝鱼点校：《庄子集释》卷首，中华书局1961年版，第1114页。

② 林希逸著，周启成校注：《庄子鬳斋口义校注》，中华书局1997年版，第507页。

③ 黎靖德编：《朱子语类》卷一二五，《朱子全书》第18册，上海古籍出版社、安徽教育出版社2002年版，第3902页。

④ 焦竑著：《庄子翼》卷八，文渊阁四库全书本。

其"诸子出于王官"论，他把名家的起源追溯到了"礼官"。这和荀子"不是礼义"的定位，刚好处于对立的两端。班固的批评，"及警者为之，则苟钩釽（gū）析乱而已"①，则与司马谈的看法一致："名家苛察缴绕，使人不得反其意，专决于名而失人情。"（《论六家要旨》）

郭象是魏晋时期解《庄》的代表人物。他在这段评论性的话语中，首先感叹道听途说之伤实，然后给出了自己貌似"公正"的立场：从治国的角度来讲，惠施及辩者之说纯属"无用之谈"；从宣泄情绪、吸引心志的角度来说，辩名析理总比博弈这类活动要好些。郭象本人虽以口若悬河而著称②，但他对惠施论列的话题显然并没有什么兴趣，一句"存而不论"，就把它们全部留给了所谓的"好事"之徒。

和郭象相比，南宋林希逸的看法更加简单。他认为惠施不过"主于好辩而已"，根本不足以厕身于道术之列，《天下》篇也只是顺便提及而已。作为林光朝艾轩学派的传人，林希逸的学术谱系可以追溯到北宋的程门。但和程氏的严正立场不同，林氏对佛、道两家的态度要和缓得多。他的《庄子口义》有一大特点，就是经常借用儒、佛的观念来解释庄子的思想。这种做法曾经引起过不少人的非议，譬如憨山德清在他的《观老庄影响论》中就曾表达过强烈的不满。③ 不过，从林氏的这段话来看，他显然没有把三教会通的观念扩展到惠施的身上。

六家之中，朱子的评价最出人意料。一贯主张"格物致知"的理学宗师，面对惠施的"历物之意"，却得出了不成学问的结论。这从一个侧面说明朱子的"格物"说，重心显然不在物理本身。其所谓"即物而穷其理"，所谓"一旦豁然贯通焉"，最后所得不过是德性伦理而

---

① 顾实《〈汉书·艺文志〉讲疏》云："警、缴古字通，烦也。所谓名家'苛察缴绕'是也。"张舜徽《〈汉书·艺文志〉通释》曰："钩釽析乱，谓其流弊必至于破碎穿凿，不识大体，以致混乱也。"

② 《世说新语·赏誉》："王太尉云：郭子玄语如悬河泻水，注而不竭。"

③ 憨山有云："及见《口义》《副墨》，深引佛经，每一言有当，且谓一大藏经皆从此出，而惑者以为必当，深有慨焉。"又曰："解《庄》而谓尽佛经，不但不知佛意，而亦不知庄意。"

已。在这段师弟对话中，朱熹还提出了一个比较新颖的看法，那就是惠施之学近于禅宗，都不过是"凡事倒说"而已。至于如何"倒说"、"倒说"的意义是否相同，朱子并没有给出进一步的解释。

最后一位焦竑是明代心学家，他和大多数阳明后学不同，对于读书考据抱有浓厚的兴趣。引文所出的《庄子翼》就是他所编纂的一部《庄子》集注。之所以知道这段话属于焦竑本人所说，是因为它的前面冠有"笔乘"二字，这和焦氏另外一部书《焦氏笔乘》刚好同名。[①]在这段话中，焦竑表达了两层意思：第一，惠施之说与公孙龙诳人之言"指不至""物不尽""白马非马"等属于同类的东西；第二，范无隐"存而不论""恶用解为"[②]的说法太过苛刻，惠施之言"亦有似焉者"。可惜的是，焦氏并未解释惠施之说中，哪些内容属于其所谓"似焉者"。

总括六家之说，他们对惠施之学的评论虽小有出入，但大体上还是比较一致的，那就是：好辩，怪异，无用，不成学问，不值得认真对待。这其实也是自战国到明末将近两千年间，人们对惠施的一种普遍看法。

三、方以智的观点

中国思想史中，第一次尝试给予惠施之学以同情的理解和积极评价的，始于明末清初的方以智。由于各种原因，方氏著作长期湮没，直到 20 世纪后半叶，经过侯外庐等学者的表彰，方以智在思想史上的重要地位才逐渐被确立。随着方氏著作的整理，他的一些富有创见的

---

① 存世本《焦氏笔乘》并无上述内容。是因为版本的不同，还是作者以"笔乘"为别号，尚待进一步研究。

② 范氏之说见褚伯秀撰，张京华点校：《南华真经义海纂微》卷一〇六，华中师范大学出版社 2014 年版，第 1040 页。

观点和独特的视野越来越多地呈现在人们眼前。对惠施的重新评价，也许是其中虽非最重要但却饶有兴味的一个。

方以智对惠施的看法，主要见于《通雅》《惠子与庄子书》《药地炮庄》末卷的眉批中。《通雅》是方以智的早年著作，三十岁之前已有成书。由于战乱的影响，该书直到方氏晚年才得以刊刻流通。因为中间续有增补，所以并非全部内容均属早出。《惠子与庄子书》是方以智中年作品。[①] 据文末识语，此文作于顺治九年（42岁），与方氏的另两本书《东西均》和《易余》大致同时。《药地炮庄》乃方氏晚年著作，全书完稿于康熙三年（53岁）前后。这几部不同时期的作品，同时提到惠施，说明方以智对惠施其人其学确实有着持续的关注和思考。

（1）《通雅》提及惠施的主要有两处：一处见于卷首三之《文章薪火》，一处见于卷一的"丁子有尾"条。其中，《文章薪火》的说法是：

> 老子、杨、墨，皆近孔子前后。自老子正言若反，而惠施交易之。其历物也，大其小、小其大、长其短、短其长、虚其实、实其虚而已。公孙龙遂为隐射钩距之机。皆杨墨之流也。[②]

此条意思是说，惠施的"历物之意"旨在打破大小、长短、虚实的限制，与老子的"正言若反"相近。到了公孙龙手中，则变成了猜谜、钩索隐情之类的戏法。二人皆属杨墨之流。

在方以智中晚期作品中，除"杨墨之流"没有提及之外，其他两层意思都曾出现过。由于《文章薪火》是方以智长子方中德所笔录，

---

① 《惠子与庄子书》分别收入《药地炮庄·总论下》和《浮山文集后编》。但方以智写作此文之时，尚无《炮庄》的写作计划。据陈丹衷等人记载，方以智著《炮庄》，乃受其师觉浪道盛所托，故动笔不会早于顺治十年。

② 侯外庐主编：《方以智全书》第1册，上海古籍出版社1988年版，第67页。

时间跨度有二十年，所以我们并不能断定此条的准确年代。[①]

"丁子有尾"条的内容如下：

> 《庄子》末篇言惠施历物之意曰：惠施以此为大，观于天下而晓辩者，天下之辩者相与乐之。卵有毛，鸡三足，郢有天下，犬可以为羊，马有卵，丁子有尾，火不热，山出口。此皆言物理变化本无定形定名，自我言之，无所不可耳。

"卵有毛"以下数语，属于通常所谓辩者二十一事。方以智的解释是，它们描述的都是物理变化，物理变化本身无常形、无定名，如何称谓这种变化则是人们约定俗成的结果。这里虽然不是对惠施之说的直接解释，但和过去对名家怪异、无用的批评相比，显然已经有了不同的意味。

（2）与《通雅》的只言片语不同，《惠子与庄子书》是方以智站在惠施立场上所写的一篇长文。文章的笔调当然是诙谐的，但不能怀疑其内容的严肃性。方以智的目的主要是想给庄子重新找到一个定位，而惠施之学则成了这个新定位的前提之一。此文之内容精彩纷呈，姑摘其大要如下：

> 以君（庄子）所叙仆（惠施）语，大一小一，方生方死，皆非妄也。正反相伏，对而举之，适得其常，人自不悟耳。
>
> 仆之历物，物本自历。舍心无物，舍物无心。后世必有希高眇，厌当务，专言汪洋之心，而与物二者矣。
>
> 世之爱足下者，皆不能学问，不能事业，不能人伦，而诡托

---

① 《文章薪火》文末有数则跋语，其中，方中德的说法是："谨取辛巳至今，前后条说汇而录之。"揭暄的说法是："此一卷语，皆二十年中之随问随举，而田伯汇录之者。"辛巳为崇祯十四年，即公元1641年。下推二十年，为顺治十八年，即公元1661年。田伯为方中德之字。

者耳。足下有至性存，托乎托乎，岂复有至性乎？幸有惠施为告世曰：义精仁熟而后可读《庄子》，蒸淯六经而后可读《庄子》，则《庄子》庶几乎饱食后之茗荈耳。

　　人生此世，贵不虚生。士不读书，而免虚生乎？寓而不居，即有而无。用光得薪，莫若书。伐毛洗髓，莫若书。士一日不读书，犹一日不食也。书独简册也乎哉？上古以来，乃读混沌天地之书者也。仰观俯察，且坐混沌之西席，授天地以章句，而谓其不肯读书乎？世钝且怠，或匿不言，以为沉静，实未能通，故嗫嚅不敢言，言复为人所难，不如以不言难人。自吾五车者论之，均不与道相涉。而公道有大分数，不可让众盲盲万世也。辩不可匿，丝毫对簿。默容巨伪，非草木虫蠕，则奸宄耳。①

通过这些假托之语，方以智在以下几个方面给予了惠施之说以崭新的解释：第一，"大一小一""方生方死"诸说，并不是什么虚妄的诡辞，它们揭示的正是天地万物"正反相伏"的道理。人们之所以对其肆意攻击，是因为他们对物理的变化根本不了解。第二，"遍为外物说"不惟不多余，而且还可救正专门言心者的虚伪和怠钝。天道变化，有其普遍的数度和理则。这些数度和理则就体现在具体的器物之中。圣人仰观俯察，所读的正是天地之大书。那些专门言"心"者，诉诸不言、静默，其实是一种无知、不敢言的虚伪表现。第三，好辩并不一定导致诡辞。辩论总有一些客观的依据，这些东西一丝一毫都不能做假。沉默就不同了，因为没有判断标准，无知的人可以用沉默作为逃避的借口，奸诈者亦可利用沉默来掩饰其虚伪。

　　三条之中，第一条接近《文章薪火》中的说法。只不过《文章薪火》旨在解释书籍的传承，此处针对的则是"历物"说的内容。后两

---

　　① 方以智著，张永义、邢益海校点：《药地炮庄》（修订版），第78—85页。

条都是强调认识"物理"的重要性,读来更像是对晚明以来俗儒狂禅的批评。

引文的第三段非常接近于觉浪道盛的"托孤说"。按照道盛的说法,战国谲诈并兴,儒者奔走于功利之途,有失掉其真精神的危险。庄子于是乎惧,托身老子之门,借嬉笑怒骂,曲传儒家天人性命、忠恕慎独之学。道盛有云:"庄生所著,虽为六经之外,别行一书,而实必须辅六经,始能行其神化之旨也。使天下无六经,则庄子不作此收,而将为六经矣。"①这和方以智"义精仁熟而后可读《庄子》,蒸溶六经而后可读《庄子》,则《庄子》庶几乎饱食后之茗荈耳",如出一辙。方以智写作此文时,尚未投奔道盛,但他显然早已读过《庄子提正》,并接受了其中的基本观点。《炮庄发凡》下面这句话,正可代表方以智和道盛两人对庄子的定位:

> 《天下》篇举六经、明数度,《天运》篇提九洛、陈理序,庄子固读书博物而反说约者也。②

按照这种理解,庄子之"说约"实属不得已,庄子也是"读书博物"之人,那么惠施与庄周之间,就不仅没有矛盾,而且还是"读混沌天地之书"的同道。那些借庄子而逃遁放达之人,显然并不了解庄子的用意所在。这大概也正是方以智自称此文"正为漆园吐气"的原因所在。

(3)在《药地炮庄》即将完稿之时,方以智对惠施之学又有了新的看法:

> 揭暄曰:"五老峰拟《惠子与庄子书》,五车吐气矣。"药地

---

① 道盛撰:《庄子提正》,《天界觉浪盛禅师全录》,《嘉兴藏》第34册,第768—769页。
② 方以智著,张永义、邢益海校点:《药地炮庄》(修订版),第9页。

曰："正为漆园吐气耳。近日者又有一招薹焉。世谓惠、庄与宋儒
必冰炭也。讲学开口，动称万物一体，孰知此义之出于惠施乎？
世又谓惠施与公孙龙，皆用倒换机锋，禅语袭之。愚谓不然。禅
家止欲塞断人识想，公孙龙翻名实以破人，惠施不执此也，正欲
穷大理耳。观黄缭问天地所以不坠不陷、风雨雷霆之故，此似商
高之《周髀》，与太西之质测，核物究理，毫不可凿空者也，岂
畏数逃玄，窃冒总者所能答乎？又岂循墙守常，局咫尺者所能道
乎？惠子相梁，事不概见，其不屑仪、衍一辈明甚。雪缓葬期，
亦忠讽之一斑也。梁既休平，惠亦善终。彼处战国而全其天，与
曳尾泥中，复何殊耶？斯人也，深明《大易》之故，而不矜庄士
之坛，以五车藏身弄眼者乎！愚故表而出之。"①

揭暄是方以智门人，也是明末清初有名的天文学家，所著《写天
新语》获梅文鼎"深明西理，而又别有悟入"（《四库提要》）之评。揭
暄称《惠子与庄子书》可算是替惠施吐了一口恶气，由此引出了方以
智一系列重新断案之辞（"招薹"）：第一，讲学家"万物一体"论原
出于惠施。第二，称惠施之说近于禅宗"倒换机锋"是错的，也不能
把惠施和公孙龙混为一谈。第三，惠施的核物究理，近于《周髀算经》
和泰西的质测之学，决非凿空之论。第四，惠施生战国而善终，说明
他深明《大易》退藏之道。

由于《炮庄》体例的限制，同时也因为对话者是非常熟悉的师徒，
方以智对自己的这些"招薹"并未展开论述。有的说法，甚至可能只
是一时的联想。譬如第一条的"万物一体"说，宋儒和惠施虽然有些
近似的言论，但两家赋予"一体"的涵义并不相同。一般来讲，惠施
的"一体"主张合异为同、去除差别。宋儒的"一体"除了感通之外，

---

① 方以智著，张永义、邢益海校点：《药地炮庄》（修订版），第468页。

还特别强调分殊。因此，宋儒建立在"分殊"之上的"一体"并不需要假途于惠施，从《中庸》《易传》《孟子》这些儒家经典中可以自然推出。仅从字面的相同就推出两家同源，并无足够的说服力。另外，说惠施深明《大易》退藏之道，也多半出于揣测。方以智举出的理由多属惠施的出处进退，且不说这些故事是否真实，仅从藏身、善终就推出精于易道的话，那么在战国那样的混乱年代，精于易道者恐怕会不计其数。

不过，另外两点却值得我们认真对待。经过近百年、数代人的研究，惠施和公孙龙分属于名家的两派，惠施思想中包含的相对观念，与禅师们的掉弄机锋，存在着实质的差别，这些已经成为中国哲学史研究领域中的常识。惠施"历物之意"中包括有数学和物理方面的内容，晚近的科学史和逻辑史也都是这样说的。就此而论，方以智的确有"先见之明"，他在三百年前得出了与现代学者近乎一致的结论。在《炮庄》卷九中，我们可以找到下面的两段话，它们可以证明，至少在上述两点上，方以智的说法并非一时的心血来潮：

> 历物，皆以小大、长短、虚实互换，而显其道通为一耳。
>
> 观山河如手一叶，硕果之仁天地也，小中本大，大中本小矣，非惟片纸图万国、六合吹胖豆而后征矣。昼夜通古今，元会犹呼吸，长中本短，短中本长矣，非惟千秋在一字、黄粱毕一生而后征也。空廓隐赜，无非象数森罗，万睹万闻，原自无声无臭，虚中本实，实中本虚矣，非惟柳心纳万卷、镜光如泡影而后征也。《易》为三才万理作大譬喻，反对环中，方圆费隐，莫破莫载，同时变化，几人现前耶？执目前之习见，而不能大观，偏蔽不化。一切反而观之，一切推而进之，则豁然矣。[1]

---

[1]   方以智著，张永义、邢益海校点：《药地炮庄》（修订版），第466—467页。

这些解释已经包含了方以智本人的学说，未必合乎惠施的本意。但它们指向惠施的"历物"说，应当是没有疑问的。

四、余论

由于惠施之书不传，他的"历物说"本义如何，已经永无答案。后世解释的有效性，端赖其自洽和合理的程度。仅仅斥其荒唐、无用，属于逃避问题。究竟应该从逻辑的角度解释，还是应该从物理的角度解释，也不妨留给学界继续讨论。我们这里关心的是，方以智对惠施的这种与众不同的评价，背后有什么特殊的原因？它是否有超出论题本身的意义？

首先让我们想到的，当然是方以智的学术取径。方氏喜博考，自少时已然，他的同乡兼好友钱澄之有过生动的描述："往予与愚道人同学时，窃见其帐中恒有秘书，不以示人，间掩而遽览之，则皆所手钞成帙。凡生平父师所诂，目所涉猎，苟有可纪者，无不悉载。即一字之疑，一音之讹，一画之舛，亦必详稽博考，以求其至是。"[①] 喜好寻根究底，深求物理之故，这种性格的特点使方以智天然地同情惠施，殆可想见。

其次，方氏这种"夙习"，除个性因素外，家学、师承也不能忽视。方氏四世研《易》，曾祖方学渐著《易蠡》，祖父方大镇著《易意》，父方孔炤著《周易时论》，方以智本人则有《易余》《东西均》等。易学之核心在于，究明天道以指导人事。而方氏易学所属的象数系统，更是认为天地间存在着普遍的秩序和条理，并且可以通过易象或易数揭示出来。方以智的老师王宣走的大概也是同样的路子，除了解《易》的《风姬易溯》之外，还著有《物理所》一书。方以智的

---

① 钱澄之著，彭君华校点：《田间文集》，黄山书社1998年版，第227页。

《物理小识》正是这位老师影响下的产物。探究易理，离不开"仰观俯察"，离不开格物致知。由下面这段话，就可知道方以智何以会对惠施之学情有独钟："《易》以象数为端几而作者也。虚理尚可冒曼言之，象数则一毫不精，立见舛谬。盖出天然秩序，而有损益乘除之妙，非人力可以强饰也……后人偷懒，而以虚言冒之，云不屑耳。愚民使由，不可语上也。高明得少畏数逃玄，正宜以实学欺不得者沉潜之，又得质建之正眼为万世鉴。若有此人，吾先下拜。"①

　　第三，方氏易学自以为"破天荒"的创见是"公因反因说"。此说与惠施的"历物"十条，也有一些接近之处。

　　方以智的第二个儿子方中通这样写道："《易》本以象数为端几，而神明其中，道器费隐不相离也。宋儒惟邵、蔡因数言理，亦无传……老父会通之曰：虚空皆象数，象数即虚空。神无方，准不乱。一多相贯，随处天然。公因反因，真发千古所未发，而决宇宙之大疑者也。"②对于"公因反因"，《仁树楼别录》有一个比较具体的解释："夫为物不二、至诚无息者，公因也。宇宙、上下、动静、内外、昼夜、生死、顿渐、有无，凡两端无不代明错行，相反而相因者也。公因在反因中。"据此可知，反因讲的无非是万物之对待关系，所谓"相反者相因"也。公因讲的是万物的统一体，即《易》所谓太极也。太极不离阴阳五行，故公因就在反因之中。道不离器，器不离道，一外无多，多外无一，皆此意也。

　　联系到惠施的"历物之意"，大小、生死、中倪、同异之对待，有似于方氏之"反因"；破掉大小、生死、中倪、同异之对待（"方生方死""方中方倪""毕同毕异"），有似于方氏之"公因"。"泛爱万物，天地一体也"，则有似于方氏之"公因在反因中"。当方以智说惠施

　　① 方以智编，张永义校注：《青原志略》卷三，华夏出版社 2012 年版，第 87 页。
　　② 方中通：《周易时论合编》跋，《续修四库全书》经部第 15 册，上海古籍出版社 1996—2003 年版，第 9 页。

"历物，皆以小大、长短、虚实互换，而显其道通为一耳"时，他心中显然有着公因反因说的影子。

最后，西方的传入也是一个不容忽视的因素。方以智随笔集《膝寓信笔》云："西儒利玛窦，泛重溟，入中国，读中国之书，最服孔子。其国有六种学，事天主，通历算，多奇器，智巧过人，著书曰《天学初函》。余读之，多所不解。幼随家君长溪，见熊公《则草》谈此事。顷南中有今梁毕公，诣之，问历算奇器，不肯详言，问事天则喜。盖以《七克》为理学者也，可以为难。"① 据此可知，方以智早年阅读《天学初函》时，不但从父执熊明遇那里获得过帮助，而且曾经亲自向传教士毕方济请教过历算之学。尽管在《物理小识》的自序中，方以智对泰西之学有所批评："万历年间，远西学入，详于质测而拙于言通几，然智士推之，彼之质测犹未备也。"但这种判断显然是建立在一定的了解基础之上。方以智急于获得西方质测之学的知识，与汤若望的交往，命儿子中通学天算于穆尼阁，都可以从这个方面来理解。这和当时坚持夷夏之辨的学者们完全不是一个类型。

有了西方质测这个参照系，再来反观惠施之说，理解当然也就不同了。惠施的"历物"不仅不是"逐物不返"，而且还属于"欲穷大理"的活动。此类近乎"商高之《周髀》，与泰西之质测"的学问，建立在核物究理基础之上，毫不可凿空而言，岂是那些"畏数逃玄，窃冒总者"所可比？方以智在表彰惠施之学的同时，批评的矛头早已指向晚明以来的空疏学风。

王夫之在评论方以智的学问时，曾经说过这样一段话：

> 密翁与其公子为质测之学，诚学思兼致之实功。盖格物者，

---

① 《膝寓信笔》收入方昌翰编《桐城方氏七代遗书》。该书还载有读金尼阁《耳目资》之事："今日得西儒《耳目资》，是金尼阁所著，字父十五，母五十，有甚次中三标，清浊上去入五转，是可以证明吾之《等切》。"

即物以穷理，惟质测为得之。若邵康节、蔡西山则立一理以穷物，非格物也。[1]

船山不愧是方以智的知己。他对"质测之学"的定位，甚至连方氏父子也未必如此清醒。如果"立理穷物"并非真正的"格物"，那么方氏父子的学问就不像他们自己所以为的，是对邵、蔡之学的继承。恰恰相反，这是一种把"物"作为观察、分析对象的新途径，一种接近于近代科学的新精神。

学术的转型常常在不经意间发生，思潮总是首先从单个人身上开始。方以智重评惠施之说，是否也可以看作是一种行将变化的征兆呢？

---

[1] 王夫之著：《搔首问》，《船山全书》第 12 册，岳麓书社 1992 年版，第 637 页。

第三编

"公因反因"说在方以智思想中的地位

一

"公因""反因"是方以智经常使用的一对术语。20世纪后半叶，这对术语因为和"一分为二"与"合二而一"之争有关，曾经引起过一些讨论。不过，由于政治的干扰，当时关注的主要是定性问题（属于辩证法还是形而上学），这对术语的内容、起源以及在方以智思想中的地位等，并没有引起足够的重视。

朱伯崑先生是大陆较早从易学角度解释这对术语的学者。他说：

> "公因"，指一切事物所遵循的秩序或法则，此法则永恒不变，故称其为"贞一"，此是取方大镇义。此处指序杂之纯。"反因"，谓既相反，又相成，称其为"因二"，此是取方学渐义。此处指各种对立的卦象。方氏认为，六十四卦是杂中有纯，纯即在杂中，所以说"反因之有公因"，"公因即在反因中"。此乃《序卦》和《杂卦》中卦序共同遵循的秩序和法则，故称其为"因二贞一之纲宗"。

方以智说的"因二贞一"和公因反因说，就其术语和思维内容说，都本于其家学，其任务是用来解说八卦和六十四卦的秩序。其子方中通于《周易时论》后记中说："一多相贯，随处天然。公

因反因，真发千古所未发，即决宇宙之大疑者也。然此方圆图为
统类万物之纲宗，则焉敢不以告同志也乎！"所谓方圆图，指邵
雍的先后图式所说的八卦和六十四卦的次序和方位，即卦象分布
的逻辑结构。此论未免过溢，但却道出了方以智相反相因说的宗
旨及其来源。①

　　朱先生这两段话是解释方以智关于《杂卦》的一段文字的，所以
读起来比较拗口。大致来说，他主要表达了三层意思：一是"公因反
因"说源于方氏家传易学，包括方以智的曾祖父方学渐、祖父方大镇
和父亲方孔炤。二是"公因反因"说主要是用来解释卦序的，包括八
卦和六十四卦的次序和方位。三是方中通"发千古所未发，决宇宙之
大疑"的说法包含着过度溢美的成分。

　　台湾张永堂教授同样从易学的角度看待这对术语，他说："公因反
因是方氏易学中极重要的观念。公因即一，反因即二。""方氏易学之
公因反因说一方面是针对明末学术界偏病，一方面则针对学术界虚病。
故一方面强调均衡调和，一方面则崇实反虚。"②张先生此说的根据在方
孔炤下面这段话："必表寂历同时之故，始免头上安头之病；必表即历
是寂之故，始免主仆不分之病。"换成"公因反因"或"一二"关系来
说，"即历是寂"相当于"反因之有公因""二皆本于一"，"寂历同时"
相当于"公因即在反因中""一在二中"。"头上安头"之病大概相当于
离二求一、离反因求公因，张先生称之为"虚病"。"主仆不分"之病

　　① 朱伯崑：《易学哲学史》第 3 册，第 460 页。这段话是对方以智如下说法的阐释："帝网
之珠，光光相摄，然不序之杂之，岂知反因之有公因，又岂知公因即在反因中，而决于善用乎？
序杂皆纯者，大受也。序之使知适当时位之正受也。杂之使知变中之正，犹适当也。夫圣人之反
复因衡人，以使寡过也，即天地自然之消息也。惟其不得自然，乃所以善享其自然。故先为决其
因二贞一之纲宗，然后使之研极以自决焉。"（《周易时论合编》卷十五，《续修四库全书》第 15
册，第 603 页）

　　② 张永堂：《方以智的生平与思想》，第 90 页。

大概相当于否定公因、有二无一，张先生称之为"偏病"。

朱张之后，庞朴先生是又一位重视"公因反因"说的学者。他在《东西均注释》的自序中说："譬如他的次子方中通在《周易时论》跋中便说：'老父会通之……一多相贯，随处天然，公因反因，真发千古所未发，而决宇宙之大疑者也。'弟子杨学哲在《禅乐府》跋中说：'吾师乎，吾师乎，公因反因，不二代错，激扬妙叶，真破天荒。'""这个所谓破天荒的、发千古所未发的、决宇宙之大疑者，这个被看成是方以智思想精华的公因反因说，主要便是在《东西均》和《易余》中提出并论证的。""方以智的公因反因说，和我们通常所见到的对立统一学说，有相同点也有不同点。二者相同之点是，统一物之分为对立的两个方面，对立双方既相反又相成，于是构成了宇宙万象。不同之点是，方以智比较强调一在二中，一参于二；因而万象便不仅是对立的二，同时还是统一的一，以及由这个统一的'上一点'与'下二点'所形成的三。"庞先生这段话前半部分强调了公因反因说是方以智的思想精华，后半段所说的与对立统一不同处，很接近于他自己晚年极力宣扬的"一分为三"说。

三位先生的说法对于我们理解方以智的"公因反因"说帮助很大，但也存在着一些疑问：一是方氏易学从方孔炤才开始转向象数之学，如果说"公因反因"主要是讲方圆图、六十四卦卦序的，那么是不是一定要追溯到方学渐、方大镇两人？二是方以智的学问涉及领域极广，他不同时期的著作都反复提到"公因反因"问题，用"解说八卦和六十四卦的秩序"来限定它是否合适？三是"发千古所未发，决宇宙之大疑"并非方中通的话，而是中通引述的方以智称赞方孔炤的话。[①] 姑毋论是否属于溢美，我们想知道的是，方以智为什么会给"公

---

①　方中通《周易时论》跋应如下断句：《易》本以象数为端几而神明其中，道器费隐不相离也。宋儒惟邵、蔡因数言理，而后亦无传。故胶腐者肤泥，掠虚者袭冒，谁信此秩序变化之符耶？胡康侯曰：'象数者天理也，非人力思量之所能为也。'我祖中丞公与石斋先生同西库，衍此

因反因"说如此高的评价？他究竟是在什么意义上说"公因反因"是一件破天荒的创见？

下面我们就结合相关文献，对上面几个问题尝试给以解释。

二

方氏家学开端于方学渐，到方以智这一代，已经是四世治《易》了。方学渐有《易蠡》一书，方大镇著有《易意》，可惜的是，这两本书都已失传，仅有少量的文字收录在方孔炤的《周易时论》中。

这些文字有个别条目涉及象数之学，如朱先生引用过的方学渐的这段话："艮坤贵体，而乾则大用藏体者也。用坤成物，而始终以艮。此四时周天，所以用三统乎！"[①]背后的依据就是邵雍所谓"天无体而以地为体""四分用三"[②]说。但这种情况很少，大部分内容都接近于义理派的说法。[③]

方孔炤治《易》最初走的也是父祖之路，只是后来邂逅黄道周，才改学象数学。方以智《周易时论》跋这样记载：

　　家君子自辛未庐墓白鹿三年，广先曾王父《易蠡》、先王父

（接上页）盈虚而研极焉。晚径通黄公之塞，约几备矣。老父会通之曰：'虚空皆象数，象数即虚空。神无方，准不乱，一多相贯，随处天然。公因反因，真发千古所未发，而决宇宙之大疑者也。'"（《周易时论合编》卷十五，《续修四库全书》第15册，第9页）

① 《续修四库全书》第15册，第180页。

② 邵雍《观物外篇》："天以一而变四（日月星辰），地以一而变四（水火土石）。四者有体也，而其一者无体也，是谓有无之极也。天之体数四而用之者三，不用者一也。是故无体之一，以况自然也。不用之一，以况道也。用之者三，以况天地人也。"

③ 方学渐是一名桐城诸生，曾从学于耿定向，《明儒学案》归入《泰州学案》。他最主要的作品是《性善绎》，该书的核心内容是捍卫性善论，反驳王龙溪的"无善无恶"说。方大镇的立场与其父非常接近，他给自己立下的一个任务就是弘扬家学，这从他的私谥"文孝"即可看出。方大镇曾经参与过首善书院的讲学，与东林高顾也有私交，他们都属于晚明盛行的"现成良知"说的批判者。

《易意》而阐之，名曰《时论》，以六虚之归环中者时也。又八年抚楚，以议剿谷城，忤楚相被逮。时石斋先生亦拜杖下理，同处白云库中，阅岁有八月，两先生翛然相得，盖无不讲《易》朝夕也。肆赦之后，家君子特蒙召对，此两年中，又会扬、京、关、邵，以推见四圣，发挥旁通，论诸图说。①

据此文，方孔炤著《时论》始于 1631 年，基本上是推广父祖之意。到了 1639 年担任湖广巡抚时，因失机被逮，刚好和黄道周共处刑部监牢，受黄道周的影响才开始重视扬雄、京房、关朗、邵雍等人的象数之学。

方孔炤本人的话也可以证实这一点：

黄石斋曰："学者动卑象数，故天道不著。圣人示人条派，如司徒搜狩，致众膰下，昼知其物色，夜呼之，名号不失。历律象数，圣人所以刚柔损益之具也。"余同西库而信之，归学邵学。殚力不及，以命子孙。②

末句提到的"西库"即上文的"白云库"，"归学邵学"显然是接受黄道周观点的结果。"殚力不及，以命子孙"虽是谦称，可能也属实情，毕竟象数历律属于专门之学，非朝夕之功所可奏效。这可以部分解释《时论》曾经三易其稿，直到方孔炤去世时仍未完成的原因。

从 1641 年出狱直到 1655 年去世，方孔炤在家乡过着隐居的生活，他的一项主要工作就是编订《周易时论》这本书。而"公因反因"也是在这个时期提出的。《青原志略》卷十收有方孔炤《寄怀笑峰大师

---

① 《续修四库全书》第 15 册，第 10 页。
② 《续修四库全书》第 15 册，第 162 页。

西江》诗，其中这样写道：

> 潜夫十五年，白鹿老庐墓。晚径披易图，破镜可以铸。公因藏反因，引触知其故。[①]

笑峰倪嘉庆是方孔炤的同年，曾一起被关在刑部大牢，明亡后披缁，皈依于觉浪道盛门下。潜夫是方孔炤的字，白鹿山庄是其晚年归隐处。诗中说，自己归隐十五年，从易图中悟出的主要道理就是公因藏于反因之中，以此"公因反因"之说引而伸之，触类而长之，可以推求天下万物之故。

方以智对"公因反因"说显然印象深刻，《药地炮庄》卷一称："老父在鹿湖环中堂十年，《周易时论》凡三成矣。甲午之冬，寄示竹关。穷子展而读之，公因反因，真发千古所未发。万物各不相知，各互为用，大人成位乎中，而时出之，统天乘御，从类各正，而物论本齐矣。"[②]展读父书，首先注意到的就是其"公因反因"说。《浮山此藏轩别集》卷一《书方虚谷序牧潜集后》称："环中老父，托孤杖门，公因反因，发挥午会，矗矗如此，竟无感者乎哉？可惜许！"[③]这是感叹公因反因说不为人周知的。《冬灰录》卷二"二月二十三设潜夫府君位上供"条称："我父晚径十五霜，公因反因开天荒。中五旋四悬天纲，准不乱享神无方。昼夜生死归大常，层楼奥室阳为堂，井瓢灶火传灯光。生生本无生，代明而错行。今日青原烧此香，时乘午会当阐扬。别峰酌水朝故乡，供养万世恩无疆。"[④]此条作于1665年，方孔炤已经辞世十年之久，方以智仍然没有忘记其父"公因反因开天荒"的贡献。

---

① 方以智编：《青原志略》，华夏出版社2012年版，第247页。
② 方以智：《药地炮庄》（修订版），华夏出版社2016年版，第147页。
③ 方以智：《浮山文集》，华夏出版社2017年版，第445页。
④ 方以智：《冬灰录》，华夏出版社2014年版，第154页。

支持方以智说法的还有下面这两条材料：

> 程子悟反对而舞蹈不已，环中堂表公因贯反因，而至诚无息于代错矣，人犹不感鹿湖小衍之恩乎？
>
> 藏一曰："环中堂公因反因，诚破天荒，应午会矣。愿请从《中庸》指之，以引诸士信证可乎？敢问如何是公因？"老人曰："不二无息。"问："如何是反因？"曰："代明错行。"①

这两条都出自于左锐的文字，第一条摘自《中五说》，第二条摘自《公因反因话》。左锐是方以智的好友，曾经帮助过方孔炤编著《周易时论》。文中提到的"环中堂"是方孔炤的别号，鹿湖是方孔炤隐居处，小衍与大衍之数（五十）相对，指的正是题目中的中五。两条材料都明确指出"公因反因"说属于方孔炤的创见。

由上面这些文献，我们基本可以确定，"公因反因"说的发明权理当属于方孔炤。

三

当我们说"公因反因"首先由方孔炤从易图中悟出时，还有一个情况需要指出，那就是方中通在《心学宗续编》中并未把此说列到方孔炤名下，而是把它放在了方以智的一卷中。这又该如何解释呢？

《心学宗续编》是对方学渐《心学宗》的续补。两书都分四卷，不同的是，《心学宗》摘录的材料从上古一直延续到泰州学派的王艮，《心学宗续编》则只收方家四代的文献，第一卷方学渐，第二卷方大镇，第三卷方孔炤，第四卷方以智。有关"公因反因"的文字，就收

---

① 方以智：《青原志略》，第126、363页。

在第四卷中：

> 有公因，有反因。公因在反因中，不以反因没公因。

> 请以屋喻。曰屋，总也。门牖梁柱，别也。门牖梁柱，无非屋也，同也。门非牖，柱非梁，异也。折之各一坏也，合之共一成也。是之谓六象同时。象固历然，而寂然者寓其中，即为寂历同时。各不相知，各互为用，各尽其分，各中其节，此同时适宜之故也。

> 请以火喻。曰火无体而满空皆火，钻燧击石则见，灰斗承之。用光在乎得薪，用薪在乎釜灶。致知犹钻也，扩充存养犹灰斗也，博约艺事皆薪也，情田学耕是各安之釜灶也，薪尽火传可以悟矣。

> 请以金喻。曰执矿为体者，误矣。金之本体，乃坚气也。冶之乃精，成器乃适用也。冶理、器理、用理，皆在坚气中。赤子可以为大人，大其赤子，良乃不失。

> 请以水喻。曰甘在水中，一盂皆水，一盂皆甘。而水之味则甘苦不及。不得谓之苦，正名为甘也。理在气中，教者正名为理，犹辩水之称其甘也。[①]

这五段话中，第一段是对方孔炤"公因藏反因"或"公因贯反因"说的展开，后四段则是四种譬喻。这种编排方式提醒我们，方中通的意思很可能是说，公因反因虽由其祖父首倡，但把此说发挥、推广，乃至于统摄一切学问，成为方氏易学标志的，则是由其父亲完成的。

对于第一段中的"公因反因"，方中通有一个附注可以帮助我们理解："阴阳、刚柔、昼夜、水火、内外、分合、一多之类，凡有两端交

---

① 方中通：《心学宗续编》卷四，《四库全书存目丛书》子部第 12 册，齐鲁书社 1995 年版，第 228 页。

几，皆相反，曰反因。两端皆互成，皆互用，曰公因。所以互成互用，仍在相反中，曰公因贯反因。"①意思是说，凡是对待的两端，就其相反而言叫反因，就其相成而言叫公因。相成就建立在相反之上，所以称之为公因贯反因。

四种譬喻，也都是方以智经常使用的说法。第一种"屋"喻，在《易余·反对六象十错综》篇有更详细的说明。这一篇的开头部分首先解释了六象同时之义，然后在文末用太极八卦的关系为例，说明"统""辩"即属于公因反因的关系："何谓六象？曰统、曰辨、曰同、曰异、曰成、曰毁是也。辟之宅然，合门牖堂室而号之曰宅，此统天之总也，统象也。分宅之中所曰堂，堂之内可入者曰室，堂室之帘可出入者曰门，开壁纳光者曰牖，此辨名之别也，辨象也。门牖，宅之门牖也；堂室，宅之堂室也，同象也。堂自堂，室自室，门自门，牖自牖，异象也。堂兼室，室兼堂，门兼牖，牖兼门，此宅之成象也。栋梁不可为阶壁，阶壁不可为栋梁，此宅之毁象也。毁宅之中，具有成象。成象之中，具有毁象。同不毁异，异不毁同。统不废辨，辨不废统。即一宅而六者同时森然、同时穆然也。"②"太极者，统也。六十四、七十二者，辨也。统辨中之同异成毁，同时不相废也。六子皆二老也，八八皆太极也，同也。二老自生六子，而八卦自相因重也，异也。毁坎成离，而坎未尝毁。毁离成坎，而离未尝毁。毁后天成先天，而后天未尝毁也。毁先天成后天，而先天未尝毁也。统者，公因也。辨者，反因也。有统与辨，反因也。无统与辨，公因也。公因之在反因中，更何疑乎？"③

第二种"火"喻，《易余》中专门有一篇叫《薪火》。这篇目录部分说："火附于薪，道游于艺。即博是约，一多相贯。"正文中说："石

① 方中通：《心学宗续编》卷四，《四库全书存目丛书》子部第12册，第228页。
② 方以智：《易余》（外一种），上海古籍出版社2018年版，第78页。
③ 方以智：《易余》（外一种），第80页。

火不击，终古石也。然无灰斗以扩之，石虽百击，能举火耶？""空无非火，火无非烧，而除其桑薪，禁其吹薤，几时各安生理耶？"和《心学宗续编》的说法大同小异。

第三种"金"喻，见于《易余·孝觉》篇："大人不失赤子之心者，致其所以知慕而乃不失也，岂韫火于不钻之木，枵腹待养，而藏金于不销之矿，束手望器乎？如曰不藉人益，不受人损，则教之以大人之学为害赤子矣。尘沙与金屑不可入目，此喻其本明也，世之执此也，以明之不可益，而罢去翳之药，则明宁可复耶？枸实兔丝，何妨于益？马矢之熏，谓能不受损乎？以赤子之乳与褓皆为人益而却之，以听其壮，则能以赤子终者寡矣。"这段话接近吴应宾《宗一圣论》的说法。

第四种"水"喻，可以参考《青原志略》卷十三之"兼室决语"："辟之水然，全盂是水，此水之质也。或言全盂是润，可乎？或言全盂是清，可乎？或言全盂是光，可乎？或言全盂是甘，可乎？或言水之味非甘苦之所能到也，谓之无甘无苦，可乎？或言水之清虽入污淖而水性自如故也，可乎？因而质正之曰，水之本甘，非世间五味之甘，然不得谓之苦，决曰无甘无苦谓之至甘，可乎？清非浊所能失，谓之清统清浊，可乎？虽曰清非浊所能失，然正用以瀹茗和羹，必取清水，不则矾澄之火洗之，可乎？抑将曰牛溲马浡有时救渴，而谓瀹茗和羹不必清水也，可乎？凡此诸说，皆无在无不在者也。曰无在、曰无不在，即相反矣，何待执润、执清、执光、执甘之说各伸其是而淆讹耶？时取一说，以解人之执，古有之矣，实则本不相碍者也。有言治事者，有言治心者，有言消心者，有言心之所以为心者，有言天地人物之故者，有言用物者，骤而闻之，言人人殊，正用时宜，经权中节，知其故而因是，皆万古不坏者也。"

四种譬喻中，只有"屋"喻直接提到了"公因反因"，其他三种甚至都没有出现这几个字样。不过，没有提到不意味着它们讲的不是

"公因反因"问题,从《心学宗续编》的这种编排看,方中通显然认为火喻、金喻、水喻都是解释公因反因说的例证。

下面的材料是方以智著作中直接提到"公因反因"说的例子,它们可以帮助我们了解此说在方以智心目中的地位:

（1）或问:"水火反因,可得详乎?"宓山愚者曰:"冷热,其本情也。干湿,其所就也。水内景,火外景。水有体,火无体。火用之而多,水用之而少。皆相反也,实相因也。[①]

此条见于《物理小识》卷三"水火反因,人身尤切"条,主要说明水火之相反相因。

（2）药知其故,乃能用之。反因约类,尽变不难。（中通曰:公因,一也。反因,二也。此方氏之易学真破天荒,一切皆然,即医可以取证。）[②]

此条亦见于《物理小识》卷五"何往非药"条,下附方中通的一则小注。

（3）夫为物不二、至诚无息者,公因也。宇宙、上下、动静、内外、昼夜、生死、顿渐、有无,凡两端无不代明错行,相反而相因者也。公因在反因中,无我备物,孰能逃此范围哉?[③]

---

　①　方以智:《物理小识》卷三,文渊阁四库全书本。《物理小识》虽为早年作品,但刻板前一直有增补,并不能证明"反因"的说法出现很早。

　②　方以智:《物理小识》卷五,文渊阁四库全书本。

　③　方以智:《青原志略》,第77页。

此条见于《青原志略》卷三之《仁树楼别录》，"至诚无息""代明错行"皆出自《中庸》，可以说是借《中庸》来说明公因反因说的。

（4）《易》妙公因贯反对之因，所谓待中绝待，代错之恽本如是也。世出世法舛驰，惟此妙叶乃可合统，乃可知合而分任之。[1]

此条亦见于《青原志略》卷八"致青原笑和尚"，乃是主张用"公因反因"说处理世间和出世间的关系。

（5）愚者尝言万法皆两端交纲，两端皆相反、皆相因，而公因贯乎其中。人尚不信两间万古之皆两端，又况扫两见一，又况一二俱泯，不二不一之故，又况二不是一，二即是一之故，又况一二之泯于千万动赜中，随举皆具者乎？[2]

此条见于《冬灰录》卷一《五位纲宗》，是借公因反因说发挥曹洞宗正偏五位说的。

（6）有事勿正、勿忘、勿助，正恐其梦无事窟，求休歇也。不得管带，不得忘怀，即是此事。行无事者必有事，即透彻交际之反因，而受用一贯之公因。[3]

此条见于《一贯问答》，是用"公因反因"说解释孟子"禹之行水也，行其所无事也"和"必有事焉而勿正心"这两段话的。

---

① 方以智：《青原志略》，第 188 页。
② 方以智：《冬灰录》，第 140 页。
③ 庞朴：《东西均注释》（外一种），中华书局 2016 年版，第 436 页。

（7）尝曰知公因在反因中者，三教百家、造化人事毕矣。然语及相因者相反，相反者相因，何其骇人哉？一分以自偶，偶本同出而还以相交。交则立体，因以象名。象无不对，对无不反，反无不克，克无不生，生无不代，代无不错，错无不综，综无不弥，弥无不纶。有一必有二，二皆本乎一。天下之至相反者，岂非同处于一原乎哉？可以豁然于二即一矣。盖常一常二，而一以二用者也。[①]

此条见于《易余·反对六象十错综》，认为只要明白公因在反因中这一道理，三教百家、造化人事，天地间的一切事物都可因之而通。

（8）吾尝言天地间之至理，凡相因者皆极相反。何其颠倒古今而臆说乎？此非我之臆，天地之臆也。佛言三因，得此反因，横竖八觚皆明矣。[②]

此条见于《东西均·反因》，强调"反因"对于理解天地万物变化的意义。

这些著作大都作于中晚年，它们如此强调"公因反因"对于理解天道人事的意义，说明这对术语对于方以智来说确实具有举足轻重的意义。

四

最后一个问题是，方以智为什么称"公因反因"为"发千古所未

---

① 方以智：《易余》（外一种），第 76 页。
② 庞朴：《东西均注释》（外一种），第 133 页。

发"破天荒"？博学如方以智，他岂有不知张横渠"一故神，两故化""两不立，则一不可见。一不可见，则两之用息"①，朱子"《易》言'太极生两仪'，一生二也，所以大衍之数虚一。周子言'太极动而生阴，静而生阳'，则一在二中"②这类说法的？即便谈《序》《杂》之意，前人也早已说过"《序卦》之意，有以相因为序，如《屯》《蒙》《需》《讼》是也；有以相反为序，如《否》《泰》《同人》是也。天地间不出相反相因而已"③之类的话，方孔炤并非第一个说出"相反相因"这种话的人，方以智何以仍称其父的"公因反因"说是破天荒的创见？

对于这个问题，个人觉得，《周易时论图象几表》卷一下面这段关于太极冒示的话也许可以给我们一些启示：

潜老夫曰：不得不形之卦画，号曰有极。而推其未始有形，号曰无极。因贯一不落有无者，号曰太极……诸子各高其幢，情伪日出，因有酷塞以愚民者，因有离畸以詑民者。匿则大惑，学士巧遁，安得不明此不落有无之确征，使人安天地之当然哉？**有开必先，时也**。周子合无极与阴阳而明太极，人未亲切也。邵子合无极与有象而明道极，为无体之一，又曰有无之极，又曰心为太极，而人犹未亲切也。程子曰"体用一源，微显无间"，有亲切者乎？朱子曰"自一阴一阳而五行之变至不可穷，无适非太极之本然。太极不杂乎阴阳，不离乎阴阳，一而二，二而一者也"，有亲切者乎？自有而推之于无，自无而归之于有，此不得不然之示也。然必表寂历同时之故，始免头上安头之病；必表即历是寂之故，始免主仆不分之病。于是决之曰：不落有无之太极，即在无

---

① 《张载集》，中华书局1978年版，第10、9页。
② 朱鉴编：《朱文公易说》卷一，文渊阁四库全书本。
③ 丁易东：《周易象义》卷十六引吕大圭语，文渊阁四库全书本。

极、有极中，而无极即在有极中。人值此生为不落有无之有，犹时值日中为不落日夜之日。圣教惟在善用其当有者，有物有则即无声臭，何容作有无之见乎？故深表两间之所以然曰太极，而太极之所以然原自历然。

这段话中开头的"潜老夫"是方孔炤的自称，但他的话到何处为止，我们并不清楚，里面也许有方以智增补的文字。但不管怎么说，在讨论有极、无极、太极以及寂历同时这些与"公因反因"说密切相关的术语时，它特别提到周子、邵雍、程子和朱熹的话作为"有开必先"的例子，说明方氏父子仍然承认他们的主张远有端绪，并非真的是前无古人的创举。所谓"发千年所未发""破天荒"，可能只是强调周邵程朱之后，"公因反因"所揭示的道理一直不被重视，直到他们父子才把这一"决宇宙之大疑"的创见发扬光大而已。

对方以智来说，利用"公因反因"说解释"三教百家、造化人事"，也的确使他提出了很多与时人不同的主张。以前述四喻中"屋"喻为例，因为主张"六相同时"，他对王阳明的"三间"之喻始终持有保留态度，他说：

《浮山闻语》曰："新建三间之喻未也。明堂必南，而为天地理其家事者也。北奥者，守黑者也。骑危者，虚空座也。尊主者曰屋以栋为主乎，辨实主者曰屋以基为主乎，两扫者曰栋与基皆非也，屋以虚空为主者也……故曰时乎屋而屋处，不必以檜巢营窟之虚空废四阿两下之虚空也。时乎晦息则奥，时乎诵读则牖，时乎治事享客则堂，时乎出门而游四方，方皆寓奥牖门堂之基与栋焉。灶也，榻也，几案也，秽则洒扫之，漏则修葺之，缺一不可者也。时其时，位其位，物其物，事其事，是虚空之中节也，是不落有无之屋理也，君子明其当不当耳。各当其当，斯大泯矣。”①

依此说，明堂、北奥、栋梁、地基、灶榻、几案合而共成一室，它们各各不同，也各有其用，缺一不可。同样道理，三教圣人虽然门庭各别，但都不过是因时因地设教方便而已：“不通天地人之公因，即不知三圣人之因，即不知百家学问异同之因，而各护其门庭者各习其药语，各不知其时变，何尤乎执名字之拘拘也？”三圣人都是对天地人之公因的认识，分别研求为专门之学，合起来相补相救才能成为大宗，所以结论就是三教百家各有其是，不必互相排斥。

其他三喻也大体如此。如从火需要钻和养才能不灭，方以智联想到的是致知与存养、博文与约礼皆不可偏废。金需要冶炼才能成器，方以智则把它引申到赤子虽有良知良能，但也需要节养方可成为大人。水本身是无味的，但人们却乐意称水为甘而不是苦，此甘是不落甘苦之甘，与甘苦对待的甘涵义已经不同，方以智由此联系到的是至善统善恶、真阳统阴阳、大一统万一、至理统理气。②致知与存养、良知现成与否、善与至善等都是晚明以来理学家们争论的大问题，方以智实际上通过“公因反因”说给出了他自己的看法。

除此之外，“公因反因”说还有一个绝大的作用，它在某种程度上帮助方以智认清了自己的遭遇和责任：

吾每绎子思代明、错行二语，而悟相害者乃并育也，相悖者乃并行也。子思知而正告，何何氏痛决其几：彼谓仁义即杀夺，何谓非至理乎？以始乎仁义，后必杀夺也。特圣人不以杀夺而废仁义、不立仁义，而令民忘之。忘仁义不忘嗜欲，嗜欲之杀夺尤

① 《周易时论合编》方中履跋引。
② 方以智：《易余》，第122页。

速。知其杀夺而救杀夺者，仍是仁义也。假仁义以为杀夺，亦所以为救也。有小人乃以磨砺君子，刀兵祸患为有道之钻（钳？）锤。故曰：危之乃安，亡之乃存，劳之乃逸，屈之乃伸。怨怒可致中和，奋迅本于伏忍。受天下克，能克天下。欲取姑与，有后而先。[①]

既然相因者皆极相反，那么造化人事中相害相悖如刀兵水火就必不可免，关键是如何对待这种杀伐祸患。仁义可能造成杀夺，但不能因为有杀夺就放弃仁义。没有小人就没有君子，但不意味着君子可以与小人同流合污，而应该把小人当道看成是对自己的磨砺。对于有道者来讲，刀兵祸患虽然无所逃遁，但也正是对自己的锤炼。

当写下这些文字之时，方以智正身处刀兵水火杀伐不止的乱世，自己又不得不逃禅避祸。高谈"公因反因"说的意义，虽是表彰父德，但也未尝不可以说是给自己的抉择提供一种理据。

① 庞朴:《东西均注释》（外一种），第137页。

《青原志略》成书考

　　《青原志略》十三卷，旧题"僧大然撰，施闰章补辑"。然考其序言及正文，实成于方以智之手。此书关乎方氏晚年生活、清初儒佛交涉等处颇多，其学术意义并不仅限于所收密之诗文数十篇也。[①] 故略为考其成书之过程，以供研究方氏学行者参考。

一

　　《青原志略》，又名《青原山志》或《青原山志略》。正文十三卷，卷首一卷。《四库全书总目》有著录，其提要曰：

　　　　青原志略十三卷（两淮马裕家藏本），国朝僧大然撰，施闰章补辑。大然始末未详。闰章字尚白，号愚山，宣城人。顺治己丑进士，官至江西布政司参议。康熙巳未，召试博学鸿词，授翰林院侍读。青原为吉州名胜，自唐行思禅师开山说法以后，遂为巨刹。至明，王守仁、罗洪先、欧阳德诸人于此讲学，故第三卷特

---

　　① 由于方以智曾主青原法席，故考究其晚年思想者，多很重视《青原志略》一书。不过，因此书编纂刊刻不明而导致的误解也有不少。余英时先生曾指出任道斌《方以智年谱》引用《志略》的错误（《方以智晚节考》增订版，生活·读书·新知三联书店 2004 年版，第 195 页），而余著本身从《志略》所辑录的方以智诗文，也有失收之处。

立书院一门，略记当时问对之语。而所采录，皆理之近于禅宗者，则缁流援儒入墨，借以自张其教也。[1]

此后各家书目，多沿袭四库成说。如阮元《文选楼藏书记》卷一云："《青原山志略》十三卷，国朝侍读施闰章辑，宣城人，刊本。是书因释大然原稿，加以删订。山为七祖所开道场。"[2]丁仁《八千卷楼书目》卷八称："《青原志略》十三卷，国朝释大然撰，施闰章补辑，刊本。"[3]

四库此篇提要，纯属应付之作。称"大然始末未详"，显与该书内容相矛盾。《志略》卷2为僧传，有笑峰大然禅师的长篇传记。卷四"碑铭"则收录张贞生《青原笑峰禅师衣钵塔铭》，更明确提到大然即前明进士倪嘉庆："师法讳大然，号笑峰，一名函潜。俗姓倪，讳嘉庆，字笃之，别号朴庵，再号遽庵……天启辛酉举于乡，壬戌进士，累官户、兵二部正郎……甲申南渡，起官秉铨衡，所引复皆天下宿望大臣。改户科给事，以误国劾枢辅，寻病免。"四库馆臣能够注意到卷三"书院"中《传心堂别录》一文，没有理由看不到前后两卷之内容。

一种可能的推测是，四库馆臣非不知也，乃故作不知也。所谓"省一事，胜多一事"（方以智语，弘庸《药地炮庄》序引），点明"大然"即是一度任职南明弘光小朝廷的倪嘉庆，可能会惹来许多不必要的麻烦。更何况此书中还有许多涉及药地愚者方以智的内容（方氏之《浮山全书》《浮山文集》等皆入禁毁之列）。

① 永瑢等撰：《四库全书总目》，中华书局1965年版，第670页。
② 《四库未收书辑刊》第1辑，第30册，北京出版社1997—2000年版，第605页。
③ 《续修四库全书》第921册，上海古籍出版社1996—2003年版，第174页。

二

披读卷首之数《序》，可知此志之编虽始自笑峰，但于全书之完成，方以智出力独多。时人也多径称此书为密之所作。

第一篇序，出自施闰章之手：

> 前十余年，笑公始创为《山志》，属草未竟，其徒因而增辑……余尝芟其十一，病未卒业。会药公来是山，故以归之，出其余力，搜括岩穴，网罗旧闻以纪……其先后编校相助有成者，则陈伯玑、宋商玉、郭入同诸子之力与焉……药公之志是也，宁惟夸诩山灵已哉？①

愚山此序作于康熙己酉（1669），上推十年为顺治己亥。此时笑峰大然正代其师觉浪道盛，主青原法席。笑峰住山凡三年，建阁置地，为功甚大。可惜的是，顺治己亥也是觉浪道盛示寂之年。笑峰闻讯，曳杖南奔，并于第二年（1660）的四月十六日病逝于南京。②所谓"属草未竟"，盖因此也。施闰章任职湖西道，始于顺治辛丑（1661），迄康熙丁未（1667）而止。志稿原本即由笑峰门人所辑，增补之后，送呈施闰章删修，自不出此数年之间。康熙甲辰（1664）冬至，应庐陵县令于藻等请，方以智正式入主青原。施闰章又把编志之事转托密之，故志书才最终完成于密之之手。

愚山提及之助编者三人：陈伯玑，字允衡，建昌南城人，国变后长期漂流在外，康熙癸卯（1663）始返江西，施闰章为之卜筑而

---

① 施闰章著：《青原山志略序》，《青原志略》，华夏出版社 2012 年版，第 1 页。

② 张贞生《青原笑峰禅师衣钵塔铭》称大然示寂于"康熙己亥四月十六日"，乃偶尔笔误也。"康熙"当更正为"顺治"，"己亥"当改为"庚子"，实为顺治十七年，公元 1660 年。参见任道斌：《方以智年谱》，安徽教育出版社 1983 年版，第 214 页。

居。① 郭入同即郭林，乃方以智之弟子，追随密之住青原山多年。②《志略》卷三之《传心堂别录》《仁树楼别录》皆出自其手。宋商玉，名之鼎，虽不能确断为密之弟子，但从其诗作看，与密之交往亦极密。《志略》卷一一收有商玉二诗，一题曰《宿青原侍愚大师看月》，另一首《次刘须溪青原韵》则有句："我向铁函搜逸简，谁怜笔管泣悲笳？"此与志书之编纂颇相吻合。从其引用有宋遗民郑思肖铁函之事来看，商玉与密之一样具遗民之志，自不在话下。

第二篇序的作者为黎元宽，他的说法是：

> 药地老人行其《青原志略》而属宽序之，又使洪浪兄固之，岂以兴公之任赋天台也，而可无身至之乎？……今《志》属草创于笑公，而大扬搉于愚山使者，即此皆可明儒佛之通，而益知山中人之非山中人也。③

黎元宽，字左严，号博庵，南昌人。成进士早于方以智十余年，但由其法名兴远来看，反而辈分要比方以智低。④ 与施序相比，黎元宽显得直捷得多，他明确把《青原志略》归为方以智的作品。

许焕和于藻两序也有近似的说法：

> 要之，青原以思公而传，得诸名贤之题咏而益传，得愚大师以大手笔备载文迹而益盛传。所谓山水以文重，尤以人重，岂不

---

① 王士禛著：《池北偶谈》卷一一"陈伯玑"条。余英时《方以智晚节考》第 190 页引有此文。

② 方以智著：《随寓说》，《青原志略》卷五，第 130 页。

③ 方以智编，张永义校注：《青原志略》，第 2 页。

④ 黎元宽曾应方以智邀请，为《天界觉浪盛禅师全录》作序。见《嘉兴藏》第 34 册，第 791 页。

信哉！①

　　笑峰大师曾创一稿，愚山先生携之去，捃摭未就，乃以属药地大师。师令门下士搜讨遗逸，而积录之，山水道场，文事风物，高深大小，统类森罗，凡十有三卷……嗟乎！使先君而在，披读此《志》，摩娑卷帙，与故人握手，其快为何如耶？②

　　许《序》并未提及笑峰之草稿，径称"备载文迹"者为愚大师之大手笔。于藻虽提及笑峰与愚山，但"统类森罗"之十三卷，显然多得自于药地之门下士。"与故人握手"，所指也只能是方以智，因密之才是于藻之父于奕正之旧友。③

　　最末一序为王辰所作：

　　庐陵旧未有志，止嘉靖间一帙，缺首尾，漫漶不可读，青原事更无睹记者，分守施公愚山、于邑宰慧男怃然悚然。大夫、文学合辞同请曰："书成有时、有人，时难得，人难遇。无垢格物，大慧物格，耦居无猜，独何俟与？"于是老人为发凡例，各从其类，涉兹山者罔或遗……斯《志》也，可谓大成之集矣。④

　　王辰此序仅见于清抄本（收入台湾《中国佛寺史志汇刊》第3辑第14、15册）。所云"老人为发凡例"，即指卷首《发凡》数则。康熙刻本计分道场、山水、僧传、书院、文章、诗歌、杂记七条，无作者标识。而清抄本于七条之外，尚有"法产"一项，末附"浮庐愚者"

---

　　①　方以智编，张永义校注：《青原志略》，第5页。

　　②　方以智编，张永义校注：《青原志略》，第6页。

　　③　于奕正，字司直，宛平人，《帝京景物略》的作者之一。方以智崇祯末年任职北京时，与之有诗唱和。

　　④　此序载于清抄本，见杜洁祥主编：《中国佛寺史志汇刊》第3辑第14册，台湾丹青图书公司1985年版，第28页。华夏《青原志略》已补入。

识语一则，与壬辰之序正相印合。其言曰：

> 青原志稿为久昌、芝颖所编，就净居柱壁存者耳。施少参持
> 去订正，付伯玑谋梓，未得卒业，复还青原。施公意收山之四周，
> 惜此方文献缺略，征考为难。年来游屐已遍，托人采获，幸收一
> 麓，姑作《发凡》，令从游能笔者叙录焉。后有览者，人固有所以
> 藏之山川者，不必鼓舟惊负走也。浮庐愚者识。[①]

久昌兴桂、芝颖兴化皆笑峰门人，所编《志稿》仅就"净居柱壁
存者"，内容显然单薄。施闰章建议扩大编录范围，所谓"自螺川而望
东南，其青青者皆青原也"（密之语），山之四周皆在拟收之列。方以
智"托人采获"，并作《发凡》，始有今日所见《志略》之全貌。[②]志
书之惯例，自是后来者居上。《志略》一书，径称方以智所编，并无任
何问题。事实上，密之中子方中通就是这样说的：

> 呜呼，痛哉！今日过药树、法荫、归云、晚对、别峰诸处，
> 触目皆先人之创造、遗笔在焉。至为杖人翁刊《全录》，为笑老人
> 建衣钵塔，成《志》书，免里役，凡百完备，而奉之同门，又其
> 主青原之逸事也。[③]

据此而论，言《志略》之编者，仅及笑峰和愚山而不提方以智，
可乎？

---

① 方以智编，张永义校注：《青原志略》，第16页。

② 需要说明的是，芝颖兴化也参加了《志稿》的后期工作，只是此时的发凡、统筹者已改
成了方以智。有兴化自己之言为证："药地老人至，化为纪录侍者，复搜出宋、元、国初诸公笔
墨。"（《青原山志缘起》）可惜的是，兴化去世较早，无缘见到志书之完工。

③ 方中通《哀述》诗自注，参见《浮山文集》附录，华夏出版社2017年版，第576页。

三

《志略》从始创到成书，共持续十余年。哪些是初稿，哪些是新增，虽难判断，但并非全无头绪。细按各卷之内容，粗估前后之篇幅，对全书编撰之过程的了解来说，应该会有帮助。

《志略》全文除序言外，共计十六万言。正文十三卷，篇幅有长有短。各卷卷前皆有编订者姓字。

第一卷为"山水道场"，题曰"青原山笑峰大然编稿，愚山居士施闰章补辑"。此卷共一万一千字左右，内容多关乎寺院、道观、泉石、亭台等。安隐、净居、祖塔、墨宝之类，可信为旧稿所存。山之四周如永和、黄原岭等，当为后续，盖因得之于愚山之建议也。"堕石字""钓台""小三叠""谷口别峰""青原峰别道同说"诸条，皆可定为新增，因为它们都与方以智有关。笑峰和尚在世时，既未发现"小三叠瀑布"，亦未建成"三一堂"（谷口别峰），当然也就不可能有陈鸣皋为该堂所作的《青原峰别道同说》。最奇者在于，此卷收有"断碣塔室"一条。此室乃方以智为笑峰和尚所建衣钵塔，笑峰自己断乎不可预先"编稿"。不得已，我们只能相信出自愚山居士之补辑。

第二卷为"僧传"，题曰"笑峰门人兴桂久昌编，春音居士于藻慧男较"。此卷内容独少，才六千余字。其中，笑峰传记一千八百字，所附纪环山僧传一千五百字，二者皆可定为新增。青原虽贵为行思道场，但自宋以后，祖庭冷落，有史可查之驻山者不过齐、信、如、立数辈。此山之重兴，实藉明代王门之会讲，本寂、笑峰、药地之驻锡。除此数人外，其他实无可纪也。笑峰原稿若有此卷，内容当不出剩余之两千八百言。

第三卷为"书院"，题曰"吉州后学刘洞雪林、王愈扩若先编"。此卷仅收文四篇，但字数却不少，共计一万八千余字。两位编者与笑峰有否交涉，不得而知。但《志略》下文却有他们与方以智往来的记载。卷六收有传笑《与刘雪林》书，特别建议刘洞"公既赏《庄》而读《易》，何不以《炮庄》激扬、以易几征格之乎？特奉一部，并致商贤。还当久住青原，获真益也"。卷一一收有王愈扩《呈性海公〈青原遗稿〉》诗，由其诗句"心天无内外，笑入药师笼"，可知所呈之人正是药地方以智。

另外，据四篇文章之内容，亦可判断此卷编于笑峰大然之身后。第一篇《传心堂约述》，文末题曰"守馆门人郭林录"。第二篇《仁树楼合录》，编录者为郭林和方兆夼。传心堂、仁树楼皆施闰章所修，建成于方以智入主青原之后。由此可知，郭林所录此两文，不能早于康熙甲辰（1664）。而笑峰早在数年前就已经去世。第三篇为宋商玉之《青原藏书议——上守宪施愚山先生》，第四篇为方中履之《青原山传心堂翼楼乞书公启》。从标题即可知道，它们都与施闰章青原修造有关，晚出就更无疑问。

第四、五卷分别为碑记和序说。编者皆署"笑峰门人芝颖兴化"，校订者则署"春音居士于藻慧男"。碑记卷收文十三篇，一万二千余字。除末三篇张贞生《青原笑峰禅师衣钵塔铭》、施闰章《青原毗卢阁碑记》、孙晋《药树堂碑文》（合计四千二百字）外，其他各篇属于初稿的可能性较大。序说卷收文十七篇，合柱题共一万一千字。除首六篇（合计三千三百字）外，其余诸篇皆属新增。《送愚者归青原序》的作者余飏为方以智之师，《中五说》的作者左鐏为方以智之友，《纲宜易简说》的作者方中履为方以智少子，其他八篇则出自方以智本人之手。比较有趣的是，所收方以智短文《芝颖化禅师〈青又庵遗语〉序》，显系兴化去世之后所作，卷前亦标"芝颖兴化编"。这与卷1收笑峰衣钵塔，可以同例视之。

第六卷为"游记"，题曰"青原山大然笑峰辑，豫章陈允衡伯玑订"。此卷收文二十篇，计一万两千余字。除首四篇（合计一千五百字）时间稍早，可能为旧稿所有外，其他十六篇皆属补增。此卷收有方以智游记数篇，包括《青原山水约记》《青又记》《游永和记》《青原得瀑记》。李元鼎长文《青原山观瀑小记》显然成文于密之发现"小三叠"瀑布之后。

第七卷为"疏引"，题曰"笑峰门人久昌兴桂编，春音居士于藻慧男较"。此卷内容主要关乎寺院、讲堂之修造，作者多为前贤大德如胡铨、郭子章、邹元标、憨山德清等。所收十八篇文字、一万余字，可信皆为初稿所有。

第八卷为"书信"，题曰"笑峰门人兴化芝颖编、春音居士于藻慧男较"。此卷收书二十四通，一万零五百字。前五书的作者分别为刘将孙（元）、王畿、欧阳德、方大镇、道盛，然后是笑峰大然三书。其余十六书（合计七千五百字），皆与方以智有关。这十六篇文字颇有助于了解密之晚年行踪及思想之动向。

第九至一一卷为"诗歌"。题署皆为"笑峰门人兴化芝颖编，豫章陈允衡伯玑甫订"。所收诗篇数百首，合计字数四万两千，约占全书四分之一。其中，卷九（一万四千字）除补遗部分个别篇外，全部为前人之作。卷十（一万五千字）之小半，与笑峰有关。其余部分，多属学生旧友与方以智唱和之作。卷一一（一万三千字）全部为晚出之作，除游兴外，多与探访、怀念方以智有关。据此可以判断，笑峰旧稿所收诗歌当不超出现有篇幅的一半。

第一二、一三卷为"杂记"。"法产"附于一三卷之末。编者计四人，皆题曰"药地学人"。其中郭林入同、吴云山舫署名于卷一二，胡映日心仲、方兆兖乘六署名于卷一三，全部文字合计约一万五千字。就内容来说，这两卷所记者颇庞杂，既有史迹之考订，又有法语之开示，既有寺院之经营，又有官府之文告。但从书籍之编纂来考虑，它们皆属后来之增补自无疑问之余地。

依据以上之统计，粗略估算一下，笑峰初稿当不超出六万言，方以智新增者则有十万字左右。就此而言，谈《志略》之编者，仅及笑峰及愚山，又怎能称得上是公允之论呢？

四

　　既然《志略》最终成于方以智之手，那么四库以下诸目何以竟只字不提密之的大名呢？

　　对于这个问题，个人颇疑《志略》一书之初刻，只有分卷之编者，并无全书之署名。现存《志略》之版本，据笔者所知，仅有《四库全书存目丛书》史部第 245 册所收之康熙刻本，及台湾《中国佛寺史志汇刊》第 3 辑第 14 册所收清抄本。二本皆影印正文，无封面之题识。国图所藏称封面题曰"青原山志略"，编者正与四库之说同。而四库提要所谓"国朝僧大然撰，施闰章补辑"，似即从卷一之题署"青原山笑峰大然编稿，愚山居士施闰章补辑"而来。需要说明的是，"国朝"二字显系四库馆臣所加，方以智等人决不同意如此署名也。后此者沿袭四库之成说，此书之编者终于与密之无关了。

　　不署全书编者之名，犹有说焉。《志略》之刊刻，当在康熙己酉、庚戌间（1669—1670）。施闰章序作于己酉三月，于藻序作于同年夏天。于藻又是此书之捐刻者，《存目》所称"康熙八年刻本"，根据当在于此。不过，序作之时并不意味已经雕版。始雕之日，也不必是成书之时。《志略》卷一之"法荫堂"条称："始于己酉，终于庚戌，巍然亘荆树之前矣。"卷一三之"青原寺田新立僧户碑记"署曰"康熙九年，岁次庚戌，七月谷旦"，"两学呈堂"条所收批文署曰"康熙九年八月初六日"。这些都是发生在施、于两序写成之后第二年的事。康熙十年三月，"粤案"事发，密之及中子方中通两地被逮。十月，密之亡故。直到十一年的冬天，其灵柩才被允许送返桐城。[1] 当此死生存亡之

---

[1]　任道斌：《方以智年谱》，第 282 页。

际,《志略》之刻版是否完工,有否流通刷行,一切皆在未知之中。假若此时书未刻成,虽刻成而尚未流通,不署方以智之名,自是情理之中的事。密之著作《通雅》《物理小识》《药地炮庄》等,皆在案发之前数年刻成。《浮山文集》等,则在身后由三子合编,后皆入禁毁之列。唯有《志略》刊刻时间,与这场事关生死的风波最近,其题署与刊行不受此事之影响,反倒有点奇怪了。就此而论,刻本《发凡》中,偏偏少了末尾自报家门的两段,是无意的疏失,还是刻书者有意的避嫌,恐怕很可以让人浮想联翩。

《志略》刻本中,尚有两段更晚的内容,一为卷一一所录孔兴浙六诗,诗中小注提到"康熙辛酉"字样,那已是方以智辞世十年之后的事。一为卷一三所附告示,时间标为"康熙四十一年六月十五日示",距方以智去世则有三十年之久。从字迹看,它们显系重印时之增补。因与原书编者无关,这里也就不再讨论它们了。

从《仁树楼别录》看方以智的晚年思想

方以智是明清之际杰出的思想家。其学行与气节，经过几代人的努力，已经呈现出相当清晰的面貌。[①]唯因方氏思想繁杂，行文晦涩，许多作品未获整理[②]，所以值得进一步讨论的问题亦复不少。

其中，方氏的晚年思想归属即是分歧较大的一个。最极端的看法认为，方以智"为僧后的著作以及语录，除了例行仪式上虚应故事外，毫无坐禅佞佛的迹象"[③]。与之相反的观点则是："方以智禅学思想兼具理论与实践，在禅宗史及思想史上都具有重要的价值。"[④]虽然多数学者相信，方氏最后选择的是一条以儒学为主、会通三教之路[⑤]，但也不乏"任何将药地思想划归派别的尝试终归徒然"[⑥]这样的斩截之论。

分歧产生的原因多种多样，但不管怎么说，解决争论的最有效途

---

① 较早的代表性作品有侯外庐《方以智 —— 中国的百科全书派大哲学家》(1957 年)、余英时《方以智晚节考》(1972 年)、张永堂《方以智的生平与思想》(1977 年)、蒋国保《方以智哲学思想研究》(1987 年)等，晚近如庞朴《东西均注释》(2001 年)、谢明阳《明遗民的庄子定位论题》(2000 年)，就相关专题皆有精彩的论述。

② 方以智著作甚多，整理出版的仅有《通雅》《东西均》《药地炮庄》等数种而已。

③ 侯外庐主编：《中国思想通史》第四卷，人民出版社 1959 年版，第 1133 页。

④ 邓克铭：《方以智的禅学思想》，《冬炼三时传旧火 —— 港台学人论方以智》，华夏出版社 2012 年版，第 343 页。

⑤ 譬如，蒋国保就认为："就哲学思想而论，方以智是以易学为核心，改铸老庄、援引佛道，从而构成了一个以儒学为中心的儒佛道'三教合一'的哲学体系。"（《方以智哲学思想研究》，安徽人民出版社 1987 年版，第 123 页。)

⑥ 廖肇亨：《药地愚者禅学思想蠡测》，《中国文哲研究集刊》第 33 期，第 176 页。

径，都仍然是回到文献本身。下面我们选取由方氏门人笔录的一篇短文《仁树楼别录》，略加分析，希望能对这个问题的解决有些许的助益。

一

《仁树楼别录》是一篇对话体短文，收录在《青原志略》卷三。全部内容加起来，仅有六千五百余字。

之所以选取此文来讨论，主要有以下几点理由：

第一，该文虽收在佛教的寺志中，但讨论的话题却集中在儒学。所以由这篇文字，可以了解方以智逃禅之后对待儒家的态度。

《青原志略》起初由净居寺住持笑峰大然编修，笑峰死后，书稿交到方以智手中，并得以最终成书。笑峰的原稿篇幅很短，所收内容仅"就净居柱壁存者耳"[①]。方以智在施闰章的建议下，扩大收录范围，新增了"书院""杂记"等卷，所以不少内容已经超出了佛教的范围。

书中特辟"书院"一卷，主要与江右王门在青原山讲学有关。青原山是唐代高僧行思驻锡之所，所以净居寺一直被看作禅门祖庭之一。明朝中叶，王学兴起，该寺又成了阳明弟子邹守益、罗洪先等春秋会讲的场所。从史志的角度讲，增列"书院"卷自是理所当然之事。但从另外一方面来看，它也的确为身处佛门中的方以智，提供了一个重新检讨儒学话题的机会。

"书院"全卷共收文四篇，第一篇《传心堂约述》（郭林）摘录了与青原山有关的数十位儒者（主要是王门后学）的言论。末两篇分别叫《青原藏书议》（宋之鼎）、《青原山传心堂翼楼乞书公启》（方中履），讨论的都是关于藏书的问题，题目前面已经标示了它们的附录性

---

① 方以智编，张永义校注：《青原志略》，第16页。

质。真正构成全卷中心，并能彰显方以智本人思想的，其实就是《仁树楼别录》一文，这是该文值得认真对待的主要原因。

第二，《别录》的编者是方以智亲炙的弟子，参与对话的人既有方以智自己，又有他最为器重的朋友，这足以保证记录的可靠与准确。

关于此文的编者和参与者，《别录》题下有一段小字附注："郭林、方兆充因左藏一寓此，以朝夕所闻宓山老人者，汇其要而录之。"郭林和方兆充都是方以智的弟子，左藏一本名左锐，字右錞，是方以智的同乡兼好友，"宓山老人"则是弟子们对方以智的尊称。整句话合起来是说，郭、方二人乃《别录》的实际执笔者，他们从事笔录的机缘在于，左藏一来到了青原山作客，并与方以智进行了持续的交流，文中所记载的，正是两人对谈的要点。

方兆充的情况，文献记载不多。但郭林、左藏一与方以智的关系，皆非寻常可比。《青原志略》卷五收有《随寓说》，乃方以智专为郭林所作，其中有言曰：

> 随寓者，郭入同之行邮也。入同年四十矣，不婚不宦，如刘
> 讦、邢量，抗行不苟，而好读书。自沩林从愚者游，至青原，居
> 紫海堂。携一奚童，灌园炊爨，此外闭门不轻过人……施先生既
> 修传心堂，翼以仁树、见山，留此守之……居青原馆且五春秋
> 矣。初读书，见古今人聚讼不快，读《通雅》而大快。已读先人
> 《周易时论》所衍象数约几，孜孜学之，时有所触发。已读《鼎
> 薪》，半解半不解。已读《炮庄》，则不可解矣……揭子宣刻我
> 中年之《物理小识》，入同大好之，因与子宣穷天学，究物理。

自中年授徒，方以智所收弟子可分教内教外两类。教内者如兴种、兴斧、嗒然等等，教外者则有戴移孝、揭子宣、吴山舫、胡映日诸人。郭林显然属于教外弟子中的一员。与通常的俗家弟子不同，方以智的

这些教外门生多数不是为学佛而来，他们观天象、察物理、明医术、究乐律，对格物之学的关注远远大于生死解脱问题。这一点从郭林好读《通雅》《物理小识》但却不解《炮庄》《鼎薪》即可看出。可惜的是，狷介之性使郭林并没有留下自己的作品。[1]

与郭林相比，左藏一的情况要复杂得多。此人不但名号繁多，而且与方家渊源颇深。他的名字经常出现在方氏作品如《周易时论合编》《药地炮庄》《物理小识》之中。《青原志略》卷五收有他的一篇短文，开头部分这样写道：

> 或问中五之说于宋山子，宋山子曰：难言也。镇少见王虚舟先生衍河洛，犹以为一端也。中年降閟，乃始究心性命。极物而知其则，不定中定，《易》其至矣乎。世出世法，近愈离跂。吾乡方野同廷尉公，与吴观我太史公，辨析二十年，而中丞公潜夫先生会之于《易》。合山栾庐，得从药地大师盘桓，始知圣人之神明如是，我之神明亦如是，而乃自负耶。[2]

据此文可知，左藏一还有一个别号叫宋山子。他早年曾经问学于易学家王宣，而王宣正是方以智年轻时的老师。当方以智庐墓合山、为父守丧之时，两人开始正式交往。方以智本人对左藏一的学养和气节似乎同样不能忘怀，下面这句话就是他从青原山发出的盛情邀约："青原荆沥杏仁，正慰妙叶。穷崖多骨立之士，我翁何不来此共盘桓耶？"[3]

---

[1]　方中通《陪诗》卷三"同郭入问、吴舫翁喷雪轩侍坐"称："郭善听受，每日退书老父所语，一字不遗，已成帙矣。"所成之帙，疑即《传心堂约述》及《仁树楼别录》二篇。

[2]　方以智编，张永义校注：《青原志略》，第124页。

[3]　方以智编，张永义校注：《青原志略》，第194页。

最后,《别录》完成的时间在方以智入主青原之后,最足以作为其晚年思想的实录。

方以智著作很多,但要么属于中年以前的作品如《东西均》《易余》《通雅》《物理小识》[①],要么从中年时期就已经开始编写如《药地炮庄》[②]。由于不断地进行增删,要判断书中哪些内容在先,哪些内容在后,非常困难。

《别录》就不存在这个问题。一则它的篇幅很短,内容相对集中,二则时间也可大致推定。

据前引方以智《随寓说》,"仁树楼"乃"传心堂"的翼楼,捐建者为方以智好友施闰章。方以智正式入主青原在康熙三年(1664)的十一月[③],与他一起上山的还有弟子郭林。郭林最初的住所既然叫"紫海堂",说明此时仁树楼一定尚未完工。所以,由郭林所录的《仁树楼别录》,成文时间决不会早于康熙三年的年末。

并非巧合的是,左藏一也于同年的冬天来到了青原山。方以智从叔方文有诗《喜左又鄟见访有赠》:"君去青原山,言访炮庄老。淹留历冬春,禅学共探讨。当机忽开悟,胸中竟渊灏。便应裂儒冠,相从苾刍好。何为复还家,尘缘惹烦恼……君今婚嫁毕,室又无綮缟。青原有同心,自合归三宝。性命事非轻,口腹何足道。"[④]方文此诗作于康熙四年(1665),左藏一既然能够在青原山"淹留历冬春",那么他一定是在康熙三年的冬天入山,住到第二年的春天才离开。除非左藏一此后还有另外一次青原之行,否则与他和郭林都有关系的《仁树楼别

---

① 《东西均》《易余》均作于顺治九年(1652)前后,方以智刚过40岁。《通雅》写作时间更早,崇祯末年已有初稿,方以智当时才30余岁。《物理小识》原附在《通雅》之后,方以智亦自称"中年"之书。

② 《药地炮庄》始作于闭关南京之时(43岁左右),此后或作或停,直到康熙三年(1664)才由萧伯升捐资雕版。

③ 任道斌:《方以智年谱》,安徽教育出版社1983年版,第231页。

④ 方文撰、胡金望、张则桐校点:《方嵞山诗集》,黄山书社2010年版,第653页。

录》就只能完成于康熙四年年初的数月间。此时距离方以智辞世，还剩下不到六年的时间。

二

和方以智本人的后期作品相比，《仁树楼别录》给人的突出印象是，没有明显的禅味。这可能与对话的参与者有关，比如郭林、左藏一，皆非好禅之人。但更主要的，恐怕还在于所谈论的话题集中在儒学。

方以智在《东西均》中曾引述其曾祖方学渐的一段话，说明三教言说方式的不同："孔子尽性知命而罕言，言学以正告者也。老尊命以殉性，反言者也。佛尊性而夺命，纵横倍仵者也。"[①] 所谓正告，就是用正面的、明晰的、让人容易理解的语言陈述自己的主张。反言和纵横倍仵者就不同了，它们可以借助于机锋、拈提、冷语和棒喝。反言和纵横倍仵不是没有作用，它可以救俗儒之拘，但儒者若"慕禅宗之玄，务偏上以竞高"，就会带来"六经委草"的恶果。[②] 方以智既有此自觉，在涉及儒学问题时，他显然不愿自蹈覆辙。

《别录》的正文，可以明显地区分为前后两部分：前面篇幅较短的，是全文之引言。后面一部分按照讨论的问题，分成十三个相对独立的段落。方以智本人的观点，主要就集中在这个部分。

下面这段话，便是第一部分的开场白：

> 左子曰：皖桐方君静廷尉公（大镇，万历己丑进士，魏珰时罢，号野同），与吴观我太史辨析二十年，而王虚舟先生合之

---

① 方以智撰，庞朴注释：《东西均注释》，中华书局 2016 年版，第 209 页。

② 方以智撰，庞朴注释：《东西均注释》，第 253 页。

（金溪王宣化卿）。潜夫中丞公（孔炤，丙辰进士，以连理之祥号
仁植。在职方，忤魏忠贤。抚楚剿贼，忤枢辅），晚径《周易时
论》，发挥备矣。①

熟悉方以智作品的人都知道，这是一段被人重复了无数次的话。
从序言到凡例，从师长到旧友，从门生到子嗣，凡提起方以智者，很
少有不联系到他的家学（祖方大镇、外祖吴观我、父方孔炤）和师承
（师王宣）的。

这种持续的重复，一方面当然是要提醒我们，方氏家学对于方以
智来说，绝非可有可无，离开方家的世传易学、吴观我的三一论、王
虚舟的河洛说，就不可能真正地理解方以智的思想。但另一方面，它
似乎也隐藏着另一层含义，即形迹上的遁入空门，并没有影响方以智
通过别样的方式克尽孝道。② 方以智自己说过的一段话，就是最好的
明证："吾将聚千圣之薪，烧三世之鼎，炮之以阳符，咒之以神药，裁
成之以公因反因，范围之以贞一用二，时当午运，秩序大集，使天下
万世晓然于环中之旨、三一之宗，谓方氏之学，集儒、昙、道教之成，
克尽子职，所以报也。"③ "克尽子职"这样的话，出自青原山净居寺住
持之口，多少还是有点让人意外的。

为了说明方氏家学的贡献，引言中摘录了不少方大镇、吴观我和
方孔炤的言论。由于三人的著作都残缺不全，所引言论的归属并不总
是十分明白。唯一可以肯定的是，这些言论或多或少都与后面所要讨
论的问题有关。把三个人的说法综合考虑，可以看出核心的内容在以
下两点：

---

① 方以智编，张永义校注：《青原志略》，第 75 页。
② 方氏世代恪守孝道，庐墓几成惯例：方大镇衰年庐墓，过哀而卒。其子方孔炤继之，亦
庐墓尽孝。孔炤卒，方以智破关奔丧，庐墓合明山三年，以和尚身行儒仪，远近轰动。
③ 此段话由密之座师余飏转述，见氏著《芦中全集》卷五《方氏报亲庵纪》。

第一，"好学"是"觉悟"的前提："学而不厌，所以享其不学之能也。若倚不虑不学，早已失矣。又况黠智不学而能，正智便用不出，复令高榜呵学，能无惧乎？""仁智好学，偏见乃忘，学固所以游息而养之也。"

第二，易象蕴涵着普遍的秩序，是圣人效法的对象："《易》以象数端几徵性中天命之秩序，非文词理语、情识机锋之所能增减造作也。率其秩序，因物还物，生死还生死，我不动心，总一大物理而已。""圣人极深而体寂感之蕴，因物而悟生成之符，观器而悟裁成之法，极数而尽天下之变，视曜纬山川以为官肢经络，就呼吸痛痹而定元会死生……尧舜知历数而授允中，孔子举扐闰而明大衍。兴礼乐，制数度，成变化，行鬼神，橐龠在此。"

崇尚实学本是方氏家学的老传统[1]，表彰易数则与方孔炤、黄道周狱中切磋有关[2]。从下文我们可以看到，这两者几乎成了方以智回答任何问题都要诉诸的前提。

三

作为全文的中心，《别录》十三段对话涉及的问题相当广泛：如何衡定宋明儒内部之争？陆象山、张子韶是否学禅扫文字？经世的圣人如何了生死？身心锻炼是否有效？受命之说如何验证？有无纷争如何统一？入世出世各为一门，何以互相牵引？儒释道三教异同如何？孔子言知命、知礼、知言，孟子何以但讲知言？易学之地位如何？怎样处理博约的关系？所有这些都成了交谈的内容。

---

[1] 密之曾祖方学渐与东林高、顾多有往还，对王门现成良知说，驳之不遗余力。其讲学之所，名字就叫"崇实堂"。

[2] 《周易时论合编》卷首有黄道周"方仁植先生每觅易象诗"，对两人的交往有过较详的追述。

由于文本的性质本只是随意交流的实录，所以这些问题看上去显得杂乱无章，近似的内容并没有合并在一起，少数地方还有些重复的迹象。但不容否认的是，它们中的大多数都触及了那个时代儒学的命脉。经过刀光剑影的洗礼之后，儒学的正途何在早已成了那一代人苦苦思索的问题。追问儒家内部之争如何衡定，追问博约关系，追问三教异同，显然都离不开这个大的背景。

方以智的回答，有一些与他人并无大的差别，譬如当他说"圣人之经，即圣人之道"时，我们很容易就联想到顾炎武的"经学即理学"，有些则源于他个人的思考。但最难得的是，无论与别人是异是同，他总能保持思想或观点的一贯性，并回归到他家学的传统之中。

下面是对几个比较重要问题的问答，值得我们特别地征引在这里：

（1）问："朱陆诤，而阳明之后又诤，何以定之？"曰："且衍圣人之教而深造焉。圣教小学大学、小成大成，总以文行始终之，《内则》《学记》详矣。息焉游焉，言乎文行之相须兼到也。朱子曰：'力行而不学文，则无以考圣贤之成法，识事理之当然，而所行或出于私意矣。'《周礼》三物六艺，乃六德六行之日用器具也。博文约礼，成德达才，而化雨一贯矣。"

朱陆之争是宋学的大问题。无论是各执一端，还是曲为调停，后世儒者很少能够自居于这场争论之外。阳明后学亦然，同属浙中的龙溪、绪山已经不同，更不要说还有什么江右王门、泰州学派等等。儒家内部如此多的分门别户，究竟应该用什么方法来判定是非？

对于这个问题，方以智的回答是，必须回归孔子"文行忠信"的教导。《礼记》中《内则》篇对洒扫应对、言谈举止的规定，《学记》篇对论学取友、知类通达的分辨，已经讲得非常清楚，那就是"力行"和"学文"必须"相须兼到"，缺一不可。

在这个前提下，才可以说"学文"是"力行"的前提，"三物六艺"是"六德""六行"的基础。这大概也是朱子那句"力行而不学文，则无以考圣贤之成法，识事理之当然，而所行或出于私意矣"的意思。

（2）问："陆象山、张子韶学禅扫文字，然乎？"曰："陆象山亦指束书不观、游谈无根之病。张子韶曰：'久不以古今灌溉胸次，试引镜自照，面目必可憎，对人亦语言无味。'二先生甚言书之不可束也。世议以为落空，非矣。天竺小学诵《悉昙章》，长通五明：曰声明，即声律文字也；曰医明；曰巧明，即养身、历天、务民、宜物、制器之类也；曰谓因明，即治教辨当诸义所出也；曰内明，是身心性命之理也……《法华经》曰：'治世语言，资生产业，皆与实相不相违悖。'《华严》五地菩萨，无所不知，无所不能，于世间辞赋该练，历律伎艺，莫不通晓，故能涉世利生……谁谓佛入中国而不能通此方之书乎？达摩对彼时经论支蔓、福祷功德之病而药救之，指出心体，尊正法眼也。孰是由专而通者，遂举一而废百哉？程子呵谢上蔡玩物丧志，是程子亦扫文字矣。上蔡后见程子读书精细而讶之，犹不悟耶？盖谓读书者，贵求实际也。半静坐半读书，朱子法也。"

自朱子判象山为禅后，持此说者可谓比比皆是。张子韶因与大慧宗杲的关系，更被视为以禅滥儒的典型。不过，方以智却并不这样认为。他不但引用陆、张二人反对"束书不观"的言论，证明世俗说法的错误；而且特别指出，佛教内部同样有着重读书博学的传统，《法华》之"治世语言"、《华严》的"五地菩萨"都是明显的例子。达摩面壁，实际上是为了救正佛学内部"经论支蔓""福祷功德"之弊。正如程子之呵斥上蔡"玩物丧志"，实际上针对的是上蔡的"死记硬背"。禅学的出现并不意味着舍弃义学，程子本人读书精细的程度也并不亚于上蔡。问题的关键在于，阅读经典必须"贵求实际"，确实有益于自己的身心性命才行。

（3）曰："世出世分门，何相牵引？"曰："同此宇宙日月，同此身心性命，称谓有方语，正宜通而互征之……自阳明以来，诸大儒皆穷究而互征也。三间之喻，以堂、奥、楼分合之，更明矣。鄙愿茅塞，浮才苟偷，忽有杨宗黄帝、墨宗禹，犹芝草也。徐幹不忧异术而疾恶内关，何待阳明激发乎？圆机之士，分合皆可。乘愿补救，正须互穷。宇宙内事，皆吾分内事。参过甚深之宗，乃知层层利害，不为人惑，而时用为药耳。"

这段话讨论的是三教关系。作为会通论的支持者，方以智的回答与其他人的说法并无实质的区别。所谓"同此宇宙日月，同此身心性命"，都是从人所面临的普遍性问题入手。因此，儒佛之异很大程度上只是一种语言学（方语）的问题。借助"通而互征"，不同的学说和系统甚至可以起到互相补救（芝草）的作用。

文中提到的"三间之喻"，是指王阳明下面这段话："说兼取便不是。圣人尽性至命，何物不具？何待兼取？二氏之用，皆我之用。即吾尽性至命中完养此身，谓之仙。即吾尽性至命中不染世累，谓之佛。但后世儒者不见圣学之全，故与二氏成二见耳。譬之厅堂三间，共为一厅，儒者不知皆吾所用，见佛氏则割左边一间与之，见老氏则割右边一间与之，而己则自处中间，皆举一而废百也。"[1]阳明的本义也许是要强调，儒家性命之学无所不包，不必外求于佛老，妄分三教反而会让自家的门厅狭窄，但这段话看上去更像是主张三教一家，完养此身

① 吴光等编校：《王阳明全集》，上海古籍出版社 2011 年版，第 1422 页。

之仙、不染世累之佛，皆不悖于圣贤之道。阳明后学纷纷走向儒佛不分、亦儒亦释，恐怕与这种说法有着脱不开的干系。

方以智对阳明三间说并不满意，他自己提出了新的堂、奥、楼三分法。此说的原始出处不详，但大意保存在少子中履的一段引述之中："《浮山闻语》曰：新建三间之喻未也。明堂必南，而为天地理其家事者也。北奥者，守黑者也。骑危者，虚空座也。尊主者曰：屋以栋为主乎！辨实主者曰：屋以基为主乎！两扫者曰：栋与基皆非也，屋以虚空为主者也……理者曰：人适时乎筑基构栋之屋，藏坐卧焉……时乎屋而屋处……时乎晦息则奥，时乎诵读则牖，时乎治事享客则堂……时其时，位其位，物其物，事其事，是虚空之中节也，是不落有无之屋理也……虚空之屋主，适统御于明堂，是明堂之政，乃主中主也。"①

文中的"明堂"代指儒家，"北奥"代指道家，"骑危"代指佛教，"理者"则指方以智本人。儒家以栋梁为屋之主，道家以地基为屋之主，佛教以室中虚空为屋之主，三家互不相让，纷争无已。但在方以智看来，各家皆有其时用，正不必以此非彼。风雨之时处屋，晦息之时居奥，治事待客选择明堂，各有其不得不然之理。因此不执一端，应时而动，才真正合乎"不落有无"的"屋理"。

和阳明三间说相比，方氏此说的侧重点显然已经不同。阳明的重心在于说明"二氏之用，皆我之用"，方以智强调的则是三教各有其用。阳明突显的是儒家之大、二氏之小，方以智表达的却仍然是他一贯的"乘愿补救，正须互穷"的大道理。

不过，也不能因此就简单地把方以智视作三教平等论者。引文末尾那句"明堂之政，乃主中主也"，早已曲折地披露了他的心迹。只

<hr />

① 方中履：《周易时论合编跋》，《续修四库全书》经部第 15 册，上海古籍出版社 1996—2003 年版，第 9 页。

是，与那些恪守道统的儒者不同，他更愿意相信佛、道皆有其并行不悖的价值而已。

（4）深几而言，为物不二而代明错行，尚不信欤？夫不得不两，不得不参，皆大一之所布濩也。愚故统征之以《易》，而藏天下于学。因果费隐，即二是一。才三备万，谁不具乎？然不发愿，不好学，终不能知，而又不能藏诸用也。骤而告之，能免孙休之诧惊哉？然午会全彰，雷雨出云，因缘时节，知罪任之。烧四炷香，一求有余者养贤，一求学者虚受，一求方正人穷知其故，一求畸颖人藏悟于学。

如果说"堂奥楼三间说"只是隐晦地表达了自己的立场，那么上面这段话无疑算得上是一种公开的自白。"愚故统征之以《易》，而藏天下于学"，出自堂堂的净居寺住持之口，还不够说明问题吗？

开头数句即所谓易道之核心，方氏家学更喜欢用"公因反因说"来表达它。所谓"为物不二"，太极（太一）之本体也，是为公因。所谓"代明错行"，阴阳之变化也，是为反因。阴阳变化中不得不然的秩序，皆为太极本体的表现，是为公因藏于反因之中。了解阴阳变化的秩序必须诉诸"学"，但几微难测之理必须借助于"悟"。由"学"而"悟"的过程，即所谓由"质测"而"通几"。否则，必然堕于空虚无实之途。

（5）曰："必言象数，何也？"曰："《易》以象数为端几而作者也。虚理尚可冒曼言之，象数则一毫不精，立见舛谬。盖出天然秩序，而有损益乘除之妙，非人力可以强饰也。本寂而中节，确不可欺者也。"曰："多言历、律、医、占，何也？"曰："征几也。不以实征，则何以知天地四时之筋节，人身运气经脉之代错乎？上古无书，即以天地身物为现成律袭之秘本，而神明在其中……夫生千圣之后，不能收千圣之慧；受天地之中，不能明天地之符，成变化，行鬼神，制作礼乐，反似诞妄。果可以苟免之，凡夫讪圣人多事矣。周孔之徒不知律袭三才，所谓百官宗庙专恃虚言杜撰乎？除却鬼窟，火不离薪。实学虚悟，志士兼中。故曰河洛中五之纲，乃羲农尧舜禹文周孔征信秩序之天符也。

这段对话同样讨论的是易学问题。方氏家学上承邵、蔡，属于易学中的象数一系，所以双方谈论的话题自然也就围绕着象数历律医占而展开。方以智的说法，如"象数则一毫不精，立见舛谬。盖出天然秩序，而有损益乘除之妙，非人力可以强饰"，如"不以实征，则何以知天地四时之筋节，人身运气经脉之代错"，与上段话的意思大体一致，只不过换了一种表达方式而已。

比较有针对性的是后面数句：作为周孔之徒，不知"上律天时，下袭水土"，怎能知道自己的"百官之富""宗庙之美"？难道专靠虚言杜撰就可以了吗？这种反问，与黄道周的名言"如此，学问止于《中庸》，行事尽于《论语》，《诗》《书》《礼》《乐》《春秋》何故作乎"[1]，意义正同。它们针对的，其实都是晚明以来的空疏学风。

末尾"实学虚悟，志士兼中"，就是上文"藏悟于学"的另外一个说法。"河洛中五之纲，乃羲农尧舜禹文周孔征信秩序之天符也"，则再一次强调了《河图》《洛书》在儒家学统中的重要性。

---

① 方孔炤《周易时论合编凡例》："何羲兆问漳浦先生曰：'圣贤言理耳。如落象数，则算手畴人矣。'先生曰：'如此，圣贤事天，当废日星。落日星，亦台官稗史矣。'木上云：'象数则不同。何思何虑，无不同者。'先生曰：'如此，学问止于《中庸》，行事尽于《论语》，《诗》《书》《礼》《乐》《春秋》何故作乎？'"

四

以上大概就是《仁树楼别录》的主要内容。一个非常明显的事实是，仅凭该篇短文并不足以彰显方以智晚年思想的复杂性。方以智生活中的另外一个面相完全没有触及，他登堂说法所留下来的文字要超过《别录》很多倍。不过，从《别录》的有限材料，我们仍然可以得出如下几点结论：

第一，方以智对知识的关注并没有因为逃禅而丢弃，钱澄之的说法需要更正。

在《通雅序》中，钱澄之这样写道："今道人既出世矣，然犹不肯废书。独其所著书多禅语，而会通以庄易之旨，学者骤读之多不可解。若所谓《通雅》，已故纸视之矣。"[①] 这与《别录》下面的话显然互相冲突："故拈提与考究，原自两路。制欲消心之言，与备物制用之学，亦是两端。偏废则皆病矣。"[②]

第二，青原山住持的身份仍然没能使方以智忘掉儒者的关怀。荒江野岭，三五僧俗，谈的是朱陆之争、孔孟之别、格物之则、与民正语，本身就是值得回味的事。施闰章不愧为方以智的知己："药公非僧也，卒以僧老。其于儒言儒行，无须臾忘也。"[③] 方中通替父亲法语所作的后跋，表达的也是同样的意思："本传尧舜禹汤文周之道，转而集诸佛祖师之大成，而尧舜禹汤文周之道寓其中，时也，非人也。教以时起，道以时行，何莫非异类中行乎？何莫非因法救法乎？"[④]

第三，三教会通不意味着学无宗主，"统征于易"即为方以智的自

---

① 钱澄之著：《通雅序》，《田间文集》，黄山书社 1998 年版，第 228 页。

② 方以智编，张永义校注：《青原志略》，第 84 页。

③ 施愚山：《吴舫翁集序》，《学余堂集》卷五。

④ 方中通：《青原愚者智禅师语录跋》，《嘉兴藏》第 34 册，台湾新文丰出版公司 1987 年版，第 837 页。

觉选择。晚明以来盛倡三教合一者极多，其中有和尚，有道士，当然也有儒生。但通常情况是，论者皆以自家学说为纲宗，进而再统摄另外两家之学，鲜少等视三家，不分彼此者。方以智也不例外，只不过身份的特殊使他难以表白而已，《别录》下面这句含"苦"带"笑"的话就是明证："闲人笑曰：别路三不收，牛马听呼耳。且以象数医药为市帘，山水墨池逃砚坑。冷眼旁观，有时一点缘不得已之苦心，固不望人知也。"[1]

　　第四，二十年的僧人生活也并不能全看作"虚应故事"。最初的逃禅当然实非得已，但深入禅学之后，方以智发现佛教内部也有很多复杂的论争。他相信三教各有其用，所以在表彰象数易学、批评俗儒不学之余，也曾经花费大量精力修寺建阁，并抨击狂禅之无实。做一位普通的僧人当然可以"虚应"，但在禅门祖庭担任住持，无论如何都不能看作是纯粹的应付之举。中通跋语中那句"转而集诸佛祖师之大成"，就是颇值得我们细加玩味之语。

---

　　①　方以智编，张永义校注：《青原志略》，第84页。

方以智与左藏一

在方以智的众多追随者中，左藏一是一位比较特殊的人物。此人生平隐晦不彰，但对方氏学术的了解却非常深入。他留下了两篇作品《黄林合录》和《中五说》，对于考究方以智披缁后的思想动向，帮助颇大。另外一篇和他相关的文字《仁树楼别录》，则展示了方以智晚年在禅学之外的思考。他的身影，经常出现在方氏的著作如《周易时论合编》《药地炮庄》中。这些情况都说明，他和方以智之间有着非同寻常的关系。

对左、方二人的这种亲密关系，笔者曾有小文略加考辨。[①] 近读马其昶《桐城耆旧传》及《续修桐城县志》诸书，始知左氏亦出桐城世家，与密之家族往来极多，而马书本身在史料排比方面，尚存在一些不准确之处，故特作续考如次。

一、左藏一的家世

左藏一本名左锐，此由《黄林合录》的文末识语可以确知。[②] 但"藏

---

① 张永义：《〈方以智晚节考·仁树楼别录〉标点正误——兼谈方密之与左藏一的关系》，《华东师范大学学报（哲学社会科学版）》2012 年第 1 期。

② 《黄林合录》收于《药地炮庄·总论》中，作者题曰"黄林学者左锐"，文末识语自称"藏一曰"，可知左锐与藏一为一人。

一"究竟是他的字还是别号，一直难于断定。这个问题在道光年间的《续修桐城县志》中，有了明确的答案：

> 左锐，字又镈，号藏一。负经世才，肥遯自甘。方亨咸述之曰："先生有三不死。少以天（下）为己任，一经鼎革，遽营墙东园，自号为学圃，其不死者一。墙东屏迹读史，成经世一书；学《易》，成《仪象》一书；凡先儒语录，探微极赜，欲成其集而未就，其不死者二。又与曹溪大善知识觉朗老人及其徒无可、石潮为方外交，入其教而不染其教，其不死者三也。"①

清代《桐志》初修于康熙十二年（1673），凡八卷，由县令胡必选主持。② 道光七年（1827），廖大闻续修，篇幅扩充到二十四卷。其中，人物志新增"隐逸"一目，左锐的小传就收在该目之中。传文非常简短，主体部分基本上是方亨咸的一段评语。亨咸号邵村，也是桐城人，顺治四年（1647）进士，官至陕西道御史。③ 虽然在对待新朝的态度上，方亨咸的选择与左锐不同，但"三不死"的说法却很好地刻画了后者的遗民气节和学术立场：读史学《易》，志在经世，只是生不逢时。出入方外，不染其教，仍然恪守儒宗。

文中提到的"曹溪大善知识觉朗老人"，即曹洞宗禅师觉浪道盛。"无可"为方以智的法号，"石潮"则是大宁禅师的别名。觉浪道盛嗣法弟子一共二十七人④，方以智和石潮大宁便是其中的两名。左锐与方

---

① 廖大闻纂修：《续修桐城县志》卷一六，《中国地方志集成·安徽府县志辑》第 12 册，江苏古籍出版社 1998 年版，第 580 页。引文括号内的"下"字，乃笔者据文义增补。

② 方中通《陪诗》（清继声堂刻本）卷四"报恩堂"诗，称胡必选为"难中受恩之当事"之一。

③ 廖大闻纂修：《续修桐城县志》卷一六，《中国地方志集成·安徽府县志辑》第 12 册，第 580 页。

④ 刘余谟：《传洞上正宗三十三世摄山楼霞觉浪大禅师塔铭》，《天界觉浪盛禅师语录》（大成编）卷一二，见《嘉兴藏》第 25 册，第 750 页。方以智编《天界觉浪盛禅师全录》也收有刘氏此文，但把嗣法弟子的人数由二十七人增至二十九人。

以智的交游是本文接下来要讨论的问题，但称他与觉浪道盛、石潮大宁也属“方外交”，笔者尚未见到其他可以佐证的材料。作为左锐的同乡，我们有理由相信，亨咸的话决非空穴来风。一方面，道盛本人曾经短暂地主持过浮山的道场[①]，左锐确实有很好的机会与他见面。另一方面，道盛虽是出家人的身份，但在明清易代之际，却能不忘故国，恪守气节[②]，这为他赢得了遗民群体的广泛尊敬。可以想见，同样怀抱遗民之志的左锐，定会对道盛的人格推崇备至。

左锐的家世，《续修桐城县志》中并未提及。这一点可由马其昶的《桐城耆旧传》来补充。该书卷五“左文思先生传”曾经提到过左藏一这个人：

> 左先生讳德玮，字无奇，一字镜悬。父成庵，讳士梓，受知学使耿公楚侗，以儒术教家。长子德玉，字元璞，号茨河，专《尚书》，天启中岁贡生。先生治《春秋》，县中习《春秋》学者，如方官詹父子，皆出其门……先生两中副榜，年五十二卒。学校诸生聚明伦堂，私谥曰“文思”。子，鉊、钺、**锐**、镔皆贤。自钺及两弟，皆县学生。钺字公虔，独传其世父《尚书》学，谨礼法。锐字幼錞，旁综子史，不专家。妻盛氏，能通《毛诗》、《论语》、《列女传》。子昊，字白存，号采一，早孤，内禀母训，外资叔父**藏一**先生奖劝，卒成其业，为学者所宗。著《四书表证》《六经正讹》。[③]

① 吴道新纂修，陈焯修订：《浮山志》，黄山书社2007年版，第25页。

② 《天界觉浪盛禅师全录》卷二〇：“戊子冬，因江院王公，屡慕师道化，求师《语录》，因阅师原道七论，谓不应称‘明太祖’三字，遂坐师狱中。师不辩。后陈太宰闻，命一吏，省师索偈，师援笔书云：‘问予何事栖碧山，笑而不答心自闲。桃花流水杳然去，别有天地非人间。’太宰得偈，嘉叹不已。”参见《嘉兴藏》第34册，第710页。

③ 马其昶著，毛伯舟点注：《桐城耆旧传》，黄山书社1990年版，第151页。

从这篇简短的传记中，我们可以知道，左锐乃左德玮的第三子，而左德玮则是桐城县学的老师。德玮门下，博中高第者不少，其中就有官至少詹事的方拱乾。《续修桐城县志》卷一二有拱乾传，里面提到他的六个儿子中，进士及第的就有两人，一为长子孝标，另一位就是前面提到的方亨咸。① 出德玮之门的既是"方官詹父子"，那么除方拱乾外，孝标、亨咸兄弟至少有一人也曾受过德玮之教。就此而言，两家实属通家之好，亨咸对左锐的气节和学术必有充分的了解，他"三不死"的评论完全可以作为信史对待。

根据传文内容，左氏一门属于典型的儒学世家。虽然在科第方面均无很大的建树，但几代人孜孜为学，教授乡里，倒也符合儒者耕读传家的理想。左士梓受知于耿定向一事，大概发生在嘉靖末、隆庆初。当时，耿定向任南京提学御史，创办崇正书院，广招江南十四郡士子前来读书讲学。② 同一时期因此而师事耿定向的，还有思想家焦竑和方以智的曾祖父方学渐，他们后来都被黄宗羲归入到阳明后学的泰州学派之中。士梓之学不详，想来当亦与王学为近。传之二子德玉、德玮，一治《尚书》，一治《春秋》。这是否预示着学风的变化，由于史料的限制，难以遽断。但到了第三代的左锐和第四代的左昊，治学范围的确已经扩展到了六经之外的子、史。这与方以智的家庭由曾祖方学渐的性理之学转到密之自己和三个儿子的闳通博辩，也是颇相仿佛的。

另外，需要指出的是，这篇传文尚存在着不够准确之处。"锐字幼錞，旁综子史，不专家"数语之后，紧接着说"妻盛氏""子昊"，似乎盛氏为左锐之妻、左昊为左锐之子。下文又称左昊"早孤，内禀母训，外资叔父藏一先生奖劝"云云，这又会让人误以为左锐和藏一是两个人。

---

① 廖大闻纂修：《续修桐城县志》卷一二，《中国地方志集成·安徽府县志辑》第 12 册，第 469 页。

② 张廷玉等撰：《明史》卷二八八，中华书局 2000 年版，第 4942 页。

考马其昶传末按语，该文取材于萧穆的《敬孚类稿》。[①] 萧文原题"左文思先生暨子公虔、孙采一家传"，乃左德玮、左钺、左昊三人的合传。马其昶在《桐城耆旧传》中改为左德玮一人之传，但问题也正出在这里。萧传关于左钺的一段话如下：

> 钺字公虔，文思仲子也。文思治《春秋》，其伯兄荄河先生治《尚书》，兄弟俱以经学名家。先生独传其伯父《尚书》学。幼工制举文并钟王书，孝友雍睦，出入必循礼法。年二十八，乃补博士弟子员。**与弟锐，字幼镎，遂大肆力于经史之学，旁通诸子百家。**其卒也，以崇祯己卯正月，年三十有七。妻盛氏，同邑盛寅阳之四女，十岁能通《毛诗》、《论语》、《列女传》、晋唐诗。有子一人，昊。先生尝覃思《性理大全》，史学诸书渐有成编，惜早世，未卒业。**与弟锐、镔，均为邑庠生。**[②]

比对前引《耆旧传》，马其昶在节录过程中，显然过于粗疏，把左钺的妻、子系在了弟弟左锐的名下。事实是：盛氏，钺妻也。左昊，钺子也。三十七岁即辞世的，当然也是左钺，而非得享高年的左藏一。[③]

二、左、方世交

除了可以纠正《桐城耆旧传》的错误之外，萧穆的《左文思先生

---

①　马氏按语曰："当明季，文思先生为乡里钦重，今县人遂无有知者。萧敬孚丈为传文彰之，并从其六世孙恺得见《史纲》。"敬孚为桐城派传人，晚清杰出的文献学家。

②　萧穆：《敬孚类稿》卷一二，《续修四库全书》第 1561 册，上海古籍出版社 2002 年版，第 91 页。

③　《青原志略》卷八收有方以智的《与藏一》，信末这样写道："青原荆沥杏仁，正慰妙叶。穷崖多骨立之士，我翁何不来此共盘桓耶？"既以"翁"称，左锐得年应当不短。

暨子公虔、孙采一家传》还提到另外两件事，让我们得知左、方两家其实几代人皆有往来，并不限于左锐和方以智两人。称之为世交，绝不为过。

第一件事是左德玮的议谥：

> 先生（德玮）九入棘闱，两中副车。每撤棘后，主司叹息久之。两恩选当第一，一以让贫士，一屈于势家，不录。以岁贡，先一年殁于方氏讲堂，年五十二，是为天启五年乙丑十一月也。时直指使者，方以次日观风。诸生既入，比明闻讣，弃笔砚奔丧者十七八。及门蒋司农臣、方学士拱乾、盛司农璜，请同乡先达老友之在家者，相国何公如宠、大勋卿盛公世承、宫谕吴公应宾、中丞方公大任，及学校诸生，聚明伦堂，私谥文思先生。①

德玮九次应乡试，仅两中备选，科举之途殊不顺利。即世之后，及门弟子议谥，所请"同乡先达老友"中，就有方以智的外祖吴应宾、族叔祖方大任。

第二件事是左昊的交游：

> 生平交游，咸一时名宿。同里张文端、姚端恪，皆见推重。与方公邵村、田伯、位白诸先生尤善。晚年以修家乘，一司其任，事毕即谢去。营抔土于浮渡之阴，葬其先人。遂偕田伯昆仲，于华严寺朝夕会讲。以康熙三十七年戊寅十月卒。②

也许是受叔父左锐的影响，左昊最好的朋友中，就有方以智的两

---

①　萧穆：《敬孚类稿》卷一二，《续修四库全书》第 1561 册，第 91 页。
②　萧穆：《敬孚类稿》卷一二，《续修四库全书》第 1561 册，第 92 页。

个儿子。田伯，方中德之字，密之长子也。位白，方中通之字，密之
次子。另外一位方邵村，还是前面提到的那位方亨咸。此人书、画两
绝，方以智在青原山的衣钵塔即由他题名。① 左昊晚年与中德兄弟"朝
夕会讲"，这种情谊似乎并不亚于他们的先人。

三、订交之经过

左锐本人与方家的往来，最早见于密之父亲方孔炤的一段话：

> 衰病之余，供薪举火，合编往哲之语，以为蓍龟。荒乡僻处，
> 兵燹书残，远借甚苦。是以此编，未得卒业。惟有农夫、幼光、
> 右錞及从子建、诒辈，间过径中。老夫何尝一语人乎？暮年独子，
> 悲韩洞、崔伦之沦，万里归省。复缘凿坎自矢，以雪为关，镬汤
> 归实，不出环中。余书诫之，犹是九卦也。②

孔炤此段追述著述之艰辛，感叹父子之不能团聚，可谓沉痛。由
末句"凿坎自矢，以雪为关"，可知此文作于方以智闭关南京高座寺之
时。此时，与孔炤往来并帮助他写作《周易时论》一书的，主要就是
周岐（农夫）、钱澄之（幼光）、左锐（右錞）、方鸦立（子建）、方兆
及（子诒）数人。

顺治十二年（1655），孔炤辞世。方以智破关奔丧，庐墓合明山
三载。大概正是这个时候，左锐与方以智正式订交。有左锐自己的话

---

① 方中通《陪诗》卷四"先大人归窆浮山，遵遗命也"诗，有小注曰："议定爪发付法嗣，
肉身归血子，此儒释两尽之道也。青原建衣钵塔，邵村叔为题'留青'二字。"中通称"邵村"为
叔，则亨咸与密之乃同辈兄弟。

② 方孔炤：《周易时论合编》凡例，《续修四库全书》第15册，上海古籍出版社2002年版，
第14页。

为证：

> 大师庐墓合明，幸得朝夕，剥烂复反，乃叹曰：大道易简，
> 私黠乱其神明。备物无我，善刀无敌。学问饮食，享其性天。消
> 息时行，何用跃冶乎？因合录之，时自省览云尔。自有仁智夙愿
> 者，总持幸甚。围噩岁涂，黄林学者左锐识。[1]

在这篇名叫《黄林合录》的文章中，左锐依次节录了方以智的
老师王宣、白瑜和外祖吴应宾、祖父方大镇的言论，显示他对方氏
师门及家学非常熟悉。开头两段话，采用问答体，讨论了《周易》与
《庄》、禅的分合，佛教与人伦政事的关系，左锐本人在其中扮演着提
问者的角色。方以智对这篇文章显然比较满意，因此后来把它收入到
了《药地炮庄》中，成为该书《总论》中篇的一部分。

顺治十五年（1658），方以智离皖赴赣。数年后，正式入主青原山
净居寺，成了禅门祖庭的住持。百忙中他做的一件事，便是极力邀请
左藏一入山。从密之从叔方文的诗篇中可以知道，左藏一也积极地回
应了他的邀约，并在青原山一住就是半年之久。[2] 这期间，二人进行过
不少交谈和唱和，有些内容就保存在《青原志略》一书之中。下面的
几条都是从该书中摘出，它们是两人深厚情谊的见证：

> （1）郭林、方兆充因左藏一寓此，以朝夕所闻兹山老人者，
> 汇其要而录之。[3]

---

① 方以智著，张永义、邢益海校点：《药地炮庄》（修订版），第 73 页。

② 密之从叔方文有诗《喜左又鄣见访有赠》："君去青原山，言访炮庄老。淹留历冬春，禅学共探讨。当机忽开悟，胸中竟渊灏……君今婚嫁毕，室又无萦缭。青原有同心，自合归三宝。性命事非轻，口腹何足道。"（方文撰，胡金望、张则桐校点：《方盦山诗集》，黄山书社 2010 年版，第 653 页）

③ 方以智编，张永义校注：《青原志略》，第 75 页。

这是《仁树楼别录》一文的题下附注。郭林和方兆充皆为密之弟子，"宓山老人"则是弟子们对方以智的尊称。整句话合起来是说，《别录》之所以成文，是因为左藏一来到了青原山，并且和方以智进行了持续的交谈。文中所记的，正是他们谈话的要点。郭林和方兆充则是此文的笔录者。

文章取名"仁树楼别录"，与左藏一的居所叫"仁树楼"有关。据《青原志略》卷一"五贤祠"条载，"仁树楼"乃五贤祠中的建筑，并不包括在方以智所住持的净居寺之内：

> 五贤祠祀王文成（守仁）及邹文庄（守益）、聂贞襄（豹）、欧阳文庄（德）、罗文恭（洪先）五公。邹忠介既移会馆于翠屏山之阳，遂建祠焉。笑峰（然）师已修毗卢，欲仿白鹿规，重建圣殿，前立二桓门，未及如愿。施少参公（闰章）分守湖西，乃取颜鲁公所书"祖关"二字坊其右，更署书"圣域"二字坊其左……前建传心堂，后祀五公。旁曰"明德"，祀修学者。施公翼以二楼，左曰"仁树"，右曰"见山"，将藏书以待四方，五年来有郭生林入同守之。[①]

青原山本是行思禅师之道场，曹洞、云门、法眼诸宗之祖庭。自王阳明讲学此山，它又成了江右王门会讲之所。儒生讲学，最初借用的正是佛寺。后在僧人抗议之下，才由邹元标等主持择地另建会馆，是谓五贤祠。祠馆之内，有所谓"传心堂"，而"仁树楼"即为此堂的两座翼楼之一。它的捐造者是方以智好友、时任湖西守宪的施闰章，方以智的弟子郭林则成了此楼的看守者。从《仁树楼别录》的题名来看，左藏一到达青原山之后并未住在净居寺，而是被安排在了五贤祠

---

① 方以智编，张永义校注：《青原志略》，第24页。

中的"仁树楼"。

（2）或问中五之说于宋山子，宋山子曰："难言也。錞少见王虚舟先生衍河洛，犹以为一端也。中年降閟，乃始究心性命。极物而知其则，不定中定，《易》其至矣乎！世出世法，近愈离跂。吾乡方野同廷尉公，与吴观我太史公，辨析二十年，而中丞公潜夫先生会之于《易》。合山栾庐，得从药地大师盘桓，始知圣人之神明如是，我之神明亦如是，而乃自负耶？"①

这是卷五所收左锐一篇短文《中五说》的开头部分。由这段话我们可以知道，左藏一还有一个别号叫"宋山子"。他早年曾经接触过王宣（虚舟）的河洛之学，而王宣也正是方以智年轻时的老师。"合山栾庐"是指顺治十二年方以智庐墓合明山之事，左锐既称此时他才"得从药地大师盘桓"，那么说明两人的正式订定不应早于方以智守制之前。

（3）世教以身世而立经纪，宗门为性命而以生死发药。一且立恒，一且尽变。彼专执者不达，故龃龉耳……孔子曰："夫言岂一端而已，亦各有所为也。"有言住屋者，有言造屋者，有言屋之所以为屋者。既悟之后，分合皆可。不明其故而耳食竞高，岂非盲人摸象耶？噫，谁不在宇宙之中，而无有能剔醒之者，故以望数十年苦心之宋山子耳……青原荆沥杏仁，正慰妙叶。穷崖多骨立之士，我翁何不来此共盘桓耶？②

这是卷八所收方以智致左锐的一封信（《与藏一》）。信中以立恒

---

① 方以智编，张永义校注：《青原志略》，第124页。
② 方以智编，张永义校注：《青原志略》，第193页。

尽变区别佛儒，乃方以智一贯的会通立场。引起我们特别注意的是，密之显然希望曾经付出"数十年苦心"的左藏一，能够积极承担起"剔醒"世人的重任。信的末尾是对左藏一入山的明确邀请。句中的"荆沥"，用的是七祖倒插荆典，代指佛教。"杏仁"与杏坛有关，代指儒学。"妙叶"则指儒佛妙合无间。对"骨立之士"的强调，最是点睛之笔，说明方以智的身边围绕着不少和左锐一样极富气节之人。

（4）仲翔五世传易学，天成我师雷雨作。少小读尽等身书，巾箱乍被硎坑夺。蹋完南北放杖笑，芭蕉剥死硕果活。幻生两翅收六龙，牯牛藏此麒麟角。天地未分医肺肝，一草一粒图河洛。圭臬能裁上律时，药游不改箪瓢乐。果然公因藏反因，通乎昼夜知代错。恰有青原为行窝，归云喷雪好丘壑。彼一壶，此一杓，一钩一锥又一镢。自惭已齿希苦获，但得渔父声中传两濯。[1]

这是卷 10 所收左锐《呈药地大师》诗。首句"仲翔五世传易学"，借虞翻五世传《易》的典故隐指方以智的家传易学。"少小读尽等身书，巾箱乍被硎坑夺"是说方氏自小即勤学苦读，刚刚开始著书立说，却遇到了种种的人生变故。"蹋完南北放杖笑"指方氏走南闯北，九死一生，最后剃度出家事。"牯牛藏此麒麟角"乃双关语，一指僧中麒麟（用行思"众角虽多，一麟足矣"典），一指藏儒于佛（禅宗公案常譬和尚为"老牯牛"，孔子则有"西狩获麟"而《春秋》绝笔事）。接下来数句都是称赞方氏的易学造诣。末尾用南方墨者"已齿""苦获"等典故表达自己对方以智的敬仰之意。由"恰有青原为行窝，归云喷雪好丘壑"两句来看，此诗显然作于密之入主青原之后。

---

[1]　方以智编，张永义校注：《青原志略》，第 269 页。

（5）藏一曰："环中堂公因反因，诚破天荒、应午会矣。愿请从《中庸》指之，以引诸士信证可乎？敢问如何是公因？"老人曰："不二无息。"问："如何是反因？"曰："代明错行。"①

这是卷一三所收《公因反因话》的开头几句话。在这篇对话体短文中，左藏一又一次扮演了提问者的角色，就方氏家学自以为"破天荒"的"公因反因说"，与密之展开对谈。

综合以上数条，我们可以得出一个初步的结论：左藏一是方以智最为器重的知交之一，他对方氏家学有系统的了解，由他笔录的《黄林合录》，与他相关的《仁树楼别录》，对于理解方以智的中晚期思想至关重要。

四、弟子还是朋友

对于左锐其人，晚近研究方以智的学者多有提及。大家比较一致的看法是，左锐乃方以智的及门弟子。譬如张永堂说："左锐，字藏一，桐城人，是方以智弟子。"② 任道斌亦云："合山栾庐期间……从学者除戴移孝外，尚有左锒、兴种、兴畜。"③ 庞朴在《〈东西均〉注释》序言中也有同样的说法："弟子左锐在《公因反因说》中说：环中堂公因反因，诚破天荒，应午会。"④

根据上文的介绍，个人以为，弟子说恐怕尚须斟酌。理由有四：

第一，古人极重师道尊严，入室弟子与恩师之间，无论用词还是

---

① 方以智编，张永义校注：《青原志略》卷三，第363页。
② 张永堂：《方孔炤〈周易时论合编〉一书的主要思想》，载邢益海编：《冬炼三时传旧火：港台学人论方以智》，华夏出版社2011年版，第81页。
③ 任道斌：《方以智年谱》，安徽教育出版社1983年版，第202页。
④ 方以智著，庞朴注释：《东西均注释》序言，中华书局2016年版，第9页。

语气，都很讲究分寸。从密之和左锐的对话和交往中，尚读不出这种味道。

第二，左锐的年龄当与密之不相上下。方以智五十四岁入主青原山，他在同年给左锐之信中称之为"我翁"，说明藏一此时年龄应当不小。

第三，前引方孔炤《周易时论合编》凡例中的话，一共提到五个人。其中周岐、钱澄之皆为密之好友，鸦立、兆及则是密之同辈兄弟，左锐似不应属于例外。

第四，方中通的《送父执左藏一归里》诗提供了一条最有力的反证："不能留父执，何以慰亲心。挥涕一为别，空余江水深。"[1]中通为密之次子，从诗名、内容和原书编排顺序都可以断定，该诗作于左藏一由青原山返乡前夕。中通既明确称呼左锐为"父执"，那就足以证明，左锐和方以智之间绝不存在师生关系。

---

[1]　方中通:《陪诗》卷三,《清代诗文集汇编》第 133 册, 上海古籍出版社 2010 年版, 第 93 页。

方中通《哀述》诗释读

方中通（1634—1698），字位伯，号陪翁，乃方以智第二子。《哀述》是他在守丧期间所作的一组怀念父亲的诗作。这组诗，除小序外，一共十首。每首诗中，都附有一些解释性的文字。诗的内容，基本上涵盖了方以智一生的学行和志业，因此大体上可以看作是一篇"盖棺论定"之作。

在写作这组诗时，方中通除了正经受丧父之痛外，也才刚刚从牢狱之苦中脱出。他被逮的原因和他父亲一样，都与"粤案"有关。①迄今为止，"粤案"的详情如何，我们并不知道，但它对这个家庭的影响却是致命的。一方面，方以智正是因为此案而死于非命。另一方面，中通也前后两次被投入大狱。只是在亲族的联名具保下，他才得以短暂出狱，前往江西万安奔丧。②

方中通在江西守丧的时间大约有半年左右。在这期间，他把父亲留下的法语汇编成册，并认真地回味和总结了他父亲那异常曲折的一生。由于方以智一生颠沛流离，出入儒释，最后还以戴罪之身了结，

---

① 方中通《陪诗》第四卷有数首诗分别题作"辛亥三月二十三日，三弟家邮至自吉州，闻老父粤难作""三月二十七日檄至系狱""四月二十六日再系尊经阁"，参见《清代诗文集汇编》第133册，上海古籍出版社2010年版，第100—101页。

② 具保者有四弟方中发、叔祖梅师、姐婿马严冲、表弟孙肖武等，参见《清代诗文集汇编》第133册，第104页。

他的出处进退及思想归宿究竟该如何评定，的确并不是一个容易回答的问题。事实上，无论是方以智生前还是身后，这方面的质疑和非议从来就没有间断过。中通的《哀述》诗，在某种程度上，也算是对那些质疑和非议的一种回答。

方中通一共兄弟三人，从跟随父亲时间的久暂来讲，他并不是最长的。但就学术造诣及对其父一生学行的了解而言，他应该是三兄弟中最有资格承担起这份责任的。方以智晚年主要活动于江西一带，三子轮流陪侍，而中通花的时间最多。康熙四年，方以智有诗赐中通："念汝随余学，环中竟左旋。冬春看两度，首尾算三年。"[①] 中通在《青原愚者智禅师语录》跋语中也说："向侍青原，两闭冬关，父子恩深，刀斧莫入。"[②] 正是由于这种长年陪侍的经历，中通才把自己的诗文集命名为《陪集》，并自号曰"陪翁"。另外，他也是三兄弟中唯一受到"粤案"牵连的人。所有这些都表明，中通与其父在思想和行为两方面皆有极深的勾连，他对父亲一生行迹的叙述和评价具有极高的史料价值。甚至，他的"哀述"诗中，也未必没有包含某些方以智本人自我定位的因素在内。

有鉴于此，我们下面对《哀述》诗的内容略作分析与解释，希望对于方以智思想和学行的研究，能有些微的帮助。疏漏之处，敬请方家指正。

一

西泠姚有仆年伯序老父《瞻旻》诗，谓才人、孝子、忠臣合为一人者。呜呼，知之深矣！然未睹老父二十年来之著作，向见其眅颥之行，甄苏之节，称之为孝子，为忠臣；又见其经史会通，词章博雅，穷百家之书，工百家之艺，谓五地再世，称之为才人已耳。呜呼，万世而下，其所以景仰浮山先生者，岂特此哉？世固有性命之学，有象数之学，有考究之学，有经济之学，有三才物理之学，有五行医卜之学，有声音之学，有六书之学。老父穷尽一切，而一征之于河洛，破千年之天荒，传三圣之心法，准不乱而享神无方，必有事而归行无事，天然秩序，寂历同时，以无我为备我，以差等为平等，午会全彰，诚非虚语。倘姚公至今日披读《时论》《炮庄》《易余》《物理》《鼎薪》《声原》《医集》《冬灰》诸书，仅谓之才人乎哉？虽然，忠孝所以成其才，才所以济其学，浮山先生之一直继缁帷，职是故哉。独是生于忧患，别路藏身，甘人所不能甘之苦，忍人所不能忍之行，瓢笠天涯，晚遭风影。不孝孚号，被羁故里。呜呼痛哉！我父竟舍我而逝矣。破浪奔丧，终天绝地，罪负须弥，无以自解。五云苦次，濡血写哀，莫述万一，用付纸灰而已。辛亥冬，不孝孤子方中通百拜识。

此段为《哀述》诗的小序。除了交代写作时间外，方中通主要表达了两层意思：一是其父一生的皈命处在儒而不在佛，二是河洛之学才是其父统摄一切学问的基础。

关于第一点，中通特别提到了姚有仆"才人、忠臣、孝子合为一人"的评论。姚是方以智的同年，名奇胤，钱塘人，中进士后，选授南海县令。弘光元年，方以智为避阮大铖迫害，改名换姓，逃往广州，曾寄居在姚奇胤署中，并深得后者相助。奇胤称方以智为孝子，指的是方以智曾经膝行沙堰两年，控疏鸣冤，最后终于脱父于牢狱，有如古之吉眅、虞颥。称其为忠臣，指的是方以智在北京沦陷之时，虽备受拷掠，仍不改其志，并乘间南奔，有如唐之甄济、苏源明。称之为才人，指的是方以智学博识广，无所不通，有如佛经中五地菩萨，通达世间一切之学。

对于姚奇胤的说法，中通有着发自内心的感激。要知道，正当方以智漂泊天末之时，南京弘光小朝廷的刑部尚书解学龙、右侍郎贺世寿上奏从逆罪案，方以智赫然名列"宜杖拟赎"的第六等。[①] 御史王孙蕃论方以智，亦有"自亏臣节，复撰伪书，以乱是非"[②] 之说。在那个党争不断、交通不畅、信息混乱的年代，方以智无论如何辩白，都难以消除人们的质疑。从现存《浮山文集后编》中可以知道，方以智曾经向包括瞿式耜、朱天麟、金堡、李雯、张自烈等在内的一大批师友申诉过自己的冤屈，这足可看出他当时的心理压力之大。

在这异常凄苦的日子里，姚奇胤是方以智的主要支持者之一，他曾上书隆武大臣黄道周，替方以智辩护说：

> 马、阮报怨，南都以亡，自拔来归者得问罪矣，西北之人不俱漏网乎？且有不归而旋降■者，其父兄扬扬于家，不敢问也。夫臣子以礼守节，不当问受恩之深浅，然朝廷以法服人，则官之大小轻重，宜分别而等杀。如自宰辅而下，金紫大臣，何许？其执政要路数十年者，何许？今止逮二三南归之小臣，官未满百日，禄不过十石，为王维、郑虔者，锻炼大辟，而尊宠与贼召语者，反蒙收用，其何以服后世？嗟乎，士有幸不幸耳。早生数十年，皆忠孝廉节，身名俱泰。不幸遭乱，一不免，遂为世所蹂躏至此。才与名，真老庄之所恨哉！至为甄济、苏源明者，事久论定，芳名自传。时当害才之世，不得受甄、苏之赏耳。若今日南都，降索头等，岂得籍口王维、郑虔比乎？[③]

---

① 谈迁著，张宗祥校点：《国榷》（六），中华书局 1958 年版，第 6136 页。

② 彭孙贻：《流寇志》第十三卷，《续修四库全书》第 442 册，上海古籍出版社 1996—2003 年版，第 403 页。

③ 奇胤这段话收于方以智《浮山文集前编》第七卷《寄李舒章书》后，《四库禁毁书丛刊》集部第 113 册，北京出版社 2000 年版，第 586 页。

奇胤提到的王维、郑虔、甄济、苏源明四人皆与安史之乱有关，王、郑二人曾署伪职，甄、苏则始终拒绝与安禄山合作。在姚奇胤看来，生当乱世，不必对那些被迫降贼的官员们过于苛责。至于忠贞不屈如甄济、苏源明者，虽一时可能蒙受冤屈，事白之后，芳名自会流传千古。这段话中虽未出现方以智的名字，但从奇胤《瞻旻》序来看，譬作甄、苏的，正是方以智本人。后来隆武帝公开为方以智平反，并恢复其旧职，显然和姚奇胤的努力分不开。作为方以智的子嗣，方中通对于这位年伯的古道热肠，又怎能不感激涕零呢？"呜呼，知之深矣"，这里面当然包含着无限的深情。

至于用"才人"形容其父，方中通认为显然是不够的。这并不是说中通对姚奇胤有什么不满，毕竟后者并不能预知其父后半生的学术造诣。隆武二年，姚奇胤升任监察御史，在江西赣州抗清，英勇献身。[1] 这一年，方以智才刚刚 35 岁。奇胤能够读到的方以智作品，大概只有部分诗文和《通雅》手稿。如中通所提到的《时论》《炮庄》《易余》《物理》《鼎薪》《声原》《医集》《冬灰》诸书，全都没有面世。按照中通自己的说法，他的父亲虽然博涉多通，穷尽一切（包括性命之学、象数之学、考究之学、经济之学、三才物理之学、五行医卜之学、声音之学、六书之学等等），但并非杂乱无章，它们全都可以统摄于易学中的河洛之学，所以仅用"才人"来形容，并不足以反映其父"破千年之天荒、传三圣之心法"的大贡献。方以智如何在河洛之学上"破千年之天荒"，下面的诗文还有详述，这里暂时不论。倒是中通的说法提醒我们，过去流行的一些论断如《通雅》是方以智最重要的著作，需要接受重新的检讨。

小序的末尾又回到了第一个问题。中通断言："忠孝所以成其才，

① 温睿临：《南疆逸史》第十九卷，《续修四库全书》第332册，上海古籍出版社1996—2003年版，第278页。

才所以济其学，浮山先生之直继缁帷，职是故哉！"句中的关键是"缁帷"二字。《庄子·渔父》篇称："孔子游乎缁帷之林。"因此后世常以"缁帷"代指孔子和儒家。在中通看来，道德是学问之本，忠孝又为道德之纲。其父作为忠臣和孝子，理当归宗于孔门。二十年的出家生活，只不过是"生于忧患"，被迫"别路藏身"而已。方中通显然并不甘心让他那以僧人身份死去的父亲，身后仍然还为僧人。"粤案"终结后，方以智的灵柩被运回浮山，葬在其母的墓侧。这是方以智本人的遗愿，当然也更是方中通和他的兄弟们的愿望。

　　总之，作为《哀述》诗的小序，方中通所表达的，其实就只有八个字："本于河洛""直继缁帷"。这八个字，也正是下面十首诗所要讲述的中心内容。

二

　　　　骑箕万里破苍天，丙舍高吟送纸钱。阙下变骚今日读，墓旁家《易》几时编（自注：变《离骚》而为《激楚》，编《时论》以继先人，俱详后注）。堪伤南北忘身后，欲令东西正学传（自注：北都矢死，南海重生，其所以鸟道孤行而不自已者，既开圆三宗一之全眼，欲救两家拘放之病，有功末世，岂浅鲜哉）。莫怪缁帷人不识，相看别路总茫然（自注：异类中行，原非获已。行者固难，知者亦不易）。

　　这首诗与小序一样，仍属提纲挈领。末两句"莫怪缁帷人不识，相看别路总茫然"，是"直继缁帷""别路藏身"的另一种表达方式。自注中的"异类中行"是说其父虽着僧服，但落脚点仍在儒家。"行者固难，知者亦不易"，则是说其父的深心苦志并非常人所可理解。

　　对于中通的这种说法，可以找到很多的支持材料。最有说服力的，

其实还是方以智自己的话:

> 忽忽三年,易箦之际,竟不得一送。破关奔丧,遑问法云有
> 例乎?袒踊袭经,无发可指,无地可入,罪通天矣。合明寺之阳,
> 旧卜佳城,治命即事。襟土攀柏之余,念及遗言,合编《时论》,
> 且以自尽,留其残喘耳。嗟乎!忽言至此,更有一痛。家有数千
> 年正决之学,而复不能侃侃木舌,且行异类,托之冥权,是又将
> 谁告乎?不觉直叙,声已复吞。惟大人在天之灵,式冯鉴之。①

这是方以智在其父方孔炤墓前写下的《灵前告哀文》中的一段。
文中哀叹自己无法承继"数千年正决"之家学,只好借异类("且行异
类")而行方便("托之冥权"),这种苦况又能向谁诉说呢?面对亡灵
时的"不觉直叙",恰恰是方以智心迹的最真实独白。

中通诗中,值得注意的还有第七句"欲令东西正学传"。方以智虽
然从未忘记儒者的使命,但二十年的僧人生涯也不能说全是应付。关
键就在中通自注中说的"既开圆三宗一之全眼,欲救两家拘放之病"。
"圆三宗一",指的大概是方以智下面这句话:"教无所谓三也,一而
三、三而一者也。譬之大宅然,虽有堂奥楼阁之区分,其实一宅也,
门径相殊,而通相为用者也。"②如果三教可以互通,那么救正儒佛两家
拘放之病,就不仅有功于儒,而且也有功于佛。所传正学,就不仅包
含有儒,而且也包含有佛。

近似的意思也出现在方中通为《药地愚者智禅师语录》所作的跋
语:"本传尧舜禹汤文周之道,转而集诸佛祖师之大成,而尧舜禹汤文
周之道寓其中,时也,非人也。教以时起,道以时行,何莫非异类中

---

① 方以智:《浮山文集后编》第一卷,《四库禁毁书丛刊》集部第 113 册,第 664 页。
② 转引自施闰章:《无可大师六十序》,《施愚山先生学余文集》第九卷,《清代诗文集汇编》
第 67 册,上海古籍出版社 2010 年版,第 75 页。

行乎？何莫非因法救法乎？"①文中强调的虽是"异类中行"，但就承认其父"转而集诸佛祖师之大成"而言，他显然也并不否认其父对佛教的贡献，只不过在儒佛之间仍然存在着轻重之分而已。

三

　　家传患难足啼痕，我父曾经大父冤。不重南宫夸姓字，但依北寺泣晨昏。举幡只为悲亲老，挝鼓终能感帝恩。《激楚》如今当再拟，教人无奈赋《招魂》（自注：老父通籍时，值先祖遭党祸被逮，左右圜扉，悲鸣饮泣，未及殿试，控疏请代，幸感圣恩，时著《激楚》以见志。呜呼痛哉！我父罹忧，小子代诉，讵知事白而见背哉？天不慭遗，如彼苍何）。

　　第二首诗，讲的是方以智为父诉冤事。诗文和自注中都已描述了方以智奋不顾身、控疏请代的情形，这也是人们赞叹其为"孝子"的重要理由。可以补充的有以下两点：

　　一是事件的起因。方以智父亲方孔炤原为湖广巡抚，参与围剿张献忠。一年之间，取得八战八捷的佳绩。后来由于杨嗣昌的调度失误，孔炤部将孤军深入，为献忠击溃。杨嗣昌以贻误军机为由予以弹劾，方孔炤因此被押送到北京狱中，等候审理。

　　二是崇祯帝的"开恩"。《清史稿·方以智传》称："其闭关高坐时也，友人钱澄之亦客金陵，遇故中官为僧者问以智，澄之曰：'君岂曾识耶？'曰：'非也。昔侍先皇，一日朝罢，上忽叹曰：求忠臣必于孝子。如是者再。某跪请故，上曰：早御经筵，有讲官父巡抚河南，坐失机，问大辟。某熏衣饰，容止如常时。不孝若此，能为忠乎？闻新

---

　　① 方以智著，邢益海校注：《冬灰录》（外一种），第353页。

进士方以智，父亦系狱，日号泣持疏求救，此亦人子也。言讫复叹，俄释孔炤而辟河南巡抚。外廷亦知其故乎？'澄之述其语告以智，以智伏地哭失声。"[1] 如果这条记载属实的话，正是方以智的孝行挽救了他父亲的性命。

四

　　圜中讲《易》痛追随，墓下重编有雪知。华表鹤归常挂纸，栾庐兔绕复生芝。看来忧患非无意，留得乾坤到此时。为叹仲翔当五世，家山负土是何期（自注：作《易》者，其有忧患乎！自先明善而下，五世学《易》矣。先祖西库与石斋先生讲《易》不辍，晚年著有《时论》。老父庐墓合山，重编梓行。呜呼痛哉！忧患未竟，旅榇未归，为仲翔者，能不悲哉）。

　　第三首讲方以智学《易》之事。"圜中讲《易》痛追随"，指的是方孔炤与黄道周共处狱中，朝夕讲《易》，方以智随侍在侧，故得以聆听二人的教导。"墓下重编有雪知"，指的是方孔炤辞世后，方以智庐墓合明山，与子侄一道，重新编订并刊刻父作《周易时论合编》。"华表鹤归常挂纸"用丁令威学道灵虚山，后化鹤归辽东，集于城门华表柱之典，代指方以智久别还乡。"栾庐兔绕复生芝"仍是说庐墓合明山之事，白兔、灵芝皆祥瑞之物，古代常有孝子庐墓，芝生兔绕之记载。"看来忧患非无意，留得乾坤到此时"，化自《系辞下》"作《易》者，其有忧患乎"。"为叹仲翔当五世，家山负土是何期"，借虞翻五世传《易》、后被孙权流放苍梧事，感叹自己身处患难，无法扶柩归葬。之

---

　　[1]　赵尔巽主编：《清史稿·遗逸传》，《二十五史》第 12 册，上海古籍出版社 1986 年版，第 1584 页。

所以特别提到虞翻的五世，是因为方家自方学渐起，经方大镇、方孔炤、方以智，到方中通这一代刚好已经五世研《易》了。

值得提及的是，方氏易学原本以义理为主，到方孔炤才开始转向象数一派。这当中有两个人起了很大的作用：

一是晚明易学大家黄道周。方以智《周易时论后跋》称："家君子自辛未庐墓白鹿三年，广先曾王父《易蠡》、先王父《易意》而阐之，名曰《时论》，以六虚之归环中者，时也。又八年，抚楚，以议剿谷城，忤楚相被逮。时石斋先生亦拜杖下理，同处白云库中，阅岁有八月。两先生翛然相得，盖无不讲《易》朝夕也。肆赦之后，家君子特蒙召对。此两年中，又会扬、京、关、邵，以推见四圣，发挥旁通，论诸图说。自晋以后，右王左郑，而李鼎祚集之，依然皮傅钩钑。至康节，乃明河洛之原，考亭表之。学《易》家，或凿象数以言占，或废象数而言理，岂观其通而知时义者哉？"[1]从方以智的这种追述可以知道，方孔炤《时论》初稿原是推广、阐发方学渐《易蠡》和方大镇《易意》的。后来因为和黄道周共处狱中一年零八个月，两人朝夕讲《易》，孔炤深受道周的影响，才开始结合扬雄、京房、关朗、邵雍，讨论图书象数之学。

另一位是虚舟子王宣。方以智曾作《虚舟先生传》，其中有云："智十七八，即闻先生绪论，旷观千世，常诗书歌咏间，引人闻道，深者征之象数。其所杂著，多言物理。是时先生年七十，益深于河洛，扬、京、关、邵，无有能出其宗者。智方溺于词章，得先生之秘传，心重之，自以为晚当发明，岂意一经世乱，遂与先生永诀哉？"[2]从语气看，方以智深为自己早年未能致力于发明师学而懊恼。

在《通雅》卷首《考古通说》中，方以智称："虚舟子衍《河图》

---

① 方孔炤：《周易时论合编》，《续修四库全书》第 15 册，上海古籍出版社 1996—2003 年版，第 10 页。

② 方以智著，张永义校注：《浮山文集》，华夏出版社 2017 年版，第 353 页。

为《洛书》,漳浦公衍《天方图》(自注:老父与黄石斋先生在西库论《易》衍此。老父叹曰:此方圆同时图),尤为绝学,旷代始闻。"① 若从这两点出发,兴许能够找到方以智本人易学思想的源头和端绪。

五

回忆沧桑五内焚,《瞻旻》诗卷不堪闻(自注:甲申变后,老父诗集名《瞻旻》)。请缨枉教书长策,召对空令谒圣君(自注:老父三上请缨疏,蒙先帝召对德政殿,痛陈时弊,先帝称善久之。欲予齐斧,竟为执政所阻)。愤哭东华轻桔拏(自注:闻梓宫在东华门,愤身往哭,遂为贼所系,遭其苦刑,不屈),早奔南国望氤氲(自注:老父引决,为人所救。闻南都新立,奔回最早,伏疏请罪,欲条贼状而仇奸阻之,不得上达)。那知血溅刀锋后,又避仇奸骨肉分(自注:老父矢死全节,《中兴辑录》、《大变录》、吴廷策《国变录》、吴门张魁《血誓单》、叶蓝玉《甲申纪事》、冯犹龙《伸志略》皆见褒白。而仇奸翻案,诬良蔑贞,欲得而甘心焉。鲁公孺发大呼阙下,以死保家父之不屈。陈公卧子、郑公潜庵皆有书明家父之节。曾公二云与罗认庵书,以家父为赵忠简、张忠献。徐公虞求慷慨言家父当同甄孟成、苏司业之表擢。嗟乎,公道犹在人心,虺蜴复何为乎?先祖见几,因命老父南游云)。

第四诗叙述的是北都失守、方以智南奔事。自注基本上都是替其父恪守气节、不降逆贼的辩护,为小序中的"甄苏之节"的说法提供了细节和证据。

第二句中《瞻旻》诗,得名于《诗经·大雅》的末两篇《瞻卬》

---

① 侯外庐主编:《方以智全书》第1册,上海古籍出版社1988年版,第1页。

和《召旻》。《瞻卬》曰："天之降罔，维其优矣。人之云亡，心之忧矣。天之降罔，维其几矣。人之云亡，心之悲矣。"《召旻》曰："昊天疾威，天笃降丧。瘨我饥馑，民卒流亡。"这与北都失守、天下大乱、民人流离之状况，正相仿佛。

　　第五句自注中遭苦刑事，文献记载略有不同。《明季北略》卷二十二称："方以智，南直桐城人，崇祯庚辰进士。官翰林院检讨，充定王讲官。闻变走出，遇苏人陈伯明，仓卒通名，相与叹泣。潜走禄米仓后夹巷，见草房侧有大井，意欲下投，适担水者数人至，不果。陈留至寓所一宿，次早，家人同四卒物色及之，则家人惧祸，已代为报名矣。四卒挟往见伪刑官，逼认献银若干，后乘间逃归。"[1]方以智《寄李舒章书》中则说："当城破时，握舒章手，委地饮泣，绝命之辞，縩于袥袴。翼日，闻诸老有投职名者，愤而引决，而足下止之，以为前歃血所谓者何……既已哭东华，被贼执，则求死不得矣。至廿六日押入，呼名不应者反接，驱被锋锷，箠考惨毒，刺劂攻心……适有天幸，为其书记卒所护。"[2]

　　第六句中自注中的"仇奸"，指的是阉党阮大铖。大铖本是方以智同乡，两人结怨的原因，方以智《寄张尔公书》有过解释："智万死不屈于北都，北来之人无不人人知者。当时米吉士、韩雨公、汪子白诸人所亲见，决我弃妻子南奔，告诸督镇以贼状。五月至南都，九月阮大铖用事，而节妇瞿为淫妇矣，冤哉冤哉！嗟乎，同郡之仇，君所凤恨。先祖、家父历朝居乡，与熏莸素矣。戊寅岁，吴下同社顾子方、吴次尾辈，以其为逆党之魁宿而揭之，彼以为出自我，齰舌甘心，何所不至？一旦柄用，翻先帝十七年之案，欲尽杀天下善人名士，何独于智？而止于赎徒，而又赦之，此幸矣。"[3]从信文最后一句来看，方

　　① 计六奇著，魏得良、任道斌点校：《明季北略》，中华书局1984年版，第585页。
　　② 方以智著，张永义校注：《浮山文集》，华夏出版社2017年版，第229页。
　　③ 方以智著，张永义校注：《浮山文集》，第266页。

以智在弘光时虽名列"宜杖拟赎"之从逆第六等，但不久即被赦免了。不过，这对方以智本人来说，并无意义，正如中通自注所云，方以智此时早已在父亲方孔炤的指使下，逃到了被称作"天末"的岭南。

六

> 干戈顷刻尚追寻，病谢天兴叹陆沉（自注：唐藩改福州为天兴，诏复馆职，以病未就）。乱里著书还策杖（自注：《物理》、《声原》，皆乱中所著），饥时变姓不投林（自注：自越而闽而粤，凡数易姓名。猖峒转侧，备尝艰苦）。八年转徙黄头泪（自注：流离天末八年），十诏蒿莱白发心（自注：端州告紫，十诏不受宰相，为白发也。上五策之后，遂浮家西粤）。一自法场归世外，竟披鹟衲到如今（自注：老父披缁于平乐之仙回山，被絷不屈，封刀自矢。时平乐将军奉默德那教，尤恶头陀，露刃环之，而老父终以死自守。将军惊其不畏死，遂供养于梧州之云盖寺，老父因兴冰舍。壬辰之冬，始得出岭，由匡庐归省白鹿）。

第五诗讲的是方以智流离岭表事。第二句自注中的"唐藩"，指的是唐王朱聿键。南京的弘光政权仅仅存在数月，就被清兵击溃。朱聿键在黄道周、郑芝龙的支持下，在福建称帝，改号隆武，成为南明的第二个小朝廷。道周与方孔炤有同僚兼狱友的关系，又是前述姚奇胤的座师，所以"诏复"方以智的"馆职"并无太大的阻力，只是方以智并未前往赴任。

最值得注意的是第六句，"十诏蒿莱白发心"。隆武政权仅仅支持一年多，就被清兵所灭。桂王朱由榔在瞿式耜等人支持下，于肇庆登基，是谓永历帝。方以智因为参与拥戴，官封少詹事。不过，当永历后来请他入阁时，他却坚决拒绝，连上辞疏，后来干脆遁入深山，连使臣都无法找到。对于方以智如此决绝的解释有好多种，一说他厌倦了永历朝内的党争，一说他知道大势已去，不愿做无谓的牺牲，也有说弘光朝"从逆"的判决伤透了他的心。这些因素可能都有，但最重要的恐怕还是中通所说"白发心"。虽然永历朝廷一度控制两广之外的江西和湖南，但方以智父亲和家人生活的地方都已经控制在满人手中，一旦拜相，其父与家人马上就会危在旦夕，这才是方以智最担心的问题。有方以智自己的话为证："自甲申至庚寅，无可道人以猗玕洞之悬丝，流离岭表，十召坚隐，不肯一日班行，为白发也。"[①] 如何评论方以智的这种做法暂且不论，但在这件事上，孝思显然占据了主导的地位。

诗的最后讲述了方以智被清兵逮捕、出家为僧的经过。各种野史的记载也大体相同。自北都沦陷以来，方以智经历过无数的磨难，面临死亡的威胁已经成为常态，所以也就更能泰然处之了，这反而为他带来了生存的机会。出家为僧，至少保留了不愿臣服的气节和尊严。

方以智初为僧人的生活，其老友钱澄之有诗记之，可发一笑："五更起坐自温经，还似书声静夜听。梵唱自矜能仿佛，老僧本色是优伶。"澄之自注云："愚道人既为僧，习梵唱，予笑其是剧场中老僧腔也。"[②]

七

　　掀翻沧澥倒昆仑，何幸天留不二门。杖许竹关埋白下，斧知药地借青原。再生须发都成雪，廿载袈裟只报恩。才信荣枯分未得，荆条活处露盘根（自注：两遍煴火，托迹空门。甫得归省白鹿，即圆具天界。破蓝茎草，遂受嘱于杖门，闭关建初寺之竹轩

---

① 方以智著，张永义校注：《浮山文集》，华夏出版社 2017 年版，第 333 页。
② 钱澄之著，汤华泉校点：《藏山阁集》，黄山书社 2004 年版，第 327 页。

三年。先祖弃世，破关奔丧，结茅庐墓。终制后复游西江，扶起廪山、东苑。吉州诸公因请主青原法席，而药地之斧始酬米价焉。历住建武之资圣、安福，西昌之首山、沩林，何往而非药地乎？固知思祖之倒插枯荆，冬日再荣，诚受命如响，不可思议。呜呼痛哉！今日过药树、法荫、归云、晚对、别峰诸处，触目皆先人之创造、遗笔在焉。至为杖人翁刊《全录》，为笑老人建衣钵塔，成《志》书，免里役，凡百完备，而奉之同门，又其主青原之逸事也）。

第六首诗描述的是方以智出家后的经历。第二句中的"不二门"，指的是觉浪道盛禅师。道盛为曹洞宗禅师，晦台元镜法嗣，曾住持南京天界寺，以提倡禅净不二、儒佛不二著称，与弟子、居士们一起成立过"不二社""双选社"。第三句"杖许竹关埋白下"指的是方以智圆戒后闭关于建初寺之看竹轩，第四句"斧知药地借青原"指的是方以智继笑峰大然主青原山净居寺，这些在中通的自注中都有说明。末尾讲的"荆条活处露盘根"借用行思倒插枯荆典，说明方以智对于兴复青原的大功。

可以稍作补充的是：第一，方以智梧州出家的第二年，就跟随施闰章，踏上了返乡之路。由于其声名在外，到家不久，即两度遇到清朝官员出仕的催促，因而不得不再次离家，正式接受大法之戒，这就是中通所说的"两逼煴火"。第二，觉浪道盛的《全录》是由方以智主持编纂的，《嘉兴藏》中还另有一部《觉浪盛禅师语录》，篇幅稍小，有些内容并未包含在《全录》之中。第三，方以智所成之"《志》书"，即《青原志略》，此书由笑峰大然发端，但完成于方以智手中。"免里役"是指免除净居寺之赋税，详见《青原志略》末卷所载。"奉之同门"是指方以智晚年主动退休，把净居寺住持的位置让给了同门师弟叶妙大权。

总的来说，相对于梧州时期"习梵唱"的"愚道人"，身为青原山住持的"愚大师"的确为佛门做了不少的事，这是人们无法接受他只是一个"纯粹应付的假和尚"[①]的重要原因。

八

　　尼山心向别峰传，黄叶藏身学可怜。符信图书携袖里，轮将宇宙挂帘前。一双眼出人间世，二六时归天下篇。莫惜高堂虚正座，定知午会证千年（自注：古航和上曰："《河图》言回互，《洛书》言临照。"山谷曰："以宇观人间，以宙观世。"然矣而未畅也。老父明两端四破之用中、公因反因、正知偏知，证此五位纲宗、天然物则之大符。又发为宙轮宇矩之说，以宇为素，以宙为逝，统类会宜，而归于法位中节。非过冬关，开全眼，孰能准天地而传千圣不传之心乎？世之读《鼎薪》《会宜编》者，固知别峰之应午会，有功于尼山绝学，而叹其随时之兼中妙叶也）。

　　第七首诗是对小序中"本于河洛""直继缁帷"的具体化。首句尼山代指孔子，别峰当然就是佛教了。尼山之心需靠别峰来传，这正如佛经中用来止小儿啼哭的"黄叶"一样，只是一种方便。"符信图书携袖里"，是说方以智一切皆征信于《河图》《洛书》；"轮将宇宙挂帘前"，是说方以智虽隐于浮屠，却仍在深究贯穿宇宙的大道理。"一双眼出人间世"指的是学佛；"二六时归天下篇"指的是炮《庄》。[②]可这两者都不是最主要的，所以"高堂"之上才虚着"正座"。为什么又要"莫惜"呢？因为无论是学佛还是炮《庄》，所传的"千圣不传之心"，落脚点都在"有功于尼山绝学"之上。

---

①　侯外庐主编：《中国思想史》第四卷下册，人民出版社 1960 年版，第 1134 页。

②　此句为双关语，也可理解为虽出世而时刻不忘天下事。

　　对于方以智"有功于尼山绝学"的贡献，中通自注中特别提到了"两端四破之用中""公因反因""宙轮宇矩"说等。所谓"两端四破之用中"，乃是两端用中、中五四破的合称。"两端用中"出自《中庸》，乃孔子语。"中五四破"来自易学，指的是太极本体寓于四象之中。"公因反因"强调的是对立面的相反相成。所谓公因，指是为物不二、至诚无息的本体。所谓反因，指的是宇宙、上下、动静、内外、昼夜、生死、顿渐等相互对立的两端。公因和反因的关系是："极则必反，始知反因。反而相因，始知公因。公不独公，始知公因之在反因中。"[①]"宙轮宇矩"是说"宙轮于宇，则宇中有宙，宙中有宇"。由于宇为方、轮为圆，两者的关系正好合于河洛之方圆图。

　　这几点对于治学之重要性，方以智在《五位纲宗》中有过系统的说明：

　　　　学道得本，须明纲宗。纲宗既明，其本自立。自开全眼者观之，舍大本无差别，含差别无大本。到此当处历然，当处寂然，秩序变化，方圆同时，圆融不碍行布，行布不碍圆融，是岂人力思量之所能及哉！涅槃心易晓，差别智难明。得少为足，昆仑吞枣。不肯偏参，自不知大定中之条理细定，物物如是。又况情识之我见未莹，而笼统滑疑、护短强胜者，欲其彻此难矣。古德各就所知而言之，各不自欺。一曲皆道所收，如举其全，须明公因反因者，正知偏知，乃能证此大符，未易言也。彼或依火候而言，或从机下而言，或执六爻之自下而上为言，或执言宇而不知宙，或执言宙而不知宇，岂能全举夫方圆寂历同时之一切生成、一然俱然者哉？愚者尝言万法皆两端交纲，两端皆相反、皆相因，而公因贯乎其中。人尚不信两间万古之皆两端，又况扫两见一，又

---

① 方以智著，张昭炜整理：《易余》，上海古籍出版社 2018 年版，第 103 页。

况一二俱泯、不二不一之故，又况二不是一、二即是一之故，又况一二之泯于千万动赜中、随举皆具者乎？正偏也，先后也，混沌开辟也，发未发也，皆宇藏于宙之两端叩竭也。[1]

"五位纲宗"本属曹洞宗的话题，方以智此处却结合易理予以发挥，认为圆融和行布、全知与偏知，皆可通过公因反因、寂历同时来化解。

在致笑峰大然的一封信中，方以智曾说："《易》妙公因贯反对之因，所谓待中绝待，代错之帱本如是也。世出世法舛驰，惟此妙叶乃可合统，乃可知合而分任之。"[2] 这句话就是方中通自注中"兼中妙叶"的最好注解。

九

已知身向三门入，又见花拈五色开。信此街头为绝壁，踏完峰顶立平台。尘埃满面从今扫，寒暑惊心任自来。文字果然离不得，虚空粉碎只怜才（自注：鹫岭用毒药，为尼山一助，而漆园旁击之，原于分别中无分别也。障碍者不能穿彻，昆仑者不能研几，已可痛悼。而五宗之分门别户，不尤堪喷饭耶？且今者暗痴胶执之无记顽空、莽荡滑疑之标幢斗胜，徒以不立文字谓了涅槃之心，不以不离文字用穷差别之智，究之护短强胜，妄执愈增，差别未明，涅槃亦未晓，佛祖冤乎哉！故老父为之力扫窠臼，挽回人心，发明寂历同时、昼统昼夜、善统善恶之说，而以无我为过关，以不自欺为薪火，打杀向上，专提向下。呜呼，婆心切矣）。

① 方以智著，邢益海校注：《冬灰录》（外一种），华夏出版社 2014 年版，第 140 页。
② 方以智编，张永义校注：《青原志略》，华夏出版社 2012 年版，第 188 页。

　　第八诗是讲方以智在佛学方面的贡献。从注文来看，首句的"三门"可能有双关意，一是专指佛门，一指儒释道三家。次句之"五色"，代指禅宗。第七句"文字果然离不得"，强调的是方以智对狂禅的批判。此诗再一次证明，中通虽极力表白其父之皈命于儒，但也并不否认其在救正佛门方面的作用。

十

　　　多才绝世古今奇，十岁能文七岁诗。复壁五车犹未竟，铁函一字亦堪悲。丹青别染神州色，黑白空传故里棋（自注：浮山为远公祖庭，数年来不孝兄弟建报恩庵于山下，故乡诸公复迎老父主华严法席，将归而难作矣，呜呼痛哉）。石上闲名镌汉篆，印泥落处几人知（自注：老父三岁知平仄，七岁赋诗，十岁属文，十五岁读罢十三经、廿一史，举之指掌。童角时即名播海内。生平著作百余种，别有书目，总名之曰《浮山全书》。至百家技艺，若书法，若画，若弈，若图章，弗克枚举，无不穷变造极，非五地再生而能若是乎）。

　　第九首诗讲的是方以智的多才多艺，内容比较清楚，不烦多解。其中，"丹青"句讲的是方以智的绘画成就，"黑白"句讲的是方以智的棋艺，"印泥"句讲的是方以智的篆刻技术。"复壁"和"铁函"突出的则是方以智的气节。

十一

　　　波涛忽变作莲花，五夜天归水一涯（自注：辛亥十月七日，舟次万安。夜分，波涛忽作，老父即逝，而风浪息云）。不尽寒江流血泪，敢言觉路总云霞。丁宁只望人传语，断绝惟余骨到家。惭愧荷薪忧力薄，且凭灯火照衰麻（自注：世出世间，穷尽一切，仍还一切，此老父之以知全仁知也。历诸患难，淬砺刀头，此老父以仁全仁知也。集大成而不厌不倦，其天之所以救世乎！惜辞世太迫，世鲜知者。小子复愧早昏，不克负荷，哀何能已？汇编《语录》之暇，敬述十章，不胜呜咽）。

　　最后一首以方以智辞世作结。方以智是否蹈水自尽，中通虽没有明说，但可能性比较大。"波涛忽变作莲花"，有接引之意。"五夜天归水一涯"，突出的刚好是"归"入水中。时间是五更天，此时的看守者也比较容易疏忽。自注中强调的"以仁全仁知"，似乎也有舍身成仁的味道。

　　蹈水自尽对方以智的意义，余英时《方以智晚节考》已有详论，此处不再赘述。总之，通过这十首《哀述》诗，方中通追述了其父一生的功业和学行，对于出处进退、思想归宿这些古人极为重视的问题，给出了自己的说法。我们也许不一定同意他的判断，但这十首诗的确会加深我们对方以智行迹的了解，这多少已经实现了方中通这位孝子表彰父德的愿望。

附　录

异类中行
——方以智晚年的精神归宿

　　今天所要介绍的主人公——方以智，一生非常坎坷，当然也非常丰富多彩。他的思想很艰深，他的著作非常晦涩难懂。清初有位江西学者，"易堂九子"之一，曾经在书信中讲过一个故事，说方以智到易堂来看望他们，那时候方已经是个大和尚了，他拿出自己的两篇文章供大家传阅，有的人读三四遍才勉强可以理解，有的人甚至读到七八遍还弄不明白文章的意思。方以智晚年是位出家僧人，是一名禅师，我们如果读过禅宗语录就会知道，公案通常都很难理解，不好参，方以智的语言同样具有这个特点。所以今天的讲座我恐怕也没法深入谈方以智的思想，只能给大家介绍一下他出家后的经历，希望借助这个人物使大家对明清易代之际遗民群体的精神世界有一个大致的了解和体会。

　　先把讲座的题目解释一下。"异类中行"怎么理解呢？方以智曾说自己是"异类"，他的儿子方中通在评价他的一生时也用了这四个字。其实，这四个字出自佛教的《华严经》。《十地品》中讲到菩萨的十个阶位，其中修到第五地的菩萨已经可以往生净土了，但他们却选择留在娑婆世界里救度众生。这些菩萨对世间各种学问如医卜、术数等都很了解、很精通，他们会以不同的身份行走人间，可能是宰官，可能是占卜先生，也可能是私塾老师。这些菩萨可以呈现各种各样的相状，目的都是为了利益众生。他们都是在"异类"中"行"，意思是行于异类之中，因为他们本来已经成佛了，与世间的芸芸众生相是不同的。

问题是，方以智称自己是"异类"好像很不妥，因为说这话时，他已经是和尚了。和尚追求成佛，怎么可以以"异类"自居呢？而且，他的儿子方中通也用"异类中行"这四个字来评价和概括他的一生，这究竟是为什么呢？

其实，方中通是站在儒家的角度来讲的。他认为他们方家本是儒学世家，他父亲出家只是迫不得已的选择，其内心始终没有忘记儒家传统，一生都在捍卫儒家思想，所以这个佛教术语的含义在这里已经发生了转换。儒家最核心的思想是中庸之道，所以我认为可以把这里的"中行"理解为一个名词，"异类中行"意思就是说，方以智虽然是一位禅僧，但他的精神归宿仍然在儒家的中道。这样，"异类中行"这个术语就获得了一层双关的含义。

下面我将首先介绍正史中的方以智传，使大家对他的生平有个初步了解。然后再列举几条野史中的轶事，看看他生活中的另外一些面相。最后我会专门介绍他出家后二十年间的经历以及他的自我定位，他的朋友、儿子、学生们对他的评价。目的都是要说明下面这一点：虽然方以智遁入空门，成了一名僧人，但是他一刻也没有忘记自己原来的儒者身份。他主张三教融通，更多地是想把儒学和佛学沟通起来，给自己晚年精神归宿的选择作一个自我解释和自我定位。

方以智多才多艺，在进入正题之前，我们先看几幅图片。

图2这幅字写的是："三更舟渡淞江月，一路春连上苑花。"这是南宋诗人郑所南的诗句，落款时间是"咸淳乙未"。咸淳是宋度宗的年号。为什么方以智要书写这位前朝诗人的这句诗呢？这得先了解一下郑所南的故事。郑所南是生活于元朝的南宋遗民，他念念不忘故国，时时向南哭泣，他把自己的诗文合编为《心史》，用铁盒重缄封好，沉进了苏州承天寺的一口废井中。到明朝末年，这部文稿被人从废井中

打捞出来，就形成了一个很有名的典故——"铁函心史"。这部文集中有大量抒发爱国情操的诗文，郑所南讴歌南宋的爱国志士，痛斥奸臣佞徒，控诉元军的暴行，充分表达了自己的爱国和忠诚。这些话在元朝当然都是很反动的，所以没有办法公开。同样的情况又发生在清初，具有民族情结的遗民们不敢公开骂满人，就只好去读郑所南的诗，代表着自己没有忘记故国。方以智就是这样一位生活于清初的明遗民，他写这幅字正是基于这个时代背景。

再看图 3，方以智之墓。

图1　方以智　夏山幽居　　图2　方以智　行书七言诗

图3　方以智之墓

按理说，出家人过世，应该荼毗入塔安奉，但方以智去世后其遗体却被儿子们运回了安徽桐城的老家，并安葬在其母亲的墓茔旁边。他的墓有两个坟头，因为后人把他和夫人合葬在了一起。所以方以智的后事并不是按出家人的礼制来办的。

一、传记

下面是《清史稿》列传卷二百八十七所收的方以智传：

> 方以智，字密之，桐城人。父孔炤，明湖广巡抚，为杨嗣昌劾下狱，以智怀血疏讼冤得释，事具《明史》。以智，崇祯庚辰进士，授检讨。会李自成破潼关，范景文疏荐以智，召对德政殿，语中机要，上抚几称善。以忤执政意，不果用。京师陷，以智哭临殡宫，至东华门被执，加刑毒，两髁骨见，不屈。贼败南奔，值马、阮乱政，修怨欲杀之，遂流离岭表，自作序篇，上述祖德，下表隐志，变姓名，卖药市中。桂王称号肇庆，以与推戴功，擢右中允。扈王幸梧州，擢侍讲学士，拜礼部侍郎、东阁大学士。旋罢相，固称疾，屡诏不起。尝曰："吾归则负君，出则负亲，吾其缁乎！"行至平乐被絷，其帅欲降之，左置官服，右白刃，惟所择。以智趋右，帅更加礼敬，始听为僧。更名弘智，字无可，别号药地。康熙十年，赴吉安，拜文信国墓，道卒……以智生有异禀，年十五，群经、子、史，略能背诵。博涉多通，自天文、舆地、礼乐、律数、声音、文字、书画、医药、技勇之属，皆能考其源流，析其旨趣。著书数十万言，惟《通雅》《物理小识》二书盛行于世。

方以智字密之，他的名和字都是从《周易》来的。方家是易学世家，到他的时候，已经是四世治易了。《易传》中有这么一句话："蓍之德圆而神，卦之德方以知。"其中，"知"即"智"字。"密之"两个字也是有深意的。密，可以拆分为"宓"和"山"，而《周易》的八卦据说是由伏羲做的。在古汉语中，伏羲之"伏"与"宓"可以互通，所以方以智的字"密之"，也就与《周易》挂上了钩。

方以智的父亲方孔炤是明朝地方大员，后来被兵部尚书杨嗣昌弹劾，关进了监狱。事情的经过是，张献忠驻军湖北，而方孔炤正好担任湖广巡抚，因此要带兵镇压。双方大概交战了九次，方孔炤胜了前八次，最后一战中，因为合剿的友军未到，孔炤的一支部队全军覆没。这是一个很严重的后果，所以兵部尚书就弹劾他指挥失误，把他押送北京，扔进了监狱。方以智赶去北京，连续两年跪在皇宫外大臣上朝路过的地方，为父鸣冤，最后连崇祯皇帝也知道了此事，于是就赦免了他的父亲。这件事在《明史》中有记载，是方以智早年很重要的一段人生经历。

方以智在 1640 年（崇祯庚辰）考中进士，任翰林院的检讨官。但好景不长，李自成的军队进逼北京。时局大乱之下，内阁大学士范景文向崇祯皇帝推荐了方以智，随后得到召见，据说方以智的言论切中时弊，很得崇祯皇帝的心，可惜当时明朝大势已去，而且内阁首辅也不同意方以智的那些主张，所以最终没有得到重用。再后来就是北京沦陷，崇祯皇帝上吊自杀，方以智前去哭丧，走到东华门的时候被李自成的部下抓住，对他施以酷刑。明末农民军造反的时候，不管是张献忠还是李自成，都有一个习惯，就是只要抓到了明朝的官员，就会要求该官员按照他当时的官阶拿出相应的钱财来赎身，这叫"打粮"。所以当他们抓到方以智的时候也是如法炮制，但此时的方家早已经败落，前两年为进京营救父亲疏通关系已把家底掏空，所以没钱交赎金，于是就被折磨得非常惨，不过方以智丝毫没有屈服。

李自成占领北京不久，吴三桂和清兵入关了，李自成就带兵出城迎敌。在这么一个间隙中，农民军的看管也没那么严了，方以智就抓着机会逃跑，跑回了南京。明朝有两个首都，北京这边是皇帝住的地方，南京是明朝开国皇帝朱元璋定都的地方，这两个地方所有的政府部门都是一一对应的，北京有的南京也有，但是南京所统辖的区域比较小，这是明朝非常特殊的情况。当时在南京的掌权者是马士英和阮大铖。阮大铖也是安徽桐城人，与方以智是同乡，但这两个家族之间是有仇怨的，所以他想借机除掉方以智。方以智看情况不对，在父亲的安排下赶紧往南逃跑，最后一直逃到岭南，跑到了广州。

在流离广州时，方以智曾改名换姓，在市集中做一个卖药的江湖郎中。有一次，他的一位同年进士在街上遇见了他，就先让他做自己儿子的家庭教师。后来南明永历帝在肇庆登基，这位朋友又把他拉出去做官，永历登基的诏书就是由方以智起草的。由于朝廷里面党争不断，方以智的官职很快又被罢免了。从此以后，皇帝再任命他做官，他都以病为由推辞了。永历帝曾经连续发过十道诏书，请方以智做内阁大学士，但方以智坚决不仕，他就在广西、广东、湖南等地四处流亡，过着隐居的生活。他曾说如果自己出仕，还在安徽桐城的父亲及家人们就难免会受到牵连，如果自己直接回家与亲人团聚，那又对不起永历帝，因此只好过起隐居避世的生活。后来清兵打到岭南一带，方以智被抓，清军将领给了他两种选择，要么做官，要么被杀，他仍然拒绝做官，结果这个将军很佩服他不怕死，就把他带到了广西梧州。方以智为了摆脱控制就在此地出家了，此时他刚过四十岁。方以智在梧州停留的时间大概有一年多，永历帝已经向南逃亡了，这时候他开始考虑回家之事。在朋友施闰章的帮助下，他离开梧州，回到了桐城老家。刚到家不久，地方官马上又送来了官服帽子，说你在明朝时任官，现在也要为朝廷效力，如果不肯做官，那就是跟新朝不合作。方以智没办法，只好到南京的寺院受了具足戒，正式做了和尚。随即他就闭关不再见人，后来他的父亲去世，才破关奔丧，庐墓三年。期满之后，他云游江西，最后做了青原山净居寺的住持。康熙年间，南方发生了一件大案，至今我们都不知该案的实情，总之方以智又受到了牵连，其家人在桐城被抓，他自己也被逮捕，用船押往广州对质。途经江西吉安的时候，方以智去拜谒了文天祥之墓，在文天祥《过零丁洋》中所说的那个叫惶恐滩的地方去世了。至于他是怎么去世的，是病死的还是投水自尽，历史上一直有争议。华裔学者余英时教授曾写过一本书叫《方以智晚节考》，专门考证此事，并论证说他是投水而死，以此来捍卫其作为明遗民不屈服的气节。《清史稿》里的记载很简短，就一句话："康熙十年，赴吉安，拜文信国墓，道卒。"文信国是文天祥，这句话意思是说，方以智在拜祭完文天祥之墓后就死了，至于怎么死的，没说。从《清史稿》这篇简短的传记中，我们可以了解到方以智的一生的确非常曲折。

《清史稿》小传的最后还对方以智的学问做了一个简要的概括，说他天赋异禀，十五岁的时候，儒家的主要典籍，他基本上都能背诵。他的知识面很广，天文地理、琴棋书画、医学武艺等等，都能够做到"考其源流，析其旨趣"。不过，《清史稿》说方以智"著书数十万言"，并不准确，目前存世的方以智作品尚有四百多万字，仅《通雅》一书就一百多万字，可见其学识的渊博程度。

还有一种比较可靠的文献可以证明这一点，那就是康熙年间编修的《桐城县志》：

> 公博极群书，天人、礼乐、象数、名物，以及律历、医药、声音、文字，靡不淹洽精贯。所著有**《周易图像几表》《通雅》《物理小识》《炮庄》《会宜编》《易余》《阳符》《中衍》《东西均》《旁观铎》《鼎薪》《平衡》《诸子爋痏》《切韵声原》《烹雪录》《浮山全集》**，凡数百卷。公家传三世讲学，至公益集大成，有功圣门匪浅也。为人操履平恕，不耻恶衣食，堪人所不能堪，偓然

自得。既没之后，海内闻者，莫不悼惜，服公之志节学识，洵一代伟人云。

方以智是 1671 年去世的，《桐城县志》成书于 1673 年，所以材料应该是非常可靠的。里面提到书名的有十几种，我用黑体字标示的是流传下来的，其他著作可能已经失传。《桐城县志》最后评价说，方家三代讲学，方以智是其集大成者，是圣门中的一代伟人，这个评价很高。

上面这两则材料，一个是正史，一个是地方志，它们使我们对方以智有了一个大概的了解：他是晚明的一位学者、思想家，出身于理学世家，青壮年的时候考上了进士，在朝中做官，可是不久就目睹了明朝的灭亡。到了满清入主中原之后，他的人生变得更加曲折，不得不常年漂泊流离在外。四十岁出家，之后的二十多年都是以僧人的身份在活动。

二、轶事

下面再看一些清代野史记载的方以智轶事，可以加深对他的了解。

康熙时期有一文人叫赵吉士，写了一本书叫《寄园寄所寄》，其中第八卷有一条"明末四公子"，所列四个人分别是陈定生（名贞慧）、冒辟疆（名襄）、方密之（名以智）、侯朝宗（名方域）。作为明末"四公子"之一，方以智家世显赫，他父亲官至湖广巡抚，爷爷官至大理寺左少卿，曾祖父是王阳明学派下的一个人物，在《明儒学案》中有传记，可以说是一位典型的士大夫之家。因为时间的关系，其余三位世家公子的情况就不详细说了，只提一下冒襄。喜欢看古代趣闻轶事的同学可能会听说过这个人物，冒襄与当时秦淮名妓董小宛相好，最后还娶其为妾，他从哪里听到董小宛名字的？正是方以智。

余怀《板桥杂记》讲过另外两个故事，其中一条这样写道："王月，字微波。母胞生三女，长即月，次节，次满，并有殊色。月尤慧妍，善自修饰，颀身玉立，皓齿明眸，异常妖冶，名动公卿。桐城孙武公昵之，拥致栖霞山下雪洞中，经月不出。于牛女渡河之明夕，大集诸姬于方密之侨居水阁，四方贤豪，车骑盈闾巷，梨园子弟三班骈演，水阁外环列舟航如堵墙。"孙武公即孙临，是方以智的妹夫。水阁是方以智在侨寓南京时的住所，那里也是才子佳人们欢聚娱乐的场所。从这条记载可以看出，方以智年轻时所过的是一种典型的世家公子哥的生活。

另外一个故事也与孙临有关："莱阳姜如须，游于李十娘家，渔于色，匿不出户。方密之、孙克咸并能屏风上行，漏下三刻，星河皎然，连袂间行，经过赵、李，垂帘闭户，夜入定矣。两君一跃登屋，直至卧房，排闼开张，势如盗贼。如须下床跪称：'大王乞命！毋伤十娘！'两君掷刀大笑，曰：'三郎郎当！三郎郎当！'复呼酒极饮，尽醉而散。盖如须行三，郎当者畏辞也。如须高才旷代，偶效樊川，略同谢傅，秋风团扇，寄兴扫眉，非沉溺烟花之比，聊记一条，以存流风余韵云尔。"讲的是一个叫姜如须的文人——这人后来与方以智同年考中进士，在秦淮名妓李十娘家中留恋声色，不愿出门与朋友交游。于是方以智和孙临装作盗贼模样，夜闯李十娘家，惊扰了姜如须的春梦，吓得他赶紧跪地求饶。在乞命时，姜如须首先说不要伤害李十娘，说明也是一位很有绅士风度的人，惹得方以智和孙克咸大笑。因姜如须排行第三，所以他们笑他"三郎郎当"，意思是样子狼狈极了。当然，这只是一个文人促狭式的玩笑，捉弄完朋友之后大家又摆开酒席，一醉方休。从这两则故事可以看出，方以智因为出身富贵之家，年轻时也的确做过不少荒唐事。

我们刚才所提到的"四公子"之一的陈定生，有一个儿子叫陈维崧，也讲过一个关于方以智的故事：

当是时，秣陵全盛，六馆生徒皆一时名士。密之先生衣纨縠，饰驺骑，鸣笳叠吹，闲雅甚都。又以四郊多垒，尤来大枪之寇薄于枞阳者，岁辄以警告。以故先生益慷慨习兵事，堂下蓄怒马，筴黠奴之带刀剑自卫者，出入常数十百人，俯仰顾盼，甚豪也。曾几何时，而先生则已僧服矣。先生之为僧于长干也，崧常过竹关从先生游，时田伯亦在关中。崧再过竹关，而先生念崧故人子，必强饭之。饭皆粗粝，半杂以糠秕，蔬菜尤俭恶，为贫沙门所不堪者，而先生坐啖自若，饭辄尽七八器。回思金陵时，时移物换，忽忽如隔世者。噫，可感也。

这段话摘自《方田伯诗序》。田伯是方以智的长子方中德的字，所以文中没有任何取笑调侃的意思。陈维崧说，在南京最繁华的时候，有很多名士聚居在此处，那时的方以智日常穿着非常名贵华丽的丝绸衣服，骑着高头大马出入，去哪儿都有很多人陪伴，生活非常闲雅。因为当时是乱世，所以方以智家中有很多仆人，每次出入都有数十人以至百人骑着马、带着刀剑随从，而方以智常常"俯仰顾盼，甚豪也"。陈维崧本人是诗人和文学家，所以他寥寥数字就把方以智洋洋自得、顾盼自豪的形象描绘得十分生动。但是后来，方以智又是在南京正式落发出家的。陈维崧再去看他，方以智每次都要留这个老朋友的儿子一起吃饭，他们吃的饭菜很粗劣，饭是米杂着糠，菜既少又差，即使是贫穷的出家人都很难忍受这种伙食，但是方以智却照吃不误，每次都能吃七八碗饭。在陈维崧看来，方以智前半生尽享世家子生活的风光和奢华，一下子降到出家生活的艰苦粗鄙，让人不得不感慨恍如隔世一样。近代史上也有一位名僧，跟方以智这种情况挺相似的，估计大家都听说过，弘一法师，他出家前俗名李叔同，也是一位衣食无忧、多才多艺的风流才子，曾经为与友人一醉方休，把自己的衣服都典当出去换酒，过着豪情任性的日子，后来出家专修律宗，佛教中持戒最为森严刻苦的宗派，前后生活反差如此巨大，他都能够安之若素，这才是让世人敬佩仰止的地方。一般来讲，前后生活反差巨大的人，会对宇宙人生更有感悟。譬如《红楼梦》的作者曹雪芹的身世就是这样，出身显赫的名门望族，家道中落后曾窘迫到连饭都吃不上，这时候他对世态炎凉、人情世故统统有了深刻的体会和感触。方以智大概也是这样的人。

再看下面一条。熊开元给方以智的一本书作序，曾提到一件事："壬辰（1652），避人臣之极位，以比丘身访予匡庐。肩大布衲，游行即以为卧具，别无鞋袋钵囊，亦复不求伴侣，日类十百里，无畏无疲，至使予觌面不相识。"据熊开元说，方以智壬辰年到庐山参访，看望自己，当时穿的是布衲大衣，走到哪儿就和衣而睡，没有鞋子、袋子、饭钵之类东西，也没有同行的人，有时候一天走几十里，有时候一天走上百里，好像无所畏惧，也不会疲惫。熊开元与方以智两家本是世交，彼此认识，但是当熊开元见到出家后的方以智时，一开始竟然认不出来了。这则记录，正好可以为陈维崧的记载做一注脚。

从前面的几则轶事我们可以知道，方以智从早年的世家子弟到后来的苦行头陀，前后反差确实非常巨大。

那么时人是如何看待他的学问的呢？下面是几条代表性的说法：

黄宗羲《南雷文定》卷六称："余束发交游，所见天下士，才分与余不甚悬绝而为余之所畏者，桐城方密之、秋浦沈昆铜（名士柱）、余弟泽望（宗会）及子一（魏学濂）四人。"黄宗羲自述，在学问上能与自己不相上下并且让自己敬畏的朋友，有四位，第一位就是方以智。

把方以智从梧州带回桐城老家的施闰章，他在《无可大师六十序》里说："师既负殊颖，喜深思。其学务穷差别，观其会通。凡天地、人物、象数、历律、医卜之学，类皆神解默识，遇事成书。善《易》者不言《易》，善禅者不执禅。其汲汲与人开说，囊括百家，掀揭三乘，若风发泉涌，午夜不辍。士大夫之行过吉州者，鲜不问道青原。至则闻其言，未尝不乐而忘返，茫乎丧其所恃也。"方以智在青原山做住持的时候，当时的士大夫途经此地时都会先到青原问道，找他商谈学问，那时候的方以智已经是药地大师了。

清代最著名的数学家梅文鼎，在《寄方位白》的信中说："私淑青原虚此心，遗文一读一沾襟。《炮庄》罕识通微妙，《物理》谁能质测深。远索著书扶后进，坐乖良晤负知音。终当拜展先生墓，仰止高秋枫树林。"梅文鼎是方以智的私淑弟子，他没有机会在方以智生前当面拜师，后来只好在方以智儿子主持下补上了入室的仪式。

三、出家

前面所引的材料都是为了让大家对方以智的生平有个大概的了解，下面就来重点分析一下他晚年的精神归宿。首先罗列方以智出家后的主要经历，具体如下：

1650 年冬，于梧州出家。

1653 年春，于南京天界寺圆具足戒。

1655 年冬，破关奔丧，庐墓合山。

1658 年春，离桐城，赴江西，挂杖南城、新城、泰和诸寺。

1664 年冬，担任青原山净居寺住持。

1670 年冬，老病退休，付寺事于叶妙大权。

1671 年 3 月，粤难作。10 月殁于押赴岭南途中。

1672 年冬，灵柩归葬于浮山。青原建衣钵塔。

1650 年在梧州出家，方以智是被迫的，因为当时被清军抓获，只给了他两个选择，要么做官，要么死，他选择死，反而得到了一线生机。三年后回到老家，又被逼官，他就去南京正式剃度，这仍然含有被迫的因素。在南京闭关的时候，因父亲去世而破关奔丧，以僧人的身份在墓地结庐守了三年。守丧结束，他就开始四处游历，主要在江西一些寺院活动。1664 年到了青原山，出任净居寺住持。如果我们读过禅宗史就知道，六祖慧能座下有两位大弟子，一个是青原行思，一个是南岳怀让。青原行思禅师在六祖还没圆寂之前就回到了自己的家乡青原山，而青原行思门下开出了三大流派——曹洞宗、云门宗、法眼宗。禅宗有五大流派，其中三家都出自青原行思门下，所以青原山的净居寺又被称为禅宗的祖庭，青原行思被称为禅宗七祖，方以智就是在这个很有历史的禅宗祖庭里做了住持。后来因为年老多病的缘故，他把住持的位置让给了师弟叶妙大权。1671 年 3 月"粤难"发生，就是我们前面提过的历史不明的案子，方以智受到牵连被押赴广东，并且 10 月份死在押送途中。因为这个案子没有结案，所以他去世后灵柩不能马上运回家乡，于是只能由儿子们轮流看守。直到案子了结，也就是次年的冬天，灵柩才被允许运回桐城老家安葬。青原山另外给他建了衣钵塔作为纪念。

　　以上就是方以智出家后主要的人生经历。从这些经历，我们可以知道，方以智出家完全是被迫的，他心中念念不忘的仍是儒学。他之所以讲三教会通，很大程度上也是为了说服自己。我们下面就看看他自己的一些说法。

　　早在梧州出家时，方以智就给自己写了一篇祭文，意思是自己已经死掉了。在这篇叫《辛卯梧州自祭文》中，他讲述了自己被迫出家的经历："庚寅之间，栖一瓢于仙回山，不幸同隐有相识者，系累胥及，被絷而胶致之平乐将军。将军奉默德那教，尤恶头陀，露刃环之，视此衲之不畏死而异之，逼而誅之，终以死自守，乃供养于梧州之云盖寺。"方以智的一位同乡好友钱澄之——经历跟方以智差不多，也曾经出家，并与方以智在梧州相聚——在《失路吟》组诗中曾描述方以智刚出家时的窘态："五更起座自温经，还似书声静夜听。梵唱自矜能仿佛，老僧本色是优伶。愚道人既为僧，习梵唱，予笑其是剧中老僧腔也。""优伶"语带双关，意思是说方以智出家为僧不过是演戏而已。

当方以智在南京正式剃度之后，他又写了一篇短文叫《象环寤记》，里面这样写道："不肖少读明善先生之训，子孙不得事苾刍，然中丞公白发在堂，眙为之枯，十年转侧苗峒，不敢一日班行，正以此故。知必不免，以祇支为避路，即为归路。苟得所归，正所以奉明善先生之训也。家训尝提'善世、尽心、知命'六字，贵得其神，勿泥其迹。"意思是说他们家有祖训，他的曾祖父给后人定下一个规矩，就是子孙后代不得侍奉和尚（苾刍），这说明他的先祖排佛十分厉害。可方以智最后却不得不出家为僧，其内心的压力可想而知是非常大的。他说自己做了一个梦，梦中自己对祖先表白，说自己"以祇支为避路，即为归路"，"祇支"即袈裟，意思是说他的出家为僧，表面看是在逃避，实则是能够回家侍奉父母的唯一归路，这就是方以智给自己的辩解。

南京闭关两年后，方以智的父亲去世，他在灵堂前写了一篇祭文叫《灵前告哀文》，又一次提到自己不得已出家的苦衷：

> 繫出平乐法场之后，冰舍二年，乃得放还匡庐。迫冬归省，仅仅一月，操江逼之出，三省又逼之出，惟矢涅槃，闭关雨花，遂远子舍，罪一也。大人寄信曰："安之所以安我也。"忽忽三年，易箦之际，竟不得一送。破关奔丧，遑问法云有例乎？袒踊袭经，无发可指，无地可入，罪通天矣。合明寺之阳，旧卜佳城，治命即事。襟土攀柏之余，念及遗言，合编《时论》，且以自尽，留其残喘耳。嗟乎，忽言至此，更有一痛。家有数千年正决之学，而复不能侃侃木舌，且行异类，托之冥权，是又将谁告乎？不觉直叙，声已复吞。惟大人在天之灵，式冯鉴之。

他说，作为儒学世家，他的家族承继了数千年以来的正学，而自己却无法接续这个传统，不得已成为一名僧人，成为一名"异类"，却又无处诉说自己内心的苦楚。面对亡灵的不觉直叙，正是方以智最真实的心灵独白。

方以智替父亲守丧满三年后，就到江西一带做游方僧，其间结识了不少朋友，下面我们就看几则他写给朋友们的信，以及朋友所记录的关于他的一些小故事。

丘邦士，"易堂九子"之一，他在《文集》卷十二中说："及予过师论佛未入中国时，吾中国庄周、列御寇之言固已有佛之说，凡佛之言名号、世界、寿命、空劫，一皆若庄周之寓言，非实事，而世遂执而信之。师笑而呵之曰：此则不许道者。"丘邦士是名儒者，他有一次去看方以智，讨论的时候说：佛教没传到中国之前，中国古代庄子、列子的著述中，就有与佛教很相似的说法。佛教里所讲的名号、世界、轮回等，都像《庄子》书中讲的寓言故事一样。世界不是真实的，是空的，不能执着，这些都只不过是劝人向善的话罢了。如果是一个潜心佛道的虔诚的佛教徒，那么当一个后辈这样跟你讲，佛经所说都是我们古代先人说过的寓言故事而已，你一定会严肃地加以辩驳，但方以智却笑着呵斥道，此话不许讲。从这点可以看出，方以智虽然出家了，但他并没有强烈的卫道意识。

方以智在写给"易堂九子"成员林确斋的一封信里，也曾经透露了这样的想法。林确斋曾去信寻问方以智，你父亲（环中堂）的遗命是什么？虽然这封信里没有明说，但意思可以推知，大概是问方孔炤对方以智出家这件事是如何看待的，具体我们看下面这封《与易堂林确斋》的信：

> 屡承知己至爱，环中堂遗命谓何？贱子终是一老蠹鱼，人事实拙，学忍辱行，簣笑为山。但有一长，坦而不炉。若曰悟道，惭惶杀人。既已偷生木榻矣，因法救法，以不借借鼓舞薪火，不知其尽。操履死而后已，痴愿死而不已，愚公移山，能无笑乎？

不论赞者谤者，但使耳闻目及，或信或疑，过即受熏。孔孟当时
几曾如意？而万世人心自转熏之，时义大矣哉。

　　方以智在信里作了一个解释，用的是偷生木榻的典故。这个典故
的主角是管宁，汉末的一位大名士，他因为非常不满曹魏的篡汉，因
此躲到了现在的朝鲜，非常遥远的地方，等到晚年的时候回来了，曹
魏政权很想让他出仕做官，结果他就是不答应，坐在木榻上十多年，
意思是我就足不出户，绝不会做官，用这样的行为来表达对曹魏政权
的不满。方以智在他的文章里经常讲管幼安偷生木榻的这个典故，用
以表明自己本来是儒家之学的后人，但现在被迫出家学佛，这只是我
偷生的一个手段，不得已而为之。

　　下面的两则材料，是针对方以智到青原山做住持的事情提出的。
做一名普通的出家僧人与担任一座寺院的住持，面临的问题是很不一
样的。寺院住持是要登堂说法的，因此，如果一个没有虔诚信仰的人
担任此职，会招来很多非议。还有另一个原因是，从宋朝到明朝，所
有的僧人上堂之前必须要诵圣，要祝天下太平，祝当朝天子万寿无疆
等，当时明朝已经灭亡，清人当政了，那你祝诵谁呢？若是祝诵清朝
天子，那么方以智坚持几十年的操守一下子就无法维持了。所以这件
事当时引起了很多人的批评，说你可以做一个和尚，但为什么要登堂
说法呢？具体怎么表述的，大家可以看看下面两则材料。

　　方以智的老朋友沈寿民《答药地书》说："我兄亦尚以龙自命乎？
池宁山中，倏然而至，偓然而往，壁梭掌叶，俱可寄迹，奚必三十六
峰间？又奚必说法开堂，方谓度人自度乎？惟终裁之教之。"

　　"易堂九子"之一的魏禧《与木大师书》说："夫规时以行权者，
豪杰之事。全身任道，圣贤所不废。师之出此，识者犹将谅其所不得
已，而今则既三年矣。禧粗览佛书，从来古德于道行法明之日，往往
挂鞋曳杖，灭影深山，后世莫不高其行。譬犹神龙云中，偶见爪甲。

故曰：'安知凤凰德，贵其来见希。'若鳞鬣首尾，终日示见，则禹屋画壁、孔庙雕柱之物耳。又况以师之人，处师之时，不得已而出诸此者。且师亦岂不欲后世之知其心也？"

对于这些质疑，方以智的二子方中通替他的父亲说过一段辩解的话（《中通祝寿普斋法语》）："桧树即荆条，死路走成生路。祖关穿圣域，钟声敲出铎声。"这是两句非常精彩的话，我觉得它把方以智的苦衷及个人的学术性格一下子体现出来了。据说孔子当年栽过一棵桧树，现在还长在曲阜孔庙里，所以桧树代表儒家。而荆条有一个佛教的典故，说青原行思曾在青原山上倒插荆条，就是随手折了一支荆条插在地上，结果荆条活了，但是中间这荆树枯萎了几百年，到方以智来青原山做住持的时候突然又活过来了，大家公认这是一个好的兆头。所以"桧树即荆条"，意思就是佛儒两家相通，本来方以智不出仕是死路一条，遁入空门虽是被迫，最后却走出了一条生路。祖关是佛教的，圣域是儒家的，当圣域和祖关贯通了之后，在寺院的暮鼓晨钟里也可以敲出儒家圣人的铎声（孔子曾自称木铎）。

方中通的这种说法，其实在方以智自己的文字中也可以找到近似的话。《青原志略》卷三："闲人笑曰：别路三不收，牛马听呼耳。且以象数医药为市帘，山水墨池逃砚坑。冷眼旁观，有时一点缘不得已之苦心，固不望人知也。"闲人是方以智自称，他说自己走的是别路，不是佛、儒、道，别人管我叫牛叫马，悉听尊便。他一直在强调自己的不得已，也常感叹很难找到一个理解自己的人。

四、盖棺定论

方以智去世后，方中通又写了一组十首的《哀述》诗怀念父亲，我们看其中的一首：

骑箕万里破苍天，丙舍高吟送纸钱。

阙下变骚今日读，墓旁家易几时编。

堪伤南北忘身后，欲令东西正学传。

莫怪缁帷人不识，相看别路总茫然。

头两句中"骑箕"是人往生的意思，"丙舍"就是墓舍，这两句说的是守丧之事。方以智年轻时曾模仿《离骚》写过一些文学作品，这是"变骚"所指。家易则是指方家几代相传的易学。这两句讲的是方中通在守丧的时候重读和编订父亲的著作。五六句讲的是方以智在北京被抓、在南京出家之事，这背后支撑他的都是希望将东西方的正学传承下去。东方的正学是儒，西方的正学是佛，所以儒佛会通自然是不二的选择。末两句是说不要奇怪他一身僧服，他的心一刻也没忘记儒者的操守。方中通还给这首诗作了一个小注："异类中行，原非获己。行者固难，知者亦不易。"再一次强调，其父虽着僧服，但落脚点仍在儒家。"行者固难，知者亦不易"，是说其父的深心苦志并非常人可理解。这是方中通给他父亲的盖棺论定。

方中通还为他的父亲编过《心学宗续编》，在自序的最后有这么几句话："通尝扫先君之墓，有诗曰：'生前应出世，身后合归儒。'故通兄弟之事先君也，不作佛事，葬祭乃行儒礼。夫世之论学者必论心，论人者必论世，读文忠先生之书，当必有以定文忠先生之位，是所望于天下后世之仁人君子。"意思是说在他父亲活着的时候，只有出家才能保住遗民的气节，当他去世后，理当把他归回儒家，所以他们兄弟三人安葬父亲以及每年祭祀父亲的时候，都是行儒礼而不作佛事。

我们了解一个人的学术，一定要了解他的内心，了解他真实的想法。要了解这个人，必须要论世，这就是孟子说的"知人论世"。意思是说你如果只是看了一个人的书，但不了解他所处的时代背景，那么你对他的著述也不会有很好的把握。文忠是方以智的谥号，他儿子说，后人读文忠先生的书，一定要了解他父亲的定位，他父亲的定位是"身后合归儒"，他希望后人读他父亲的书时，要了解出家是不得已的选择，最后落脚点仍旧是儒家的中道。所以，我们这次讲座的标题，也是取自方中通对父亲精神归宿的概括。我们常说知子莫若父，但到了方以智、方中通这里，倒可以反过来说 —— 知父莫若子，他对其父亲一生的苦衷有着最真切的了解。

在讲座这么短的时间里，我们没有办法全面认识方以智的思想。但大家可以想象一下，在明清易代之际，一个儒者、一个世家子弟，宁可离家漂泊、远离亲人，苦行二十年，也不愿意在清朝做官，可谓保守儒家忠义气节的典型人格。儒家讲忠孝节义，但在改朝换代的时候，经常有好多人出于现实的考虑，把自己所讲的东西抛诸脑后。但是，这种现象在方以智身上没有出现，在他三个儿子的身上也没有出现。他的三个儿子也都是当时有名的学者，但在方以智的影响下，他们都不参加清朝科举，都不要那样的功名。在改朝换代、民族冲突的背景下，一个人愿意并且能够坚持自己的操守，就算我们不了解他的学术，有这样的人格和操守，已经足以让后人敬重。

今天就讲这么多，谢谢大家！